국세청
파일

대 한 민 국   국 세 청 을   말 하 다

국세청
파일

| 한상진 지음 |

보아스
BOAZ

일러두기

- 이 책은 저자가 《신동아》, 《주간동아》 등에 보도한 기사를 바탕으로 집필한 것입니다. 보도 후 변화된 상황에 맞춰 그 내용을 덧붙이거나 뺀 부분도 있습니다.

- 《신동아》, 《주간동아》 등에 보도된 기사는 윤문을 약간 한 것 외에는 거의 그대로 책에 옮겼습니다. 보도된 기사는 구분을 명확하게 하기 위해 《신동아》 기사는 시작하는 부분에 '新東亞'와 해당 기사 제목을, 《주간동아》 기사는 시작하는 부분에 '주간동아'와 해당 기사 제목을 표기했으며 끝나는 부분에 해당 기사의 출처를 다시 한 번 밝혔습니다.

- 이름 뒤에 나오는 직함과 소속 표기는 보도 또는 집필할 당시를 기준으로 했습니다. 그 이후 당사자들의 이동 등으로 직함이나 소속, 상황 등이 변동했을 수 있습니다.

- 이 책에 나오는 인물들의 실명이 등장한 부분에서 가독성을 위해 존칭 표현 등은 생략하기도 했습니다. 그러나 《신동아》, 《주간동아》 등의 기사를 옮긴 부분에서는 그 기사를 따르기로 했습니다.

- 한나라당은 2012년 2월 13일에 새누리당으로 당명을 변경했습니다. 글에서 다루는 시기가 당명을 변경하기 전인 관계로 새누리당이 아닌 한나라당으로 남겨두었습니다.

- 책 제목은 『 』, 신문·잡지는 《 》, 기사 제목은 「 」로 표기를 통일했습니다.

국세청을 말하다

의도한 건 아니지만, 지난 몇 년간 국세청과 관계된 기사를 여러 번 썼다. 일부 기사는 적잖은 파장을 불렀다. 국세청의 부끄러운 속살이 기사를 통해 녹아났다. 국가의 근간조직임을 자랑스러워하는 국세청 입장에선 분명 기분 좋은 일이 아니었을 것이다.

세금 받아내는 것을 존재 이유로 하지만, 국세청은 우리 사회에서 그 이상의 힘을 발휘한다. '세무조사'를 무기로 우리 경제와 사회를 실질적이고 효과적으로 장악하고 있다. 법률적으로 보장된 조사권은 공적 영역과 사적 영역을 가리지 않는다. 국세청은 '탈세'를 조사할 권한이 있고 확인된 탈세 혐의자와 법인을 고발할 권리도 갖고 있다. 그래서 국세청의 조사권은 사실상 수사권에 가깝다. 세금으로부터 자유롭지 않은 모든 대한민국 사람과 대한민국에 적籍을 둔 조직은 그래서 국세청이 부담스럽다. 국세청은 기피대상이면서 동시에 두려움의 대상이다.

사건기자의 눈으로 볼 때, 국세청은 충분히 매력적인 취재공간이다. 조직의 규모로 보면 공공조직 중 경찰(조직) 다음으로 크다. 영향력도 그 어떤 개인이나 기관보다 크다. '그곳에선 분명 엄청난 일들이 벌어지고 있다. 그리고 그것은 하나같이 우리 사회에 엄청난 영향을 미친다'라고 기자인 필자는 믿어 의심치 않는다.

하지만 국세청은 그리 녹녹한 취재처가 아니다. 난공불락의 요새와도 같다. 특별한 경우가 아니면, 세무조사과정과 결과는 외부에 공개되지 않는다. 보안을 생명처럼 여기는 조직의 특성 때문에 내부에서 어떤 이전투구가 펼쳐지고 있는지는 더더욱 알려지지 않는다. 게다가 세무조사로부터 자유로울 수 없는 사기업인 언론사에 몸담고 있는 입장이라 조심스러움도 크다. 돈보다 무서운 건 세상에 없으니까.

이런 상황에서 국세청을 상대로 한 기사를, 그것도 주로 국세청과 국세청 사람들을 비판하는 기사를 여러 차례 쓸 수 있었던 건 오로지 우연이자 행운이었다. 필자는 이런 행운을 갖게 된 것에 항상 고마움을 느껴왔다.

이 책에 담긴 내용 중 상당 부분은 이명박 정부가 출범한 2008년부터 최근까지 필자가 몸담았던《신동아》와《주간동아》를 통해 보도된 기사다. 필자는 보도된 기사에 취재과정과 보도 이후 벌어진 크고 작은 소동을 기억이 허락하는 범위 내에서 끄집어내 살을

붙였다. 이명박 정부 5년 동안 국세청에서 벌어진 사건·사고를 재구성하고자 노력했다. 취재과정에서 확인한 사건의 진실을 훼손하지 않기 위해 무던히도 애썼음을 이해해주기 바란다.

단순한 사건의 나열로 보이지만, 국세청을 둘러싸고 벌어진 사건들은 서로 유기적인 연결고리를 갖고 있다. 하나의 사건이 다른 사건의 원인이 되고, 그것이 또 다른 사건에 실마리를 제공하는 식이다. 사건에 묻혀 사느라 미처 돌아보지 못한 이 유기적인 관계를 필자는 책을 집필하면서 발견했다. 놀라운 경험이 아닐 수 없었다. 특히 이명박 정부 5년 동안 국세청에서 그런 일이 유독 많았다는 게 필자가 내린 결론이다.

이 책을 쓰면서 단 한 번도 '누군가를 망신 주겠다'고 생각한 적이 없다는 것도 미리 밝혀둔다. 오히려 이 책으로 상처받을 국세청과 국세청 사람들을 걱정했다. 어쩌면 이 책 속에서 아름답지 않은 모습으로 그려지는 이들조차도 피해자일 수 있다고 생각한다. 보이는 것은 언제나 보이지 않는 것이 남긴 부스러기에 불과할 테니까.

책은 총 4장으로 구성되어 있다. 1장에는 이명박 정부에서 국세청장을 지낸 사람들인 한상률, 백용호 그리고 이현동 현 청장의 이야기를 담았다. 이들은 모두 이명박 정부 5년 동안의 국세청을 규정해주는 키맨Keyman들이다.

5년 내내 국세청과 싸운 안원구 전 국세청 국장이 우리에게 던져준 각종 의혹과 숙제도 이곳에 넣었다. 안 전 국장은 한상률, 이현동과 대척점에 서 있는 인물이다. 두 전·현직 국세청장이 '이명박 국세청(이명박 정부 5년 동안의 국세청)'의 문제를 잉태한 산모였다면, 안 전 국장은 문제를 세상에 알린 산파 역할을 했다. 극명하게 길이 갈린 사람들의 이야기를 한곳에 모아놓은 이유가 여기 있다. 안 전 국장과의 인터뷰를 통해 독자들은 우리나라 국세청이 안고 있는 문제점과 한계를 총체적으로 들여다볼 수 있을 것이다.

2장에는 2007년 말 시작되어 1년 가까이 국세청을 초토화시켰던 '신성해운의 국세청 로비 사건'을 담았다. 이 사건은 국세청이나 필자에게 특별한 사건이어서 별도의 장으로 구성했다. 필자는 이 사건을 가장 가까운 곳에서 처음부터 끝까지 지켰다. 사건의 고비 고비마다 결정적인 기사를 썼다는 자부심도 있다.

국세청 입장에선 정권 교체기에 벌어진 신성해운 사건이 여러모로 의미가 있었다. 이명박 정부 내내 벌어진 국세청 관련 사건들의 원인이자 동기가 됐다. 한상률 전 청장이 이 사건에서 불거진 자신의 비리 의혹을 감추기 위해 무리수를 두기 시작한 것이 결국 지난 5년간 국세청을 뒤흔든 원인이라고 생각한다. 국세청과 이명박 정부의 밀월관계, 안원구 전 국장과 관련된 각종 의혹 등도 따지고 보면 신성해운 사건이 몰고 온 태풍 속의 작은 파도에 불과했다. 이명박 정부 내내 국세청과 검찰 사이에서 벌어졌던 크고 작은 갈등도 따지고 보면 신성해운 사건에서 비롯된 측면이 크다.

3장에는 그동안 필자가 취재했던 국세청 사람들과 관련된 사건들을 모았다. 특별히 조흥희 전 서울지방국세청장의 사생활로 시작된 국무총리실의 감찰사건을 이곳에 담았다. 2009년 5월호 《신동아》의 보도로 시작되어 2년 가까이 논란이 됐고, 검찰수사로까지 이어졌던 사건을 촉발시킨 당사자로서 사건의 전후 사정을 설명할 필요를 그동안 많이 느껴왔다. 취재 뒷얘기를 충분한 근거에 입각해 담아냈다. 이 부분을 쓰면서 특히 많은 고민과 용기가 필요했음을 미리 밝혀둔다. 이외에도 경찰 수사 도중 외국으로 도망간 전 용산세무서장을 둘러싸고 국세청과 경찰 그리고 검찰이 벌인 긴장과 갈등, Y 전 지방국세청장의 거액 뇌물수수 의혹, 세무조사를 한 백화점에서 커피숍 운영권을 받아 딸에게 준 의혹을 받았던 이주성 전 국세청장, 김학인 전 EBS 이사의 정·관계 로비 의혹을 담은 국세청 문건, 골프장 회장으로 변신한 전직 국세청 국장의 비리 의혹과 관련된 내용을 담았다.

4장에는 그동안 국세청과 갈등을 빚었던 조직과 사람들의 이야기를 모았다. 국세청의 고질적인 문제, 국세청 사람들의 비리 의혹을 파헤치려 애쓴 사람들의 이야기다. 박동열 전 대전지방국세청장의 뇌물수수 의혹을 둘러싸고 벌어졌던 감사원과 국세청의 갈등, 한상률 전 청장과 연관된 의혹 등 국세청 수사를 둘러싸고 벌어진 검찰 내부 갈등, 역외탈세 조사의 문제점을 고발한 '선박왕' 권혁 회장의 항변 등이다.

아무쪼록 이 책이 대한민국 국세청의 한계와 문제점을 들여다볼 수 있는 작은 단초라도 독자에게 제공한다면 필자로서 더 이상 바랄 것이 없겠다.

아마도 이 책에 담긴 사건들과 국세청의 모습은 '이명박 국세청 5년'의 단편斷片에 불과할 것이다. 필자는 이를 자인한다. 게다가 필자는 이 책에 담긴 내용이 실체적 진실인지, 얼마만큼의 실체적 진실을 담고 있는지를 가늠할 능력도 없다. 국세청의 잘못을 꼬집는 내용만으로 책 전체를 채운 것도 민망한 일이 아닐 수 없다.

많은 문제에도 불구하고 국세청은 여전히 대한민국을 지키는 근간조직이자 사회정의를 지키는 마지막 보루다. 필자는 이를 잘 알고 있고 또한 인정한다. 국세청의 징세업무, 경제감시 기능은 그 무엇으로도 대체가 불가능하다. 특히 역외탈세나 고소득 체납자 조사 같은 징세업무에 종사하는 세리稅吏들의 고충은 기자가 모르는 또 다른 국세청의 모습일 것이다. 이런 모습까지 세세히 담아내지 못한 건 이 책이 가진 어쩔 수 없는 한계다.

이 책이 나오기까지 정말 많은 사람이 애를 썼다. 국세청 관련 기사를 쓸 때마다 부족한 후배를 믿어주고 때로는 국세청 사람들과 실랑이를 벌이고 보이지 않는 거대권력의 외압과도 싸워야 했던 선배, 데스크가 있었다. 마음속 깊이 감사의 마음을 전한다.

국세청과 관련된 취재를 할 때마다 필자에게는 위험을 감수해가며 진실을 말해주고 팩트fact를 확인해준 수많은 공익제보자Deep Throat가 있었음도 이 자리를 빌려 고백한다. 그들이 있었기에 자신감과 사명감을 갖고 대한민국 최고 권력기관인 국세청에 당당히 맞설 수 있었다. 떳떳할 수 있었기에 누구보다 용감했다.

필자가 쓴 기사로 힘 있는 자에게 불려가 조사를 받고, 심지어 자리를 잃은 공직자도 있었다. 필자의 철없는 행동 때문에 생각지 않은 피해를 본 사람도 있었다. 항상 이들에게 죄송한 마음을 갖고 있다. '잘못은 잘못'이라고 고발하면서 끝까지 당당했던 공직자 L과 필자로 인해 뼈를 깎는 고통을 감내해야 했던 공직자 ○에게 특별히 감사와 존경의 말씀을 드린다.

부질없는 넋두리를 책으로 만들면서 가족들을 외롭게 한 죄도 크다. 이제 여섯 살이 된 딸아이에게 좋은 친구가 되지 못했다. 미안함과 후회로 마음이 아프다. 부디 용서해주기를…. 말로 표현할 수 없는 깊은 사랑과 고마움을 전한다.

1장
대한민국을 뒤흔든 국세청

'이명박 정부' 5년 동안 국세청은 시끄러웠다. 비리 의혹이 끊이지 않았다. 정치권력이 국세청을 정권유지의 수단으로 활용한다는 논란도 계속됐다. 인사 관련 잡음도 이어졌다. 그 중심에는 한상률, 백용호 전 청장과 이현동 현 청장 등 '이명박의 남자'를 자처한 세 사람이 있었다.

이명박 정부의 국세청은 '한상률 게이트'로 시작해 '이현동의 코드 인사'로 막을 내렸다. 이들이 만들어낸 수많은 의혹은 여전히 진행 중이다.

⁰¹ 한상률 게이트

:: 새 정부와 코드 맞추기

한상률. 그는 참여정부가 임명한 마지막 국세청장이면서 동시에 이명박 정부가 선택한 첫 국세청장이었다. 그러나 그는 철저히 '이명박의 남자'였다.

이명박 정부가 출범하자마자 한상률의 국세청은 전 정부에 대한 사정司正성 세무조사에 나섰다. 노무현 전 대통령(이하 '노 전 대통령') 등 참여정부 관련 인사들과 가까웠던 기업과 기업인, 이명박 정부에 맞섰던 정치인들이 타깃이 됐다. 한상률 전 국세청장(이하 '한 전 청장')은 그런 식으로 새 정부에 코드를 맞춰 나갔다.

새 정부 취임 직후인 2008년 3월, '한상률의 국세청'은 "탈세제보가 있다"며 특명조사국이라 불리던 서울지방국세청 조사4국을 투입해 제주도에 있는 제피로스골프장에 대한 특별세무조사에 착수했다. 이 골프장은 노 전 대통령의 경제적 후원자로 알려진 정화삼이 대표를 맡고 있던 곳이었다. 정화삼은 이 세무조사 이후 진행된 검찰수사과정에서 횡령 등의 혐의로 구속됐다.

같은 시기 국세청은 노 전 대통령의 단골식당이던 '토속촌(삼계탕 전문점)'에 대해서도 세무조사를 실시했다. 그 직후인 5월에는 '다음(www.daum.net)'의 세무조사 소식도 전해졌다. 알려진 바와 같이 '다음'은 이명박 정부 출범과 함께 터진 미국산 쇠고기 파동의 진원지였다. 당시 네티즌들은 '다음'에서 운영하는 아고라를 진지로 삼고 이명박 정부에 맞서고 있었다. 국세청은 조사 기간을 두 차례나 연기해 가며 '다음'을 조사했고, 그해 8월 40억 4000만 원의 추징금을 부과했다. 이 추징금은 당시 포털업체에 대한 역대 추징액 중 가장 많은 금액이었다.

2008년 4월 9일에 치러진 18대 총선 직후에는 친박연대 비례대표 1번 당선자인 양정례 의원 일가에 대한 심층 세무조사를 시작해 논란을 부르기도 했다. 양정례 의원의 모친이 운영하는 회사, 복지재단과 양정례 의원 가족 전원에 대한 세무조사였다. 당시에는 양정례 의원이 비례대표 1번을 받는 조건으로 10억 원가량의 공천헌금을 친박연대에 제공했다는 의혹에 대해 검찰수사가 진행 중인 상황이었다. '정치적인 세무조사가 아니냐'는 비난이 쏟아졌지만 '한상률의 국세청'은 아랑곳하지 않았다.

그해 7월에는 노 전 대통령의 경제적 후원자로 알려졌던 박연차 회장의 태광실업에 대한 세무조사가 시작됐다. 부산에 본사가 있는 회사에 대한 조사에 부산지방국세청이 아닌 서울지방국세청 조사4국(3과)이 동원됐다. '공정성을 기하려고 교차(세무)조사를 실시했다'는 게 당시 국세청의 명분이었다. 하지만 이것은 두고두고 논란거리가 됐다. 교차조사였다면 태광실업 대신 부산지방국세청의 조사를 받은 서울 소재 기업이 있어야 하는데, 그렇지 않았기 때문이다. 교차조사는 세무조사 대상 기업과 관할세무서 간에 부정거래나 유착관계가 의심될 때 조사의 투명성을 확보하기 위해 관할세무서가 아닌 타 관할세무서 조사관들이 조사하도록 하는 제도다.

태광실업 세무조사는 이후 검찰수사로 이어졌다. 이 과정에서 노 전 대통령이 자살하는 비극이 벌어졌다. 9월에는 노 전 대통령의 경제적 후원자 중 한 사람으로 알려진 이상호 원장의 우리들병원이 세무조사를 받았다. 우리들병원은 정권 인수위원회 시절 노무현 대통령 당선자가 허리수술을 한 곳으로 유명한 병원이다.

:: 한상률의 심부름센터, '특별감찰팀'

전 정부에 대한 표적 세무조사와는 별도로, 한 전 청장은 국세청장에 취임한 직후인 2007년 11월 국세청 간부들에 대한 감찰을 강화한다는 명목으로 '특별감찰팀(이하 '특감팀')'을 만들었다. 그러나 이 조직은 사실상 한 전 청장을 위한 심부름센터에 불과했다.

한 전 청장은 특감팀을 통해 자신의 정적을 감시하고 제거했으며 조직 운영을 위해 필요한 각종 정보를 수집했다. 특감팀은 한 전 청장의 직속조직으로 운영됐으며 한 전 청장의 지시만을 받고 움직였다. 심지어 국세청을 퇴직한 사람도 감찰했다. 한 전 청장의 지위를 위협할 수 있는 사람이라면 누구나 감찰대상이 됐다. 이러한 사실은 2011년 초, 한 전 청장에 대한 검찰수사과정에서 상당 부분 사실로 확인됐다.

국세청 본청 건물 805호실에 만들어졌던 특감팀의 인원은 총 9명이었다. ○○○ 당시 서기관이 팀장을 맡았다. 당시 팀원 중 한 사람이었던 P씨의 검찰진술기록에 따르면, 특감팀원은 당시 국세청장이었던 한상률이 모두 직접 선발했다. 공식적인 특감팀의 업무는 세무서장급 이상 그리고 국세청장 이하 국세청 간부들에 대한 비위非違정보 수집 및 감찰이었지만, 한 전 청장의 개인적인 지시를 받고 움직이는 경우가 더 많았다고 P씨는 진술했다. 다음은 2011년 3월 전 특감팀원 P씨의 검찰진술기록 중 일부다.

검찰 관계자(이하 '관계자'): 특별감찰팀 창설 당시 위 팀의 소속 및 구성원은 어떠했나요?

P씨(이하 'P'): 한상률 청장님 직속으로 조직된 조직이었고, 사무실은 국세청 건물 805호에 마련되었습니다. 구성원으로는 팀장 4급 ○○○, 5급 ○○○, 6급 본인, 7급 ○○○, 같은 ○○○, 같은 ○○○, 같은 ○○○, 같은 ○○○, 여직원으로 계

약직이던 ○○○, 이렇게 총 9명이었습니다('같은'은 직급7급이 같다는 의미).

(중략)

관계자: 진술인이 소속되어 있었고 최초로 창설된 특감팀의 고유 업무는 무엇이었나요?

P: 고위직인 일선 세무서장급 이상 국세청장 이하까지 간부들에 대한 비위정보 수집 등 감찰 활동이었습니다.

관계자: 그렇다면 위와 같은 활동을 상부지시에 따라 하는 것이었나요? 아니면 자체 정보수집에 따른 활동이었나요?

P: 구체적인 감찰활동에 대해서는 한상률 청장님의 지시에 따라 움직였고, 그 외 팀원들이 비위정보를 수집하여 이를 한상률 청장님에게 보고하기도 하였습니다.

P씨의 진술에 따르면, 2008년 1월 특감팀이 창설된 이후 한 전 청장이 지시한 첫 감찰대상은 김앤장 법률사무소 세무조사를 담당했던 국세청 직원 2명이었다. 특감팀은 일주일간 이 두 사람을 미행해 누굴 만나는지를 확인해 한 전 청장에게 보고했다. 이후에도 한 전 청장은 특감팀에 수시로 특정인에 대한 감찰을 지시했다.

한 전 청장은 자신의 경쟁자를 감시하는 수단으로도 특감팀을 적절하게 활용했다. 2008년 2월경, 한 전 청장은 자신과 행시 동기이면서 서울지방국세청장이던 A씨에 대해 감찰을 지시했다. 정권이 바뀐 뒤 자신의 자리를 위협할 수도 있다는 판단 때문이었다. 이와 관련해 P씨는 검찰조사에서 "직원인 제가 정확히 알 수는 없는데, 한 청장님과 행시 동기라서 나중에 국세청장으로 올 가능성이 있고 그렇게 되면 한 청장님이 옷을 벗어야 한다는 걱정에 A 전 청장의 비위사실을 확보하려고 했던 것 아닌가 하는 추정이 듭니다"라고 답했다.

일주일가량 진행된 A씨에 대한 감찰과정에서 민망한 일도 벌어졌다. A씨를 미행하던 특감팀 직원과 A씨가 강남의 한 거리에서 우연히 마주친 것이다. 이 과정에서 A씨는 감찰 사실을 눈치챘고 한 전 청장은 즉각 감찰을 중단시켰다. A씨는 감찰을 받은 직후인 2008년 3월 국세청을 떠났다. 무슨 이유인지는 알려지지 않았다.

한 전 청장의 지시를 받은 특감팀의 감찰은 퇴직자들에 대해서도 전방위로 이뤄졌다. 한 지방청장을 지낸 뒤 국세청을 떠났던 김○○에 대해서 특감팀은 2008년 초 감찰을 벌였다. 역시 한 전 청장의 지시에 따른 것이었다. P씨는 이와 관련해서 "2008년 4월경 한 청장님의 지시로 김 전 청장에 대한 미행을 했고 룸살롱에서 2차 나가는 것을 확인해 그 사실을 한 청장에게 보고한 다음, 팀장에게 위와 같은 사실을 말했습니다"라고 검찰에서 진술했다. 이와 관련해 안원구 전 국장은 "한 전 청장이 (지방청장을 지낸) 김○○을 겨냥하여 당시 특감팀장을 시켜 2차 나간 사실을 확인하는 등 비열하고 치졸한 작태를 자행했다"라고 주장했다.

김○○은 이미 2007년 4월에 국세청을 떠난 사람이었다. 그는 국세청을 떠나면서 내부 통신망에 '억울하게 나가니 반드시 살아서 돌아오겠다'는 취지의 글을 남기기도 했다. 그러나 그가 쓴 글은 누군가에 의해 삭제됐다. 당시 한 전 청장은 김○○이 국세청을 떠난 뒤 정권 실세에게 줄을 대는 등 국세청으로 복귀하기 위해 노력한다고 판단했다. 국세청이 공식 조직을 이용해 퇴직자에 대해 감찰을 벌였다면 명백한 직권남용으로 형사 처벌대상이 되지만 한 전 청장은 전혀 개의치 않았다.

특감팀은 국세청의 공식 조직으로 출범했지만 운영방식은 전혀 그렇지 않았다. 철저히 한 전 청장의 개인적인 지시에 따라 움직였으며 모든 감찰기록은 한 전 청장에게만 보고됐다. 모든 보고서는 1부만 만들어졌으며 따로 보관되지 않았다. 컴퓨터로 보고서를 작성한 뒤에는 개인의 USB 메모리(이하 'USB')를 통해 저장했다. 특감팀의 컴퓨터 하드에도 아무런 기록을 남기지 않았다.

특감팀은 한 청장이 퇴임(2009년 1월)한 직후 해체됐다. 해체되면서 모든 문서를 파쇄기에 넣어 파기했다. 문서를 보관했던 USB도 다 파기시켰다. 현재 국세청에는 1년간이나 운영됐던 특감팀의 운영과 관련된 문서가 하나도 남아있지 않다. 특감팀은 사실상 한 청장의 개인 심부름센터였다.

:: 때를 놓친 수사

2009년 1월, 한 전 청장과 관련된 의혹이 약속이나 한 듯 터져 나왔다. 제일 먼저 제기된 건 '그림 로비 의혹'이었다. 1월 12일,

부하직원에게 뇌물을 수수한 혐의로 구속된 전군표 전 국세청장의 부인이 언론 인터뷰에서 "2007년 초 한상률 당시 국세청 차장 부부에게 고가의 그림을 받았다. 당시 한 차장이 (자신의 경쟁자인) ○○○ 지방국세청장을 밀어내고 자신의 승진을 도와달라며 인사 청탁을 했다"라고 폭로한 게 시발점이 됐다.

문제가 된 그림은 고故 최욱경 화백의 '학동마을'이었다. 전군표 전 청장의 부인은 이 그림을 안원구 당시 서울지방국세청 세원관리국장의 부인이 운영하는 가인갤러리에 판매를 의뢰했는데, 이 사실이 언론에 알려진 것이었다.

사건이 불거진 뒤, 국세청 주변에서는 "한 전 청장으로 인해 인사상 불이익을 받은 안 전 국장이 의도적으로 이 사건을 언론에 흘렸다"는 이야기가 돌았다. 일부 언론은 아예 이것을 기정사실인 것처럼 보도했다. 한 전 청장은 대구지방국세청장을 지낸 안 전 국장을 서울지방국세청 국장으로 좌천시킨 바 있다. 그러나 당사자인 안원구 전 국장의 부인은 다음과 같이 말하면서 이를 부인했다.

"어느 날, 평소 알고 지내던 전군표 전 청장의 부인이 그림을 팔아달라고 가져왔어요. 그래서 전시했어요. 그런데 그걸 《조선일보》 문화부 기자가 본 겁니다. '무슨 그림이냐'고 물어서 전군표 전 청장의 부인이 팔아달라며 가져왔다고 설명했어요. 제가 아는 건 그게 다니까. 그런데 다음 날 《조선일보》에 '전 전 청장이 뇌물로 받은 것으로 보이는 그림이 화랑에 매물로 나왔다'는 내용의 보도가 나온 거예요. 저도 깜짝 놀랐어요."

그림 로비 의혹 보도가 나온 다음 날인 1월 13일에는 《시사저널》이 한 전 청장의 성탄절 골프 로비 의혹을 인터넷판(「한상률 국세청장, '인사로비'했나」)으로 보도했다. '한 청장이 2008년 12월 25일 경북 경주에서 이명박 대통령의 친형 이상득 의원의 지인인 포항 지역 기업인들과 골프를 치고 이명박 대통령의 동서와 룸살롱에서 술을 마시면서 인사 청탁을 했다'는 내용이었다.

사건은 일파만파 커졌다. 당시 그는 정권 실세들에게 충성주까지 만들어 바친 것으로 전해진다. 한 청장은 의혹이 나온 직후인 1월 15일에 사표를 제출했다.

당시 제기된 두 가지 의혹이 사실이라면 분명한 범죄행위였다. 그러나 이상하게도 검찰은 수사에 나서지 않았다. 수사를 촉구하는 목소리가 높았지만 검찰은 '고소·고발이 들어오면 수사를 검토하겠다'거나 '청와대가 조사보고서를 보내오면 수사에 착수하겠다'는 말만 되풀이했다. 청와대는 '진상규명이 우선이다. 현재 조사 중이다'라는 입장을 밝혔다.

'검찰수사 임박'이라는 보도가 이어졌지만, 청와대와 검찰은 서로에게 공을 넘긴 채 마치 약속이나 한 듯 입을 다물었다. 참여연대 등 시민단체들의 즉각적인 수사 요구도 이어졌지만 청와대와 검찰은 미동도 하지 않았다.

그렇게 두 달 정도가 지난 3월 15일, 한 전 청장은 유학을 간다며 홀연히 미국으로 떠났다. 한 전 청장이 떠난 뒤인 3월 19일에 참여연대는 '의혹이 제기되고 한 전 청장이 자진해서 사퇴한 지 2개월이 지난 시점에도 검찰이 수사에 착수조차 하지 않은 것은 사실상 직무유기다. 검찰은 신속하게 수사에 착수해 범죄행위가 드러날 경우 엄중하게 처벌하라'며 검찰에 고발장을 제출했다. 검찰은 그때서야 사건을 서울중앙지방검찰청(이하 '서울중앙지검') 특수2부에 배당하고 수사에 나섰다.

시작은 했지만, 당사자인 한 전 청장이 한국을 떠난 마당에 검찰수사가 제대로 될 리는 없었다. 게다가 당시 법무부장관이던 김경한 장관은 검찰이 수사에 착수하자마자 국회에 나와 "수사에 착수할 만한 단서가 없다"며 김을 뺐다.

그림 로비 의혹 외에도 한 전 청장은 대검찰청 중앙수사부(이하 '대검 중수부')의 수사도 받아야 할 처지에 있었다. 태광실업 박연차 회장이 2008년 시작된 국세청 세무조사를 무마하기 위해 한 전 청장 측에 로비를 했다는 의혹 때문이었다. 대검 중수부는 미국에 체류 중인 한 전 청장에게 이메일로 질의서를 보내고 받는 식으로 수사를 겨우 이어갔다.

검찰이 한 전 청장을 상대로 벌인 수사는 그게 전부였다. 노 전 대통령이 서거(2009년 5월 23일)한 후인 6월 12일, 홍만표 당시 대검찰청 수사기획관은 박연차 사건에 대한 최종수사결과를 발표하면서 "충분히 진술을 들었기 때문에 한 전 청장이 귀국한다고 해도 특별히 조사할 게 없다"고 말했다. 한 전 청장에 대한 사실상의 면죄부였다.

그렇게 끝난 듯 했던 한 전 청장 관련 의혹이 다시 불거진 건 그해 11월이었다. 세무조사 무마를 조건으로 기업들에게 미술품을 강매했다는 의혹을 받아 검찰에 구속된 안원구 전 국장이 새로운 의혹을 제기하고 나섰다. "정권 교체기인 2007년 12월, 당시 국세청장이던 한상률 씨가 나에게 '이명박 정권 실세에 국세청장 연임 로비를 위해 10억 원을 제공할 생각이다. 그중 3억 원을 만들어주면 국세청 차장으로 승진을 시켜주겠다'고 제의했다"는 내용이었다. 박연차 회장의 태광실업에 대한 세무조사가 전 정부인 참여정부를 겨냥한 기획조사였다는 의혹도 이때부터 본격적으로 나왔다. 그러나 한 전 청장이 여전히 미국에 머물고 있는 상황에서 사정은 전혀 달라지지 않았다.

그로부터 1년이 더 지난 2011년 2월, 미국으로 떠났던 한 전 청장이 귀국하면서 상황이 달라졌다. 한 전 청장이 미국에 머물고 있다는 이유로 2년 가까이 수사를 미뤘던 검찰(서울중앙지검 특수2부)이 갑자기 바빠졌다. 그림 로비 의혹, 인사 로비 의혹, 안 전 국장이 제기한 의혹, 태광실업 기획조사 의혹, 이명박 대통령의 실소유 논란이 벌어졌던 도곡동 땅과 관련된 의혹 등이 수사대상에 올랐다.

다시 시작된 수사에서 검찰은 몇 가지 새로운 사실을 확인했다. 한 전 청장이 청장 자리에서 물러난 이후 주정업체 3곳과 대기업 3곳에서 자문료, 고문료 등의 명목으로 거액의 자금을 받았다는 내용의 뇌물수수 의혹이었다. 한 전 청장이 돈을 받는 과정에서 기업에 압력을 넣을 수 있는 위치에 있던 자신의 부하직원들을 동원한 사실도 검찰수사에서 확인됐다.

그러나 검찰은 한 전 청장이 2년간 주정업체에서 받은 자문료 6900만 원만 뇌물(뇌물수수 공범)로 판단했다. 대기업 등에서 받은 것은 '재직 중 범행이 아니다'라며 무혐의 처분했다. 수사대상에 올랐던 골프 로비, 태광실업 기획조사 관련 의혹 등은 모두 기소 대상에서 아예 제외됐다. 결국 검찰은 한 전 청장의 개인비리 부분만 기소하면서 수사를 종결지었다.

그나마 진행된 검찰수사과정도 순조롭지 않았다. 당장 한 전 청장에게 자문료를 거둬준 혐의를 받은 전 국세청 소비세과장이 뇌졸중으로 쓰러진 뒤 위독한 상태여서 정상적인 수사가 되지 않았다. 그는 한 전 청장의 고문료 수수 의혹 사건의 주범이었다. 그러나 검찰은 건강상의 이유 등으로 그를 기소하지 않았다.

검찰수사과정에서 크고 작은 갈등도 벌어졌다. 수사팀과 검찰 수뇌부 간 입장이 달라 갈등이 벌어진 것이다. 수사팀의 강한 수사의지를 수뇌부가 못마땅해한다는 이야기가 검찰 주변에서 나올 정도였다. 국세청과 검찰 수뇌부 간 모종의 거래가 있는 것 아니냐는 의혹이 나왔다.

이와 관련해 한 전 청장의 의혹을 제기하고 2011년 2월부터 진행된 한 전 청장에 대한 검찰수사에 참고인 신분으로 참여했던 안원구 전 국장은 2012년 9월 필자와의 인터뷰에서 이렇게 말했다.

"검찰은 수사의 기본적인 원칙조차 지키지 않았다. 검찰이 둘로 나뉘어 있는 느낌을 자주 받았다. 수사를 하려는 쪽과 그것을 막으려는 쪽이 분명히 있었다. 전형적인 봐주기 수사였다."

:: 정말 무죄인가

2012년 8월 31일, 서울고등법원 제4형사부는 인사 청탁 명목으로 전군표 전 국세청장에게 고가의 그림을 건넨 혐의, 기업들에게 부당한 방법으로 금품을 받은 혐의 등으로 기소된 한 전 청장에 대한 항소심에서 모두 무죄를 선고했다. 검찰이 한 전 청장을 불구속기소한 지 1년 4개월 만의 일이었다.

재판부는 "일부 유죄로 의심할 만한 정황이 있지만, 검찰이 제시한 증거만으로는 범죄사실 입증이 부족하다. 한 전 청장의 부인이 전군표 전 국세청장의 부인에게 그림을 선물했다는 사실을 한 전 청장이 알거나 공모한 것으로 보이는 정황이 많고, 당시 한 전 청장의 언론 해명 태도가 석연치 않은 점 등은 인정한다. 그러나 검찰의 입증이 확신이 들지 않을 경우에는 피고인의 입장에서 해석해야 한다는 법리에 비춰볼 때, 의심만으로는 유죄를 선고하기 어렵다"고 밝혔다. 또 한 전 청장이 주정업체 3곳에서 6900만 원의 고문료를 챙겼다는 혐의에 대해서도 "의심되는 상황은 있지만, 공모 관계를 인정하기에는 검사의 입증이 부족하므로 항소는 이유 없다"고 설명했다. 이로서 한 전 청장을 둘러싸고 진행된 법적 공방은 끝이 났다. 한 전 청장과 관련된 각종 의혹이 처음 시작된 때가 2009년 1월이니 무려 3년 7개월 만에 내려진 결론이었다. 그렇다면 한 전 청장은 정말 무죄인가?

법적 책임에서는 벗어났지만, 한 전 청장과 관련된 의혹은 아직 해소되지 않았다고 필자는 생각한다. 국민들은 아직도 이명박 정부 5년간 국세청에서 벌어진 일을 궁금해한다. 검찰과 언론은 아직 아무것도 밝히지 못했다. 어쩌면 진실규명 의지가 없었는지도 모른다. 법원의 판단과 역사적 진실 규명은 분명 별개 문제라고 믿는다.

:: 토사구팽

한 전 청장은 2008년 7월에서 10월 사이 진행된 태광실업에 대한 세무조사과정에서 확인된 박연차 회장의 정·관계 로비 의혹을 이명박 대통령에게 직접 보고한 것으로 전해진다. 2009년 3월 25일자 《조선일보》 기사에 따르면, 2008년 11월 초 한상률 당시 청장은 박연차 회장 소유의 태광실업, 정산개발 등에 대한 세무조사결과를 민정수석실을 건너뛰고 이명박 대통령에게 직접 보고했다. 이 자리에는 정정길 대통령 실장만 배석했다. 사정작업을 총괄·지휘하는 민정수석실이 보고체계에서 배제되자, 당시 민정수석이 국세청 간부에게 거세게 항의했던 것으로 알려졌다. 2009년 3월 29일자 《중앙일보》 기사에 따르면, 보고를 받은 이명박 대통령은 "국세청이 대단하다"라고 칭찬했다고 한다.

그런데 2009년 초 필자는 한 전 청장과 관련된 취재를 하는 과정에서 이상한 점을 하나 발견했다. 한 전 청장이 태광실업 세무조사와 관련된 보고를 대통령에게 직보直報한 이후인 2008년 11월~12월, 일부 사정기관이 청와대의 지시로 한 전 청장을 포함한 국세청 고위 인사들에 대해 정밀내사를 착수한 사실이 확인된 것이다. 이 지시를 받은 곳은 확인된 곳만 청와대(민정수석실), 경찰청, 총리실(공직윤리관실) 등 세 곳이었다.

취재 당시 경찰청의 한 관계자는 "날짜는 정확하지 않지만 2008년 11월 중순경 한 전 청장 등 국세청 인사들과 관련된 정보를 수집해 보고하라는 지시가 청와대에서 내려왔다. 그때는 연말 연초 인사를 앞둔 통상적인 정보 보고라고 생각했는데 지금 생각해보니 그게 아니었던 것 같다"고 말했다.

내용을 잘 아는 한 사정기관 관계자의 설명은 좀 더 구체적이었다. "한 전 청장이 (청와대의) 말을 안 듣는다고 들었다. '그대로 둬서는 안 될 것 같다'는 얘기였다. '그간의 행적이나 각종 의혹을 정밀하게 감찰하라'는 청와대 지시가 내려왔다. 2008년 초 불거진 신성해운의 국세청 로비 사건과 관련된 보고들도 이때 올라간 것으로 알고 있다."

언뜻 생각하면 앞뒤가 맞지 않는 얘기다. 일 잘하는 부하 앞에서는 칭찬하면서 뒤에서는 칼을 겨눴다는 얘기다. 그렇다면 청와대는 대체 왜 그랬을까?

이와 관련해서 필자는 2009년 초 청와대, 국세청 등의 관계자들에게 "한 전 청장이 태광실업 세무조사 문제와 관련해 '박연차 리스트'를 무기로 청와대와 대통령에게 모종의 거래를 시도했다"는 의미심장한 이야기를 들었다. 한 전 청장이 청와대를 상대로 '국세청장 유임 혹은 ○○○ 장관 기용'을 요구했다는 설명이었다.

국세청에 정통한 한 사정기관의 관계자는 "2008년 말 시중에 이와 같은 얘기가 많이 떠돌았던 것으로 안다. 정확한 내용은 모르지만 한 전 청장이 (자신의 거취와 관련해) 무리수를 둔다는 말도 나왔다. 이것이 한 전 청장에 대해 내사 지시가 내려간 배경이라고 들었다"고 덧붙였다.

이 인사들의 증언이 사실인지 여부는 현재로선 확인할 길이 없다. 그러나 그 당시 언론보도의 흐름을 보면 가능성이 없지 않다는 게 필자의 판단이다. 한 전 청장은 왜 그랬을까? 도대체 그는 어떤 자신감, 무기가 있어서 청와대를 상대로 과감히 거래를 시도했을까?

한 전 청장이 대통령에게 보고한 태광실업 조사 내용에는 이명박 정부 핵심인사들의 비위사실도 상당 부분 포함되어 있었던 것으로 전해진다. 세무조사 초기에 국세청이 압수한, 세무조사와 검찰수사에 골격이 된 박연차 회장 비서의 '로비 다이어리'에 이와 같은 내용이 다수 들어 있었다는 것이다. 이 중 일부는 검찰과 언론을 통해 사실로 확인됐다.

만약 이러한 의혹이 사실이라면, 한 전 청장이 보고한 '박연차 리스트'는 당시 막 출범한 이명박 정부에 치명상을 입힐 수 있는 자료였을 가능성이 높다. 거래가치도 충분했을 것이다.

한 전 청장이 청와대를 상대로 실제 거래를 시도했다면, 그 시기는 청와대에 태광실업 관련 보고를 한 11월 초 이후로 볼 수 있다. 그리고 정밀내사 지시는 그 직후인 11월 중순 이후에 내려왔을 가능성이 높다. 2008년 크리스마스 연휴에 발생한, 한 전 청장이 낙마하는 데 결정적인 계기가 됐던 '경주 골프 사건' 등이 총리실 공직윤리지원관실을 통해 이명박 대통령에게 직접 보고된 것도 정밀내사의 결과였다. 비슷한 시기 전군표 전 국세청장 부인의 입을 통해 불거진 한 전 청장의 '그림 로비 의혹'도 마찬가지다. 경찰청과 청와대 민정수석실도 보고는 늦었지만 당시 이미 기본적인 사실관계는 파악해 놓고 있었던 것으로 전해진다.

미국으로 떠난 직후 한 전 청장은 세무조사 당시 이명박 대통령과 독대했다는 의혹 등에 대해 "독대는 없었다. (만약 독대했더라도 그것은) 형식에 불과하다. 중요한 것은 박 회장에게 탈세혐의가 있어 조사하고 조사한 결과를 틀림없이 검찰에 전부 넘겨줬다는 데 있다"고 말해 묘한 여운을 남겼다.

검찰은 한상률 전 청장과 관련된 의혹 중 극히 일부분만을 기소대상으로 삼았다. 한 전 청장과 관련된 상당수 의혹은 아예 수사대상에 오르지도 못했다. 당시 검찰이 수사한 내용은 검찰이 작성한 공소장에 들어 있다(독자의 이해를 돕기 위해 본문 끝 '부록'에 '한상률 전 국세청장에 대한 검찰 공소장' 전문을 넣었다).

⁰² 2년 추적기

태광실업에 대한 검찰수사 과정에서 노 전 대통령이 서거한 뒤, 필자는 「'2년 추적기' 이명박 국세청과 한상률」이라는 제목으로 이명박 정부 출범 이후 국세청 안팎에서 벌어진 일들을 정리해 보도했다(《신동아》, 2009년 7월호).

기사의 중심에는 한상률 전 국세청장을 뒀다. 그래야 이명박 국세청을 정확하고 합리적으로 재구성할 수 있다고 판단했기 때문이다.

이 기사에서 필자는 2007년 말 검찰수사로 불거진 '신성해운의 국세청 로비 의혹 사건'에서 한 전 청장이 2004년경 신성해운으로부터 금품 5천만 원을 수수한 의혹이 있음을 보여주는 검찰수사 기록을 처음으로 공개했다.

新東亞 「'2년 추적기' 이명박 국세청과 한상률」

'박연차 게이트'는 노무현 전 대통령의 자살로 막을 내렸다. 지난해(2008년) 7월 시작된 태광실업에 대한 국세청 세무조사가 발단이 됐으니 꼬박 1년을 끈 셈이다. 결과는 비극이었고 실체적 진실은 영원히 묻혔다.

이번 사건의 주연은 누가 뭐라 해도 박연차 전 태광실업 회장이다. 그가 입을 열 때마다 전·현 정권 실세들이 차례차례 불려나가 조연자리를 채웠다. 그러나 박 전 회장만큼이나 비중이 컸던 주인공이 또 있다. 바로 한상률 전 국세청장이다. 이 사건과 관련해 절대로 잊으면 안 되는 인물이다. 그는 박연차라는 이름의 '판도라의 상자'를 처음 열었고 상자 속 모습을 속속들이 들여다봤다. 상자를 뒤지며 보물찾기에 나섰던, 그러나 아직 그를 만나지 못한 검찰은 상자 속 모습이 처음엔 어땠는지 지금도 알지 못한다.

상자가 열리기를 바라지 않았던 수많은 권력자의 구애를 한 몸에 받은 사람도 바로 한 전 청장이었다. 그는 그렇게 이 사건의 처음과 끝에 서 있었다. 게다가 출범 2년을 맞은 이명박 정부에서 유일하게 국세청장을 지낸 사람이다. 그가 떠난 빈자리는 아직도 채워지지 않고 있다. 그런 점에서 '이명박 국세청' 추적기는 곧 '한상률' 추적기라 할 수 있다.

세무공무원 or 정치인

높은 수준의 윤리의식이 필요합니다. 단지 법이나 규정에 저촉되지 않으면 된다는 수준이 아니라 윤리적으로, 올바른 것으로 평가받을 수 있어야 합니다. … 우리가 변화하지 않으면 국민들은 우리를 신뢰하지 않습니다. 이것이 바로 끊임없는 자기변신의 창조성이 필요한 이유입니다('한상률 국세청장 취임사' 중에서).

2007년 가을 어느 날, 느닷없이 터진 전군표 전 국세청장의 뇌물수수 사건으로 국세청은 충격에 휩싸였다. 국세청에 대한 국민들의 신뢰는 땅에 떨어졌다. '교도소 담장 위에 선 국세청장'이라는 비아냥이 국세청을 때렸다. 한 전 청장은 그런 와중에 국세청장에 취임했다.

부랴부랴 단행된 인사였지만, 한상률 국세청장은 사실 예정된 인사에 가까웠다. 충남 서산 출신, 태안고, 서울대 농대 졸업 그리고 능력 하나만은 최고라는 평가를 받고 있었다. 그는 서울지방국세청 조사4국장, 국세청 조사국장, 서울지방국세청장, 국세청 차장 등 요직을 두루 거친 흔치 않은 이력을 갖고 있었다. 그를 잘 아는 한 국세청 직원은 "한 전 청장은 본청 과장 시절부터 국세청장이 되겠다고 마음을 먹고 준비했던 사람이다. 한마디로 '스스로 준비한' 국세청장이었다고 할 수 있다"고 말했다.

그러나 정권이 바뀌면서 상황은 복잡해졌다. 청장 취임 20일 만에 살아남느냐 죽느냐를 고민해야 하는 처지가 됐다. 전 정권에서 임명한 사정기관 수장이 새 정부에서 살아남을 가능성은 크지 않왔다. 믿는 게 있다면 누구보다 뛰어난 친화력과 자신감 정도였다. 한 전 청장은 정권이 바뀌자마자 새 정부 측 인사들과 스킨십을 시도했고 새 정부의 코드에 맞는 구상, 정책을 준비했다.

대통령직 인수위원회(이하 '인수위') 시절부터 이명박 정부가 내건 화두는 '기업 프렌들리'였다. 노무현 정부가 성장보다는 분배에 관심을 쏟는 바람에 기업 활동이 위축됐고 성장 동력이 떨어졌다는 게 당시 한나라당과 이명박 당선자의 생각이었다. 당선자가 들고 나온 '기업 프렌들리'의 핵심은 규제 철폐와 유연한 세무행정이었다.

한 전 청장은 여기에 철저히 발을 맞췄다. 2008년 1월 14일, 한 전 청장은 "올해 세무조사 건수를 지난해에 비해 5~10퍼센트 정도 줄이겠다. 기업들이 세금 문제에 신경 쓰지 않고 경영에 전념할 수 있는 여건을 만들겠다"고 발표했다. 이에 앞선 1월 6일 인수위 업무보고에서도 기업의 투자 활성화와 일자리 창출을 위해 적극 협조하겠다고 밝혔다. 투자 의욕을 위축시킬 수 있는 정기 세무조사를 대폭 줄이고, 세무조사방식도 전면 재검토한다는 방안도 내놨다. 새 정부가 내세운 '일자리 300만 개 창출'을 위해 가능한 한 모든 세정지원도 아끼지 않겠다고 밝혀 새 정부 인사들에게 확실히 인정받았다.

권력 앞으로

정책적으로 새 정부에 협조하는 것과는 별개로, 한 전 청장은 인수위 시절부터 이 대통령의 핵심 측근들과 본격적인 스킨십을 갖기 시작했다. 인수위 관계자들과 한 전 청장의 만남이 여러 차례 있었다.

당시 시중에는 이명박 정부 측 인사들과 한 전 청장을 연결해 주는 사람이 추경석 전 건설교통부 장관이라는 얘기가 많았다. 한 전 청장은 1994년 추 전 장관이 국세청장으로 재직할 당시 비서관으로 일했다. 국세청의 한 관계자는 "추 전 장관이 청장으로 있을 때부터 한 전 청장을 각별하게 생각했다. 한 전 청장은 윗사람이 하나를 요구하면 10개를 해서 오는 사람이다. (추 전 장관이) 국세청을 떠난 뒤에도 한 전 청장을 각별하게 챙겼다"고 말했다.

당시 한 전 청장은 이상득, 정두언 의원 등 이명박 정부의 핵심 실세들과 두루두루 접촉했고 빠르게 친해졌다고 전해진다. 박영준 당시 대통령 당선자 비서실 총괄팀장과도 여러 번 만난 것으로 알려져 있다. 특히 정두언 의원과는 참여정부에서 준비했던 BBK 관련 세무조사결과 등을 매개로 접촉을 시도했다는 얘기가 있다.

노력한 만큼 결실은 돌아왔다. 새 정부 출범 직후인 2008년 3월 7일, 한 전 청장의 국세청장 유임이 확정됐다. 한 전 청장은 유임에 보답하듯 정부부처 중 처음으로 참여정부가 없앴던 기자실을 부활, 확대시켰다. 기자실 부활은 이 대통령이 후보시절부터 줄곧 주장했던 공약사항 중 하나였다. 인수위에 참여했던 한 여권 인사는 "(기자실 문제가) 이 대통령 측에서 한 전 청장을 '우리 사람'이라고 생각하게 된 결정적인 계기가 됐다"고 말했다.

한 전 청장이 열심히 '권력 앞으로' 했던 다른 이유도 있었다. 당시 인수위에는 국세청 몫으로 당시 서울지방국세청(이하 '서울청')인 이현동 청장(행시 24회)이 나가 있었다. 이 청장은 경북 청도 출신으로 경북고를 나온 사람이었다. 솔직히 말하면, 그는 이명박 정부 출범 전에는 국세청 내에서 그다지 주목받는 위치에 있는 인물이 아니었다. 국세청 내에서는 같은 기수 중 선두주자로 조홍희 당시 국세청 법인납세국장을 꼽는 시각이 많았다.

이 청장의 인수위 발탁은 한 전 청장에게 '굿 뉴스'가 아니었다. 일단 이 청장은 한 전 청장 사람이 아니었다. 이 청장이 대통령의 친형인 이상득 의원의 직접 지원을 받고 있다는 소문도 귀에 거슬렸다. 인수위와 대통령 비서실을 거쳐 2008년 6월 국세청에 돌아온 이 청장은 곧바로 '국세청의 꽃'이라 불리는 국세청 조사국장에 임명됐다. 취재과정에서 만난 한 전 청장 지인의 얘기다.

"한 전 청장이 취임 초기부터 스트레스가 많았어요. 후배인 이 청장과도 좀 부딪친 것 같고 현 정부 실세들과 친분이 있는 경상도 출신 국세청 인사들의 움직임에도 무척 신경을 썼습니다. 이런 말도 한 일이 있어요. '내가 경상도 출신이었으면 이렇게까지 고생하겠느냐'고. 아마 그때가 신성해운 사건이 막 터졌을 때인 것 같습니다. 식사자리에서였는데 생각해보면 참 불쌍한 사람입니다. 능력이 있는 사람인데 이상하게 일이 꼬였어요."

신성해운의 국세청 로비 의혹

그러나 앞서의 일들은 한 전 청장에게 앞으로 닥칠 수많은 시련을 생각하면 짧은 예고편에 불과했다. 한 전 청장의 운명을 바꾼 사건은 생각지도 못한 곳에서 터져 나왔다. 인수위 시절이던 2월 초 언론을 통해 불거진 '신성해운의 국세청 로비 의혹'이 그것이다.

이 사건은 정상문 전 청와대 총무비서관의 사위였던 이재철 씨와 신성해운 전 간부 서민호 씨가 정 전 비서관과 신성해운을 세무조사했던 국세청(서울청 조사4국) 공무원들을 뇌물수수혐의로 고소·고발하면서 시작된 것이었다. 한 전 청장은 2004년 당시 담당 국장(조사4국장)이었다.

사건 초기부터 국세청과 검찰 주변에서는 '2004년 당시 서울청 조사4국장이었던 한 전 청장이 신성해운으로부터 거액의 금품을 수수했다'는 소문이 무성했다. 실제로 이재철 씨가 검찰에 제출했던 로비리스트(이씨는 이 로비리스트가 검찰의 요구에 따라 사후에 작성한 것이라고 진술했다)에도 이 내용은 포함되어 있었다. 언론에도 공개됐던 당시 리스트에 따르면, 한 전 청장은 신성해운의 간부 김○○에게 현금 5천만 원을 받은 것으로 되어 있다. 의혹이 증폭되면서 사실 여부와는 관계없이 한 전 청장의 앞길에는 먹구름이 드리우기 시작했다.

언론을 통해 이 사건이 처음 알려진 것은 지난해 2월 1일이지만, 검찰은 이미 두 달 전인 2007년 12월경부터 수사를 진행하고 있었다. 당시 이 사건과 관련된 내용은 인사검증을 하던 인수위에도 보고됐다. 인수위에서 인사검증 작업에 참여했던 한 사정기관의 관계자는 "정보가 국세청에서도 들어왔고 검찰의 보고를 통해서도 들어온 것으로 기억한다. 한 전 청장을 반대하는 측에서 지속적으로 이 문제를 거론했다는 얘기도 들은 적이 있다"고 말했다.

그렇다면 당시 떠돌던 의혹은 사실이었을까. 실체적 진실이야 알 수 없지만 의혹을 가질 만한 단서는 얼마든지 있었다. 수사과정에서 이를 뒷받침하는 증언도 속속 나왔다. 검찰의 수사기록 몇 개를 공개한다. 다음은 고발인인 정상문 전 비서관의 전 사위 이재철 씨의 2007년 12월 13일 진술기록이다.

피고발인 김○○(신성해운 상무)이 2004년경 서울지방국세청 한상률 국장에게 현금 5천만 원을 전달하였다는 점에 대하여,

검찰: 한상률은 누구인가요?

이재철: 당시 신성해운 세무조사의 담당국인 서울지방국세청 국장이었습니다.

검찰: 한상률에게는 어떻게 돈을 전달하였는가요?

이재철: 2004년 5월 중순 11시경 신성해운 본사 사무실에 전화로 김○○에게 "점심 같이 할 수 있습니까"라고 물으니 김○○이 저에게 "나 지금 바쁘고, 점심 먹고 누구와 같이 한 국장에게 5천만 원을 전달하러 가야 된다. 그러니 내일 같이 점심을 하게 ○○일식집으로 와라"고 말했습니다.

검찰: 그럼 진술인은 김○○이 한 국장에게 5천만 원을 전달하는 것을 직접 보지는 못했단 말인가요?

이재철: 예, 김○○으로부터 한 국장에게 5천만 원을 전달하였다는 말만 들었습니다.

검찰: 어떻게 말을 들었는가요?

이재철: 그 다음 날 12시경 ○○일식집에서 김○○이 저에게 "어제 누구하고 같이 한 국장에게 5천만 원을 전달했다. 한 국장이 하는 말이 청와대, 중부청장, 본청 차장님이 염려를 해주고 신경 써주셔서 세무조사는 잘 해결된 것 같고 추징세액은 담당하고 상의를 한다고 하니 네가 추징세액도 잘 알아봐라"고 하였습니다.

검찰: 어떤 명목으로 주었는가요?

이재철: 신성해운 세무조사의 담당국장이니까 세무조사를 무마해달라는 명목으로 준 것입니다.

이씨는 2008년 2월 22일 작성된 조서에서 다음과 같은 진술도 남겼다.

김○○ 상무가 이름을 모르는 세무사를 통해 한상률 국장에게 5천만 원을 주었다고 2~3번 이야기를 해서 5천만 원으로 (교부내역서에) 기재한 것이고…. ― **수사기록 5,999쪽.**

한 전 청장의 금품수수 의혹은 2004년 신성해운이 국세청 세무조사를 받을 당시 이씨와 함께 국세청 로비에 가담했던, 지난해 (2008년) 수사과정에서 일부 혐의가 인정된 신성해운 측 로비스트의 검찰 진술에서도 확인된다. 다음은 변호사법 위반 혐의로 기소된 신성해운 측 로비스트 L의 진술조서 중 일부다(괄호 속 내용은 이해를 돕기 위해 필자가 적어 넣은 것이다).

이재철이 윗선은 장인(정상문 전 비서관)이 로비를 한다고 말하면서 그 사람들(정·관계 고위 인사들)을 지칭했는데, 이재철이 조사4국장인 한 국장, 김○○ △△△청장, 이○○ 차장은 장인이 알아서 로비를 할 것이라고 하였습니다. *이때 피의자가 갑자기 생각이 난다고 하면서*, 김○○인지 김○○인지 명확히 기억나지 않지만 이재철이 (국세청 출신 세무사) 김○○의 이름을 말하면서 '이 사람이 한 국장에 대해 로비를 할 수 있는 선이 된다'고 말을 했습니다. 김○○은 국세청에서 근무했던 사람인데 한 국장을 움직일 수 있다고 했고, 왜 한 국장을 움직일 수 있는지에 대해서는 이재철이 구체적으로 말하지는 않았습니다.

하지만 이런 진술에도 불구하고 한 전 청장은 단 한 차례도 검찰조사를 받지 않았다. 검찰은 처음부터 한 전 청장을 수사대상에서 배제한 듯한 느낌마저 풍겨 궁금증을 키웠다. 대체 무슨 이유 때문이었을까? 혹시 외부의 힘이 작용한 것은 아닐까? 수사가 막바지에 이르렀던 지난해 7월경, 기자는 수사를 담당했던 관계자와 이런 대화를 나눈 적이 있다.

기자: 사건의 실체를 확인한다는 의미에서도 한번쯤은 불러야 하지 않나요?

관계자: 증언만 있고 특별한 증거가 없는 상황에서 한 조직의 수장을 부를 수는 없습니다.

기자: 증거가 없기는 검찰이 조사하고 있는 다른 사람들도 마찬가지 아닙니까?

관계자: 그만 합시다. 솔직히 우리도 힘들어요.

검찰에서 철수하라

2008년 3월 20일, 신성해운의 국세청 로비 의혹 수사는 서울중앙지검 조사부에서 특수2부로 옮겨졌다. 본격적인 수사는 이때부터 시작됐다. 2004년 당시 신성해운 조사를 맡았던 국세청 직원들에 대한 줄소환이 이어졌다. 고발인의 진술 밖에는 다른 증거가 없는 상황이었지만 조사는 꽤 강도 높게 진행됐다. 신성해운 측으로부터 정치자금 1000만 원을 받았다는 의혹이 있었던 이광재 의원은 6월 초 검찰에 소환됐다.

강도 높은 조사가 진행되자 국세청에서는 불만의 목소리가 터져 나왔다. 검찰조사는 주중 주말을 가리지 않고 진행됐다. "검찰이 해도 너무 한다"는 말이 나왔다. 그 과정에서 국세청 직원들이 신성해운 측과 수천만 원이 넘는 금전거래를 한 사실이 속속 드러났다. 기세로 봐선 불똥이 한 전 청장에게 언제라도 번질 수 있는 상황이었다. 한 전 청장은 주말에도 출근하며 상황을 체크했다.

당시 국세청에서 이 사건을 총괄 지휘한 사람이 조홍희 당시 서울청 4국장이었다. 그는 '한상률 구하기'에 모든 것을 걸었다. 한때 검찰의 강도 높은 수사에 반발하며 검찰에 파견돼 있던 국세청 직원들에게 철수명령을 내리기도 했다. 국가기관 사이의 '충돌'이었다. 하지만 다행히 파국은 없었다. 국세청과 검찰 고위층이 직접 나서서 이를 해결했다.

신성해운 수사가 한참이던 지난해 5~6월경, 법조계에는 '한 청장과 임채진 전 검찰총장이 신성해운 문제를 상의하기 위해 직접 만났다'는 소문도 파다하게 돌았다. '한 전 청장이 임 전 총장과 관련된 기업의 세무조사를 도와줬기 때문에 검찰이 국세청, 한상률을 치지 못할 것이다'는 소문이 이때쯤부터 나왔다. 당시 소문을 접한 임 전 총장은 무척 화를 냈다고 전해진다. "허위사실을 유포한 자가 누군지 찾아내라"고 직접 지시했다는 얘기도 들린다. 당시 검찰은 '국세청이 소문을 내고 다닌다'고 판단하고 있었다. 당시 사정을 잘 아는 국세청 관계자의 얘기다.

"검찰에서 오해를 했죠. 소문을 우리 쪽에서 낸다고 믿고 있는 것 같았어요. 한때 그 문제 때문에 검찰과 국세청의 사이가 아주 안 좋았습니다. 검찰에 파견된 국세청 직원들에 대해서 조사를 하겠다고 검찰이 으름장을 놓기도 했습니다."

김앤장 세무조사

시간을 다시 2008년 1월로 돌려보자. 신성해운 문제가 수면 위로 떠오르기 직전인 지난해 1월 29일, 국세청은 난데없이 국내 로펌인 김앤장에 대한 특별세무조사에 착수했다. 이와 관련, 《한겨레》는 '당시 세무조사가 이회창 자유선진당 총재의 대선 자금을 추적하기 위한 목적으로 시작됐으며 세무조사과정에서 김앤장 소속 일부 인사가 이 대통령 후원회와도 연결된다는 정황이 포착되자 세무조사를 전격 중단했다'고 보도했다.

하지만 이 사건에 대해서는 다른 해석도 많다. 세무조사 당시부터 한 전 청장이 이 대통령을 압박하기 위해 김앤장에 대한 세무조사에 착수했다는 분석도 있었다. 이모 김앤장 대표변호사가 '이명박 후원회 회장'이라는 게 추측의 근거가 됐다. 그러나 한 전 청장이 무슨 의도를 갖고 있었는지는 현재로선 확인할 길이 없다.

여기서 김앤장 세무조사가 한 전 청장에게는 분명 다목적 카드였을 것이란 점은 분명하다. 우선 김앤장은 자신을 옭아매던 신성해운의 국세청 로비 의혹 사건 당사자였다. 신성해운이 국세청에 로비를 벌였던 2004년, 김앤장은 정상문 전 비서관, 박정규 전 청와대 민정수석의 요청을 받고 신성해운의 변호를 맡아 사건을 깔끔하게 마무리했다. 한 전 청장으로서는 당시 사정을 잘 아는 김앤장의 입을 미리 막기 위해서라도 세무조사에 나섰을 가능성이 있다. 신성해운 사건이 보도되기 직전에 전격적으로 세무조사가 이뤄졌다는 점은 이러한 분석을 뒷받침한다.

한 전 청장이 검찰을 겨냥하기 위해 김앤장에 대한 세무조사를 시작했다는 얘기도 있었다. 많은 의혹을 남긴 채 막을 내린, 대기업과 관련된 각종 경제사건의 변호를 전담해온 김앤장을 쳐서 검찰을 우회적으로 압박하려 했다는 분석이다.

최근 확인한 결과, 김앤장의 세무조사는 지난해(2008년) 5월 초 모두 끝났다. 통상적인 기업조사에서 발생하는 추징액에 대한 기업 측과의 갈등은 없었다고 전해진다. 조사 기간이 연장되지도 않았다는 게 국세청 측의 설명이다. 국세청의 한 관계자는 "김앤장이 100억 원 가까운 추징액을 이미 납부한 것으로 알고 있다"고 말했다.

검찰이 실패한 태광실업 압수수색

이미 언급한 바와 같이 국세청이 박연차 전 회장의 탈세의혹을 조사하기 시작한 것은 지난해(2008년) 7월이고 검찰에 조사결과를 넘긴 것은 같은 해 11월이다.

하지만 대검 중수부가 수사에 착수했던 태광실업, 박연차와 관련된 의혹은 사실 새로운 것이 아니었다. 농협의 휴켐스 매각, 세종증권 인수 등의 과정에 의혹이 있다는 얘기는 이미 2005~2006년부터 정치권에 떠돌았다. 노건평 씨 등 노 전 대통령 측근들이 그 과정에서 상당한 이익을 챙겼다는 것도 구문에 가까웠다. 참여정부 당시 검찰과 금융감독원은 이러한 의혹들을 조사했지만 증거가 없다며 무혐의 처분한 일도 있었다.

지난해(2008년) 여름, 신성해운 국세청 로비 사건을 마무리하던 서울중앙지검 특수2부는 농협에 대한 내사에 착수했다. '농협 비리를 조사해달라는 진정이 들어와서 시작했다'는 게 당시 검찰의 설명이었다. 수사의 포인트는 세종증권 인수과정 의혹, 휴켐스 매각 의혹, 정대근 전 회장의 비자금 조성 의혹 등으로 모아졌다.

특수2부는 지난해(2008년) 9월 휴켐스 인수 의혹을 수사하기 위해 태광실업에 대한 압수수색 영장을 청구했지만 법원에 기각당했다. 범죄사실에 대한 소명이 부족하다는 이유였다. 이후 내사는 시들해졌다.

만약 당시 법원이 영장을 내줬더라면 박연차 전 회장의 태광실업 수사는 지금과는 전혀 다른 방향으로 갈 수도 있었다. 이로부터 두 달쯤 후인 11월 말, 대검 중수부는 국세청의 고발을 받아 태광실업에 대한 대대적인 수사를 시작한다.

한상률의 욕심

반년 이상을 질질 끌며 한 전 청장의 애간장을 녹였던 신성해운 수사가 마무리되고 태광실업에 대한 세무조사가 의외의 성과를 내면서 한 전 청장은 편안해졌다. 이제 남은 것은 어떤 전리품을 챙길 수 있을까 하는 고민뿐이었다. 태광실업 세무조사 과정에서 입수한 로비리스트(다이어리)는 의외의 성과였고 무기였다. 한 전 청장은 이것과 세무조사의 결과를 정리해 이 대통령에게 직접 보고했고 칭찬을 들은 것으로 알려져 있다.

아마도 한 전 청장이 자신의 거취와 관련해 욕심을 부리기 시작한 것도 이때부터가 아닌가 싶다. 《신동아》 5월호는 이와 관련해 의미 있는 보도를 했다. 한 전 청장이 태광실업 세무조사결과를 이 대통령에게 직접 보고한 것으로 알려진 시기에 오히려 청와대가 한 전 청장에 대한 정밀 내사에 착수했다는 내용이었다. 당시 《신동아》는 복수의 사정기관 관계자들을 통해 이러한 사실을 확인했다.

청와대가 한 전 청장에 대해 내사에 들어갔던 이유는 청와대를 상대로 한 전 청장이 무리한 요구를 하며 거래를 시도했기 때문이라고 전해진다. 당시 사정을 잘 아는 사정기관의 한 관계자는 "한 전 청장이 (청와대의) 말을 안 듣는다고 들었다. 이대로 둬서는 곤란해진다는 말이 많았다. 그간의 행적이나 각종 의혹을 정밀하게 감찰하라는 청와대 지시가 내려왔다"고 말했다. 한 전 청장의 낙마에 결정타로 작용한 지난해(2008년) 12월 대구에서의 골프와 술자리 사건은 이러한 정밀내사의 결과였다. 당시 사건을 추적한 몇몇 사정기관들은 당시 술자리에 참석한 사람들이 이상득 의원의 지인들이며 한 전 청장이 인사 청탁을 위해 술자리를 가진 것으로 판단했다.

한 전 청장은 태광실업에 대한 세무조사결과를 검찰에 넘기는 과정에서도 조사 내용 일부를 고의로 누락해 논란을 빚었다. 이

사실이 알려지면서 한 전 청장은 궁지에 몰렸다. 검찰은 지난 5월 6일, 국세청 세무조사과정에서 국세청이 확보한 자료, 특히 국세청이 최초로 작성한 박연차 리스트 등을 확보한다며 태광실업을 조사했던 서울청 조사4국과 법인납세국장실 등 5곳에 대해 압수수색을 단행했다. 그러나 언론에 알려진 것과는 다르게 압수수색 과정에서 박연차 리스트 원본은 확인되지 않은 것으로 전해진다.

그렇다면 한 전 청장은 자신의 노력에 대한 보상, 전리품으로 대체 뭘 요구했던 것일까. 이와 관련해 국세청과 정치권 주변에서는 한 전 청장이 대구 술자리 사건 당시 이 대통령 동서, 이상득 의원의 지인인 포항지역 경제인들에게 "국토해양부 장관을 하고 싶다"는 뜻을 밝혔다는 얘기가 나오고 있다. 또 최근에는 국세청과 정치권 주변에서 "한 전 청장이 원한 자리는 국가정보원장이었다"는 얘기도 흘러나오고 있다. 그러나 사실 여부를 확인할 길은 현재로선 없다.

한상률의 추락

지난해(2008년) 국세청 내에서는 친親한상률파니 반反한상률파니 하는 편 가르기가 심했다. 친한상률파는 조홍희 당시 서울청 조사4국장, 반한상률파는 이현동 당시 국세청 조사국장이 이끈다고 보는 시각이 많았다. 이 청장과 함께 경북 의성 출신인 안 국장 (영신고·경북대)도 반한상률파의 대표적인 인물로 꼽힌다. 안 국장은 한 전 청장과 관련된 소위 '그림 로비 의혹'의 핵심 당사자로 더 유명하다. 안 국장의 부인이 운영하는 갤러리에 문제의 그림 '학동마을'이 매물로 나오면서 그림 로비 사건은 세상에 알려졌다.

하여튼, 앞서 언급한 대로 한 전 청장은 줄곧 반한상률파를 견제할 필요를 느끼고 있었다. 정권이 바뀐 직후부터 그런 생각을 했다. 한 전 청장은 반한상률파를 견제하기 위해 자기 세력을 키웠는데 그 중심에 조홍희 국장이 있었다는 분석이 지배적이다. 이청장과 행시 동기이면서 국세청 기획통으로 불려온 조 국장을 자신의 직할부대인 4국장에 앉힌 것도 그런 이유에서였다는 전언이 있다. 조 국장은 한 전 청장의 지휘를 직접 받아 태광실업, 우리들병원 등 참여정부를 겨냥한 사정 성격의 세무조사를 진두지휘하며 입지를 굳혔다.

그러나 한 전 청장의 측근으로 승승장구하던 조 국장은 지난해 12월 국무총리실 공직윤리지원관실(이하 '지원관실') 감찰과정에서 부적절한 사생활이 포착돼 경고를 받았다(《신동아》 2009년 5월호 참조). 당시 지원관실은 이 내용을 정리한 보고서를 고위 공무원에 대한 인사검증을 담당하는 청와대 해당부서에 통보하면서 '인사 부적격' 의견을 냈다. 하지만 조 국장은 승진했다. 이를 두고 국세청 주변에서는 "한 전 청장이 조 국장을 마지막까지 챙긴 결과다"라는 말이 돌았다. 그러나 또 다른 쪽에선 "조 국장이 내심 기대하고 있던 국세청 조사국장 자리에 가지 못한 뒤 한 전 청장에게 서운한 마음을 가졌다"는 정반대의 얘기도 나왔다.

한 전 청장의 재임 기간은 국세청으로서는 격변의 시간이었다. 일도 많고 탈도 많았다. 하지만 사람을 평가할 때는 공과를 분명히 해야 한다. 끝이 좋지 않았다고 모든 것이 폄훼될 순 없다. 그런 의미에서 그는 이전 국세청장들이 생각지 못한 성과도 많이 남긴 국세청장이었다.

정보를 아는 국세청장

먼저 그는 '정보'의 중요성을 아는 사람이었다. 서울청 조사4국장에 오른 뒤부터 본격적으로 국세청 정보팀을 확대했고 지원을 아끼지 않았다. 일선 세무서에서 방치돼 있던 세원정보과를 핵심 부서로 올려놨으며 일선 세무서에서 국세청으로 올라가는 정보의 물길도 정리했다. 한 전 청장 개인을 위한 사조직으로 전락하면서 비난을 받았지만, 국세청장에 오른 직후인 2008년 11월 특별감찰팀을 신설해 조직 내 부패 근절에 앞장선 것도 공이라면 공이었다.

한 전 청장은 당근과 채찍을 잘 쓰는 것으로 유명했다. 성과를 낸 직원에 대해서는 반드시 포상했고 격려했다. 포상을 할 때면 직원들을 대강당에 불러놓고 공개적으로 포상을 하는 식이어서 그와 같이 일한 직원들은 언제나 사기가 높았다.

한 전 청장은 국세청에 기업 마인드를 도입한 첫 국세청장이기도 했다. 고객신뢰도 조사를 도입해 납세자들에게 좋은 호응을 얻었다. 세무공무원들이 세무서를 찾은 납세자에게 일어서서 인사하는 문화도 이때부터 생겼다. 현재 직원들의 친절도는 일선 세무서장의 업무평가 항목에도 들어가 있다.

그럼에도 분명한 건 '욕심'이 화를 불렀다는 점이다. 출세 지향적인 성격이 자신의 발목을 잡았다. 신성해운 사건으로 평정심을 잃은 그는 무리한 도박을 벌여 명예를 잃었다. 지난 2년간 한 전 청장을 지켜본 기자의 판단이다. 신성해운 사건으로 밤잠을 설치던 지난해 5월 '터가 좋지 않다'는 주변의 얘기를 듣고 수억 원의 공사비를 들여 청장실을 이전한 것은 복잡하고 답답했던 그의 심경을 보여주는 좋은 사례라 할 수 있다.　　　— 《신동아》, 2009년 7월호.

⁰³MB가 선택한 국세청장들

:: MB의 남자 백용호

2009년 1월 한 전 청장이 국세청을 떠난 뒤 한동안 국세청장 자리는 공석으로 남았다. 무슨 이유인지 이명박 정부는 신임 국세청장 임명을 차일피일 미뤘다. 허병익 당시 차장이 국세청장 직무를 대행했다.

2009년 7월, 이명박 정부는 모두의 예상을 깨고 백용호 당시 공정거래위원장을 신임 국세청장에 임명했다. 국세청과 정치권은 발칵 뒤집혔다. 외부인의 국세청장 임명도 놀랄 일이었지만, 세무 분야 비전문가가 국세청장에 임명된 것도 흔한 일은 아니었다. 이화여대 정책과학대학원 교수 출신인 그의 전공은 금융(주식시장)이다. 장관급인 공정거래위원장을 차관급인 국세청장에 임명한 것도 화제가 됐다. 당시 국세청과 정치권 주변에서는 기획재정부 관료나 전직 국세청 간부, 관세청장 등이 신임 국세청장 물망에 오르내리고 있었다.

무엇보다 논란이 된 것은 백용호 신임 국세청장이 이명박 대통령의 최측근이면서 이명박 정부의 최고 실세라는 점이었다. 무엇보다 공정해야 할 국세청 수장에 대통령의 최측근 인사가 임명됐다는 건 어느 모로 보나 부적절한 것이었다.

그는 이명박 대통령이 서울시장에 출마할 당시부터 대통령과 손발을 맞췄던 사람이다. 이명박 대통령의 서울시장 시절에는 서울시 시정개발연구원장을 지내며 청계천 개발, 대중교통시스템 개편과 같은 굵직한 정책들을 만들어냈다. 충남 보령이 고향인 그는 익산의 남성고와 중앙대학교를 졸업했다. 이명박 대통령의 친구인 김백준 당시 청와대 총무비서관의 고등학교 후배였다.

좋지 않은 인사평이 쏟아졌지만, 그는 MB맨이라는 세간의 평가에 거부감을 보이지 않았다. 국세청장에 내정된 직후 "MB맨이라는 닉네임이 붙어 있다면 더욱 열심히 해야 하는 것 아닌가"라고 했다. 국세청장 인사청문회에서는 "저에게 일을 맡기면 잘 할 것이란 기대 때문에 이명박 대통령이 임명하신 것 같다. 국세청장 임명에 대해 감사드린 적 없다"고 말해 화제가 되기도 했다.

그는 이명박 정부 출범 이후 5년간 줄곧 정권의 요직을 도맡았다. 공정거래위원장과 국세청장을 거쳐 청와대 정책실장으로 자리를 옮겼다. 야권은 "MB 정부 회전문 인사의 전형적인 케이스"

라며 그를 비판했다. 2009년 7월 국세청장에 올랐다가 2010년 7월 퇴임했다.

1년간 국세청장을 맡은 백용호 전 청장에 대한 평가는 엇갈린다. 한 전 청장의 불명예스런 사퇴로 무너진 국세청 조직을 무난하게 이끌었다는 평가가 있는 반면, 무능했다는 평가도 있다. 이현동 현 국세청장(이하 '이현동 청장')에게 청장직을 넘겨주는 징검다리 역할만 하고 떠났다는 평가도 있다. 실제 백용호 전 청장은 청장 재직시절 국세청 내부 업무 대부분을 당시 차장이던 이현동 현 청장에게 맡겼다. 심지어 인사와 조직운영 권한도 행사하도록 했다고 전해진다.

:: 대운의 사나이 이현동

정권이 바뀔 때마다 국세청은 정치바람을 탔다. 힘 있는 조직이라 그런지 권력을 손에 넣은 정치인들은 국세청을 가만두지 않았다. 자기 사람 심기에 열을 올렸고 국세청을 통해 정적을 제거하고자 욕망을 불태웠다. 정권과 가까운 인사들이 줄줄이 요직에 발탁됐다. 참여정부에서 국세청장을 지낸 전군표 전 청장, 이명박 정권에서 국세청장에 오른 이현동 청장은 대표적인 인물이다.

두 사람은 서로 닮은 데가 많았다. 일단 두 사람 모두 정권이 출범할 당시 인수위에 참여한 것을 계기로 출세가도를 달렸다는 공통점이 있다. 두 정권의 사실상 마지막 국세청장이었고, 마음 맞는 정권을 만나기 전에는 그다지 주목받지 못하던 인물이었다는 것도 공통점이다.

강릉고와 경북대를 나온 전군표 전 청장은 노무현 정권에서 핵심 실세로 군림했던 이광재 전 강원도지사(참여정부 출범 초 청와대 국정상황실장 역임)의 도움을 받아 승승장구했다고 알려져 있다. 전군표 전 청장은 대통령직 인수위원회를 거친 뒤 서울지방국세청 조사1국장, 국세청 조사국장과 차장을 거쳐 청장 자리까지 올랐다.

이현동 청장의 인생역정은 더 드라마틱하다. 경북고와 영남대를 나온 그는 이명박 정부 출범 전만 해도 국세청 안팎에서 주목받는 인물이 아니었다. 행정고시 24회로 공직에 들어선 그는 구미세무서장, 서울지방국세청 조사국 과장, 대구지방국세청 국장, 중부지방국세청 납세자보호담당관을 거쳤다. 승진이 동기들보다 4~5년씩 늦었다. 그러나 서울지방국세청 조사3국장에 임명된 지 한 달도 안 돼 대통령직 인수위원회에 파견나간 이후 그의 승진가도는 그야말로 눈이 부실 정도였다.

대통령직 인수위원회(3개월)를 거쳐 청와대 경제수석실 선임행정관(1개월)을 지내고 국세청의 핵심 요직인 조사국장(6개월)으로 화려하게 컴백했다. 곧이어 국세청 빅3 중 하나인 서울지방국세청장(6개월)으로 영전했고, 바로 국세청 차장이 됐다. 서울청 국장에서 국세청 2인자 차장이 되는데 1년 6개월도 걸리지 않았다. 2010년 8월 26일 진행된 국세청장 인사청문회에서도 그의 독특한 이력은 도마 위에 올랐다. 야당 의원들의 질타가 쏟아졌다.

"우리 후보자께서는 1981년도에 행정사무관으로 임용되어서, 5급으로 임용된 후 3급까지 승진하는데 25년 3개월 걸렸지요? 제가 계산해 보니까 25년 3개월 걸렸어요. 1990년 이후 참여정부까지 다른 분들, 국세청 내의 다른 분들 진급 평균기간이 20년 4개월이에요. 그래서 다른 분들보다 오히려 5년 늦게 더디게 진급을 했습니다. 그런데 2007년 12월부터는 초고속 승진을 합니다. 3급에서 고위직까지, 차장까지 임명되는 데 불과 9개월밖에 안 걸렸습니다. 같은 기준으로, 즉 1990년부터 참여정부시기까지 같은 직종과 경력을 거쳐서 진급하는 기간이, 다른 분들은 평균 3년 8개월이 걸렸습니다. 44개월이 걸렸어요. 그런데 후보자께서는 9개월 걸렸습니다. 이쯤 되면 초속도 아니고 광속 승진이라고 볼 수밖에 없습니다. 맞지요?"(전병헌 당시 민주당 의원)

"그렇게 유례없이 초고속 승진을 하신 것은 내가 볼 때는 뒤의 어떤 정치적인 실세들의 도움이라는 생각이 되거든요. 특히 지금 청와대 인사비서실의 김명식 비서관, 박영준 전 국무차장 그리고 모 의원이 배후에 있다는 의혹이 제기되고 있는데요. 김명식 인사비서관과 후보자는 고향도 같고 경북고등학교, 영남대 동기 동창이지요? 후보자가 대통령직 인수위원회에 파견된 이후에 학연과 지연에 있어서 정권 핵심과 연결이 됐고 그래서 이렇게 승진을 빨리할 수 있었다는 생각이 되는데요. 여기에 문제가 있습니다. 승진을 이렇게 빨리한 데 대해서 어떤 정치적인 실세의 도움을 받았다고 하면 도움을 준 사람의 그 부탁은 참 거절하기가 힘이 들거든요. 특히 청와대 쪽이나 이런 실세들의 인사 개입 또는 세무조사 외압 이런 걸 막아내기는 굉장히 어렵다고 생각합니다. 이 부분에 대해서는 어떻게 생각하세요?"(조배숙 당시 민주당 의원)

초고속 승진 때문인지, 이현동 청장은 청장에 오르기 전부터 각종 음해에 시달렸다. 차장 시절이던 2010년 봄, 일부 언론사와 정치인 앞으로 이현동 청장을 겨냥한 투서가 날아들기도 했다. 이 투서는 이현동 차장과 갈등관계에 있었던 안원구 전 국장 측에도 날아들었다. 안원구 전 국장의 부인인 가인갤러리 홍○○ 대표는 "남편이 구속되고 얼마 안 돼 발신지가 불분명한 우편물을 받았다. 안에는 5장짜리 문건이 들어 있었다. 예전부터 국세청 주변에서 돌던 얘기가 많았는데 못 들어본 내용도 있었다"고 말했다.

당시 문건은 이현동 차장을 '국세청의 미실(임금 이상으로 신라의 권력을 장악했던 인물)'로 표현하면서 차장까지 오는 동안 비리를 많이 서질렀다는 내용을 담고 있다. 일부는 아주 구체적인 사실을 적시하고 있어 관심을 끈다. 주요 내용은 '2007년 말 지방의 한 호텔 상속 관련 조사 과정에서 금품수수', '인사대가로 국세청 직원들에게 금품수수', '복잡한 사생활', '국세청 조직 내부 갈등원인 제공' 등이었다. 이 문건에는 필자의 이름도 등장했다. '이현동 차장이 《신동아》와 손잡고 정적을 제거하는 데 앞장섰다'는 황당하기 짝이 없는 내용이었다. 이 때문에 필자는 한동안 "이현동라인이었냐"는 오해를 받기도 했다. 하지만 필자는 이현동 청장과 단 한 번도 만난 적이 없다. 다음은 투서 내용 중 일부다.

작년(2009년)에 이현동 차장이 잠재적인 경쟁자인 조○○ 국장을 제거하기 위해 사퇴를 유도했으나 무위로 그치자 최근에 말도 안 되는 내용을 과장하여 ○○○○에 보도한다고 협박하고 있음. 지난번에는 《신동아》 한상진 기자와 공모하여 보도한 적 있음.

이현동 청장이 취임한 이후 국세청은 인사와 관련한 구설수에 자주 오르내렸다. TK(대구·경북) 출신인 그가 고향이 같은 인사들을 주요 요직에 배치한다는 비판이 많았다.

2010년 단행된 이현동 청장의 첫 인사 때부터 논란이 됐다. 이현동 청장은 자신의 고등학교(경북고)와 대학(영남대) 후배 A를 중부지방국세청장에 임명하는 등 TK 출신 인사들을 중용했다. 그 결과 국세청 고위 공무원 중 약 50퍼센트가 TK 출신 인사들로 채워지게 됐다.

2011년 6월 인사에 대해서도 비판이 쏟아졌다. 이 인사에서는 주요 조사국장이 대부분 TK 출신 인사로 채워졌다. 특히 특명조사를 주로 담당하는 서울청 조사4국장에 이현동 청장의 고향(경북 청도) 후배인 하○○ 국장, 조사국장에 임○○(경북 의성), 대기업 조사를 주로 하는 서울청1국장에 김○○(경북 구미), 중부청 조사3국장에 이○○(경북 청도) 등이 배치되면서 비판이 쏟아졌다.

대선을 앞두고 단행된 지난해 7월 인사에서는 모두의 예상을 깨고 이현동 청장의 고향 후배인 A 중부지방국세청장이 서울청장에 임명돼 논란이 되기도 했다. 이로써 국세청장, 서울청장, 조사국장이 모두 TK 출신으로 채워지는 기형적인 구조가 만들어졌다.

이를 두고 야권에서는 "대선기획용 인사"라는 평가가 나오기도 했다. 2010년 10월 국세청에 대한 국회 국정감사에서 설훈 의원(민주통합당)은 "국세청의 핵심 요직으로 꼽히는 곳은 어김없이 고향 혹은 학교로 이현동 청장과 엮여 있다. 고위직 인사가 도를 넘은 청장 정실인사로 이뤄지다보니 제대로 된 세무행정이 이뤄질리 만무하다"고 비판했다.

:: 민간인 사찰

이현동 국세청장은 국무총리실 공직윤리지원관실(이하 '지원관실')의 민간인 사찰과 관련된 검찰수사과정에서도 이름이 오르내렸다. 지원관실 직원들의 입막음용으로 쓰인 자금 중 일부가 이 청장에게서 나온 사실이 검찰수사과정에서 확인됐기 때문이다.

지난해 12월 6일, 《한겨레》가 공개한 민간인 사찰 사건의 재수사 기록에 따르면, 이 청장은 100만 원씩 담긴 봉투 2개를 휴가비용 명목으로 최○○ 전 행정관을 통해 진경락 전 지원관실 기획총괄과장과 이인규 전 공직윤리지원관에게 건넨 것으로 되어 있다. 2011년 7월 31일 진 전 과장이 작성한 메모에는 다음과 같이 적혀 있다.

최○○(행정관)이 나에게 EB(이영호 전 청와대 고용노사비서관)

가 생활비 조로 주는 것이라면서 500만 원을 주었고, 이어 이현동 청장이 이번 여름에 휴가를 다녀오라며 주는 것이라면서 봉투 하나(나중에 100만 원임을 확인)와 또 다른 봉투(비슷한 크기여서 100만 원으로 추정됨)를 주면서 '이것은 이 청장이 이인규 국장(공직윤리지원관)에게 주라'고 하더라고 함.

이와 관련하여 지난해 5월 26일 최○○ 전 행정관은 검찰진술에서 "메모를 보니 기억이 납니다. 그때 이영호(비서관)가 저에게 진경락에게 전달해주라고 하면서 봉투 3개를 줬는데, 1개는 이영호 비서관이 주는 것이라고 했고, 나머지 1개는 이현동 청장이 주는 것이라고 전달해달라고 했었습니다. 그리고 이인규 국장에게 전달해주라는 봉투도 받았고 메모에는 진경락이 이인규 국장을 만나기도 싫다면서 전달 부탁을 거절한 것으로 되어 있는데, 제 기억에는 진경락이 받았던 것 같습니다"라고 주장했다.

이 의혹과 관련해 이 청장은 검찰에 제출한 서면 답변서를 통해 '돈을 준 사실이 없다'고 해명한 것으로 알려져 있다. 검찰수사기록에는 그 답변서가 빠져 있어 내용을 확인할 수 없다.

대통령 선거 열풍으로 큰 주목을 받지는 못했지만, 국세청장이 지원관실 관계자들에게 왜 돈을 뿌렸는지, 돈의 출처는 어디인지, 누구의 지시를 받았는지 등은 반드시 확인되어야 할 사항이라고 필자는 믿는다. 국가를 위해서나 국세청을 위해 이는 반드시 필요한 일이다.

⁰⁴ 안원구의 고군분투

:: 잃어버린 퍼즐

경북 의성이 고향인 안원구 전 국세청 국장(이하 '안 전 국장')은 대구 영신고와 경북대를 졸업했다. 행시 26회로 공직에 들어온 뒤 국세청 총무과장, 서울지방국세청 조사1국장, 국세청 국제조세관리관, 대구지방국세청장 등을 지내며 승승장구했다. 김대중 정부와 노무현 정부에서는 6년간이나 청와대에서 일했다. 전례를 보기 힘들 정도로 전도가 유망한 국세공무원이었다.

하지만 이명박 정부가 들어서면서 그의 신세는 아주 처량해졌다. 그에게는 '전前 정부 사람'이란 낙인이 찍혔다. 지방국세청장에서 하루아침에 지방국세청 국장으로 강등되는 망신도 당했다.

이명박 정부와 코드를 맞춘 국세청 간부들은 그를 쫓아내기 위해 수단과 방법을 가리지 않았다. 안 전 국장은 이명박 정부 첫 국세청장이던 한상률 전 국세청장, 이명박 정부 출범 후 초고속 승진을 통해 국세청장 자리까지 오른 이현동 현 국세청장과 특히 갈등을 빚었다.

국세청과의 갈등이 극에 달하던 2009년 11월, 안 전 국장은 세무조사 대상 기업들에게 부인이 운영하는 가인갤러리의 미술품을 강매했다는 의혹 등으로 검찰에 긴급 체포됐다. 지인에게 세무사를 소개해주고 돈을 받았다는 혐의가 수사과정에서 더해졌다. 그림 강매 의혹 등 핵심 혐의는 재판과정에서 무혐의 처분됐지만, 지인에게 돈을 받았다는 혐의 등은 인정돼 2년의 실형을 살아야 했다. 그는 2011년 11월 만기 출소했다.

2012년 8월, 안 전 국장은 『잃어버린 퍼즐』이란 책을 내며 다시 세상의 중심으로 나왔다. 그는 책에서 자신이 겪은 '이명박 국세청'을 여과 없이 드러냈다. 이 책에는 이명박 정부 5년 동안 국세청을 둘러싸고 벌어졌던 각종 의혹이 담겼다. 특히 '그림 로비, 골프 로비, 태광실업에 대한 기획수사 의혹 등 한 전 청장과 관련된 의혹', '세간의 관심을 끌었던 이명박 대통령과 관련된 도곡동 땅 의혹' 등이 중요하게 다뤄졌다.

안 전 국장은 책을 낸 직후 "의혹의 핵심은 역시 '국세청에서 벌어진 불법적인 행태와 검찰의 부실수사'다. 2009년 초 서울지방국세청장 신분이었던 이현동 현 국세청장이 국세청 본청 감찰팀을 동원해 나에게 사퇴압력을 부당하게 행사한 것이 가장 큰 문제다. 검찰은 이현동의 범법사실을 확인하고도 문제 삼지 않았다"
라고 말했다.

그동안 언론이나 검찰수사에서 중요하게 다뤄지지 않았지만,
이현동 청장이 직권을 남용해 안 전 국장을 감찰하고 사퇴압력을
행사한 의혹이 사실이라면 이는 중요한 문제다. 국가기반조직인
국세청의 조직질서가 불법적 행위에 의해 무너졌다는 얘기가 되
기 때문이다.

필자는 안 전 국장이 『잃어버린 퍼즐』을 펴낸 직후 여러 차례에
걸쳐 그와 인터뷰를 가졌다. 그동안 중요하게 다뤄지지 않았던 국
세청 관련 의혹, 의도적이든 우연이든 검찰이 수사를 하지 않고
넘어간 각종 의혹에 대한 안 전 국장의 생각을 듣고 사실관계를
확인했다. 안 전 국장에게 그동안 공개되지 않았던 국세청 관련
검찰수사기록 일부를 건네받았다.

∷ 직권남용에 대해 법적으로 고발하겠다

안 전 국장이 국세청으로부터 사퇴압력을 받기 시작한 건 2008
년 11월경부터다. 이는 당시 국세청 감찰팀장이던 전모 씨의 검찰
진술에서 확인할 수 있다. 전 전 팀장은 2011년 한상률 전 국세청
장과 관련된 검찰수사과정에서 "2008년 11월 말경 한 청장이 당시
특감팀장이던 나를 불러 '상부에서 안원구를 내보내라고 한다'고
해서 내가 안원구를 내보내는 작업에 착수했다"고 밝힌 바 있다

(다음 내용은 2012년 10월 8일에 발행된 《주간동아》 제857호에 있는 「사퇴압력은 직권남용, 이현동 국세청장 법적 고발」을 재구성한 것이다).

전○○이 말한 상부가 어디인지는 밝혀졌나?

"전○○은 검찰에서 '상부가 어딘지 말하기 곤란하다. 국세청이 아닌 외부 기관'이라고만 답했다. 검찰은 '상부'가 어디인지 확인하려 하지 않았다."

전 전 팀장은 검찰조사과정에서 "지금까지 국세청 역사상 안원구의 경우처럼 특정인을 내보내려고 강제 연행 등 완력까지 동원한 사례가 있었느냐"는 검사의 질문에는 "그런 사례는 없었다"고 답했다.

안 전 국장에 따르면, 2009년 1월 한 청장이 퇴임한 이후 안 전 국장에 대한 사퇴압력은 노골화됐다. 이를 주도한 사람은 허병익 당시 국세청 차장과 이현동 당시 서울청장이었다는 게 안 전 국장의 주장이다. 안 전 국장은 "2009년 6월 초 국세청 감찰과장이 '허병익 차장님께서 전하라고 해서 왔다. 안 국장님은 청와대에서 MB 뒷조사를 한 사람으로 분류돼 있으니 6월 말에 명퇴하는 게 좋겠다'고 말했다"라고 주장했다.

이현동 청장이 사퇴압력을 행사했다는 증거는?

"이현동 당시 서울청장이 감찰에 이를 지시했다는 걸 ○ 감찰계장이 사실상 시인한 녹취록이 있다. 녹취록에는 '허 차장은 결재를 거부했고 대신 이현동 서울청장이 지시했다'는 내용이 들어 있다."

2009년 7월 녹음된 안 전 국장과 ○ 계장의 대화 녹취록에는 다음과 같은 내용이 들어 있다.

안원구: 아니, 판단을 해 보십시오. 지금 그분이 서울청장입니다. 아직은.

○ **계장**: 어저께 말씀드린 건, 법대로 이걸 갖다가 (당시 허병익 청장 대행) 차장님께 결재를 내밀었는데 차장님이 그때 결재 못하겠다, 내가 나가는데 왜 결재를 해서 우리 (안원구) 국장님한테 적을 두게 하느냐, 나는 결재 못하겠다, 그래서 또 차장님도 국장님이 결재해 가지고 차장님 갔다가 결국 서울청장한테 와서 지시받았어요. 그것만 아시면 돼요. 차장님은 노 (NO) 했는데….

만약 정상적인 결재였다면 당연히 허 차장은 결제를 해야 하는데 거부했다. 문제가 있다는 것을 알았기 때문이다. ○ 계장의 말은 이 결재에 문제가 있었고 이현동 당시 서울청장이 권한 밖의 일을 처리했음을 사실상 인정한 것이다. 당시 안 전 국장은 국세청 본청 소속 국장이었고 이현동 현 국세청장은 서울청장이었다. 따라서 국세청 본청 산하조직인 서울청 수장이 본청 감찰팀에 지시해서 본청 소속 국장의 사표를 받아낸다는 것은 직무상 월권행위에 해당한다.

안 전 국장은 "직권남용은 사법처리 대상이다. 백주대낮에 말도 안 되는 짓이 벌어졌다. 그런데 이런 식의 사퇴압력을 받은 사람이 나 하나만은 아닌 것 같다. 나중에 들어보니 ○○○ 본청 국장도 그런 식으로 나갔고, ○○○ 본청 과장도 마찬가지였다고 하더라. 그런데 다들 찍소리도 못하고 떠났다. 나만 버텼다. 아마 그때 나까지 굴복했다면, 같은 일이 계속 반복됐을 것이다. 아니, 지금도 비슷한 일이 반복되고 있는지도 모른다"라고 말했다.

이현동 당시 서울청장에게 항의했나?

"그 당시(2009년 7월경) 직접 만나서 항의했다. '서울청장이 본청 감찰에 지시를 내린 게 사실이라면 절차적으로 심각한 문제'라고 지적하자 '본인이 편한 대로 생각하라. 그게(절차가) 그렇게 중요한 문제냐'라고 답했다. 이 청장의 행동은 직권남용의 죄에 해당한다."

허병익 당시 차장에게는 문제제기를 하지 않았나?

"전화로 항의했다. 당시 허 차장은 국세청장 대행이었다. 그러나 허 차장은 '그 업무(안 국장에 대한 명예퇴직 지시)는 내가 모른다'며 황급히 전화를 끊었다."

(2009년 7월 취임한) 백용호 국세청장에게는 문제를 제기하지 않았나?

"백용호 청장에게 부당함을 호소하면서 세 번이나 면담을 요청했다. 그러나 백 청장은 면담을 거절하면서 국세청 총무과장을 통해 '모든 일은 이현동 차장에게 일임했다'는 답변만 전했다. 직무유기에 해당한다. 백 청장이 취임한 직후인 2009년 7월 21일 ○ 감사관은 전화로 나에게 삼화왕관 회장 자리를 줄 테니 국세청을 떠나라는 취지로 압력을 행사했다."

안 전 국장은 이 문제와 관련해 "그동안 언론과 검찰 등이 국세청과 관련된 의혹을 다뤘지만, 정작 국세청 공무원의 직권남용에 대해서는 크게 관심을 두지 않았다"고 말했다. 실제로 지난해 한 전 청장에 대한 검찰수사 과정에서 이현동 청장의 직권남용과 관련된 의혹에 대해 검찰이 수사에 나선다는 소문이 파다했지만, 수사는 전혀 이뤄지지 않았다. 안 전 국장은 "지난해 한 전 청장을 수사한 검찰이 수사의지가 없었다"고 비판했다.

구속된 이후 검찰에 수사를 의뢰하지 않았나?

"당시 검찰은 한 전 청장, 이현동 청장 등 국세청 관계자들에 대한 수사에 의지가 없었다. 고소·고발장을 내봐야 헛일이라고 생각했다. 2011년 초 나는 한 전 청장에 대한 검찰조사에 참고인 자격으로 불려 나갔다. 그런데 조사에 임하다 보니 한상률이 아니리 내가 피의자 같았다. 검찰은 한상률을 수시할 의지가 없어 보였다. 검찰은 한상률의 죄를 묻지 않았고, 잘못이 드러났지만 문제 삼지 않았다. 오죽하면 내가 한상률과 대질조사를 받는 도중에 '이것 하나는 분명히 하고 넘어가자. 지금 이 조사의 피의자는 누구고, 참고인은 누구냐'고 검찰에 물었겠나. 내가 이런 질문을 하는 것까지 모두 조서에 담겨 있다. 피고인인 한상률은 참고인인 나와 대질신문을 하러 오면서 서류가방을 하나 가득 가지고 나타났다. 겉모습만 보면 그는 피의자가 아니었다. 아주 황당한 장면이었다."

검찰조사과정에서 이현동 청장의 직권남용 문제가 거론된 적은 없나?

"검찰에서 '고발을 하면 정식으로 수사에 착수하겠다'는 말을 내게 한 적은 있다. 그러나 수사 의지가 확인되지 않은 상황에서 고소장이든 고발장이든 낼 수는 없었다. 그래서 거부했다. 분명한 것은 고발할 의사가 없어서 그동안 고발을 하지 않은 것이 아니라 해도 제대로 된 수사가 이뤄진다는 확신이 없었기 때문에 고발을 하지 못했던 것이다. 이 문제는 반드시 밝혀져야 한다. 나를 내쫓으라고 국세청에 지시를 내린 '상부'는 어디인지, 이현동 청장이 직권남용을 해가며 조직 내에서 부당한 일을 하는 것을 방조한 사람은 누구인지 밝혀내야 한다."

고발 시점은?

"현재 변호사와 상의하고 있다. 멀지 않은 장래다."

이 문제와 관련해 2011년 한 전 청장의 수사에 깊이 간여했던 검찰 고위 관계자는 "검찰은 지난해 한 전 청장에 대한 수사 당시 안원구 전 국장에게 이 부분(이현동 청장의 직권남용 등)에 대한 조사를 원하는지를 물었다. 그러나 본인이 원하지 않는다는 뜻을 밝혔다. 그리고 국세청이라는 조직 내부에서 벌어진 일에 대해 직권으로 수사에 나선다는 것이 올바른 결정인지에 대한 고민이 솔직히 있었다. 수사 범위에 대해서도 고민이 많았다. 만약 수사팀이 안 전 국장에게 신뢰를 주지 못해 안 전 국장이 고발을 포기한 것이라면 수사팀의 한 사람으로서 유감이 아닐 수 없다. 분명한 것은 고발 의사가 있는지를 검찰이 분명히 확인했지만 그가 원하지 않았다는 점이다. 안 전 국장은 검찰조사과정에서 '이 부분에 대해 언젠가는 분명히 고발할 것이다'라고 했던 것으로 기억한다"고 말했다.

:: 한상률은 '학동마을'을 산 걸까

안 전 국장은 한 전 청장이 '학동마을'을 구입한 경위에 대해서도 의문을 제기했다. 이 부분에 대해 검찰이 철저히 수사하지 않았다는 것이다.

실제 그림 로비 의혹이 터져 나온 직후 '한 전 청장이 2004년 국제갤러리를 세무조사하면서 그림 다섯 점을 로비 명목으로 받았는데 그중 하나가 바로 문제의 학동마을'이라는 언론 보도가 나오기도 했다.

안 전 국장은 "한 전 청장의 부인이 전군표 전 청장의 부인에게 '학동마을'을 로비 명목으로 건넸다는 건 사실로 확인된다. 그러나 더 큰 문제는 한 전 청장이 과연 이 그림을 어떻게 손에 넣었는가 하는 부분이다. '한 전 청장이 뇌물로 받은 그림 다섯 점을 정권 교체기였던 2007년 말에서 2008년 초 사이 인사 청탁 명목으로 정권 실세들에게 건넸다'는 의혹도 있었기 때문에 이 문제는 더 중요하다. 한 전 청장과 관련된 의혹의 핵심이 여기에 있을 가능성이 있다고 생각한다"라고 말했다.

2011년 검찰은 "500만 원을 주고 그림을 샀다"는 한 전 청장의 주장을 사실로 인정했는데?(참고로, 지난해 4월 한 전 청장에 대한 검찰 공소장에는 다음과 같이 적혀 있다. 2007년 5월경 국세청 대변인실에 근무하는 사무관 장○○을 시켜 서울 종로구 가회동 129-1에 있는 서미갤러리에서 고故 최욱경 화가의 작품인 '학동마을'을 구입하여 경기 고양시 일산동구 정발산동에 있는 자신의 집으로 가져온 다음, 전군표의 처 이○○을 통해 전군표에게 전달하도록 하였다.)

"학동마을 사건에는 갤러리 두 곳이 등장한다. 국제갤러리(이하 '국제')와 서미갤러리(이하 '서미')다. 학동마을 그림은 원래 국제가 갖고 있던 그림이었다. 그런데 한 전 청장은 서미를 통해 이 그림을 샀다고 주장한다. 만약 한 전 청장이 이 그림을 국제에서 돈을 주고 샀다면, 그리고 그 그림을 상사였던 전군표 전 청장에게 선물로 줬다면 문제될 게 없다. 그럴 수 있는 일이기 때문이다. 그러나 이 그림과 아무 관련이 없는 서미가 등장하면서 문제가 복잡해졌다."

좀 더 자세히 설명한다면?

"국제와 서미는 처음 검찰조사과정에서 똑같이 '학동마을은 20년 전부터 서미가 갖고 있던 그림이다. 2005년 국제가 고故 최욱경 화가 회고전을 할 때 빌려줬다가 서미가 다시 받아왔고, 그 이후인 2007년경 한 전 청장에게 팔았다'고 진술했다. 그러나 수사과정에서 고故 최욱경 화가의 동생이 '학동마을은 유족들이 소유한 그림이다. 우리는 그 그림을 판 적이 없다. 2005년 국제가 최욱경 화가의 회고전을 한다고 해서 빌려줬던 적이 있다'고 진술하면서 서미와 국제의 거짓말이 드러났다. 거짓말이 드러나자 서미는 '사실 학동마을은 국제가 가지고 있던 그림인데, 한 전 청장 측으로부터 500만 원짜리 그림을 사고 싶다는 연락을 받고 국제에서 그림을 받아와 팔았다'고 진술을 번복했다."

서미는 왜 거짓말을 했을까?

"나도 그것이 궁금하다. 서미 같은 대형 화랑이 500만 원짜리 그림 때문에 검찰에서 거짓말을 한다는 게 이상하지 않은가. 그리고 서미는 처음부터 이 사건에 등장할 필요가 없는 곳이다. 국제와 한 전 청장 간의 관계를 끊기 위해 의도적으로 끼워 넣은 게 아닌가 하는 의문이 생긴다. 그리고 서미가 검찰수사과정에서 계속 아무런 관련도 없는 삼성특검을 들먹이는 이유도 궁금하다."

서미가 삼성특검을 들먹인다니?

"서미는 삼성의 자금 세탁처라는 의혹을 받았던 곳이다. 삼성의 자금이 많이 유입됐다는 언론 보도도 있었다. 검찰수사과정에서 서미 홍○○ 대표는 학동마을과 관련된 진술을 하는 과정에서 계속 삼성특검을 걸고 넘어진다. 서미가 학동마을과 관련된 모든 기억을 끄집어낼 때 기준이 되는 게 삼성특검이다. '그 당시 삼성특검이 어땠으니 이랬을 것이다'라는 식이다. 이상하지 않은가?"

한 전 청장의 심부름으로 그림을 사 왔다는 국세청 간부의 증언이 있었던 걸로 아는데?

"장○○ 서기관이다. 그는 검찰에서 2007년 5월 한상률의 지시를 받고 그림을 구입했다고 진술한 바 있다. 2009년 1월 학동마을 그림 사건이 처음 터졌을 때, 한 청장은 '그 그림을 본 적도 없다'고 주장했다. 그리고 갑자기 미국으로 떠났다. 그런데 한 청장이 미국에 있는 도중 장 서기관이 갑자기 등장한다. 장 서기관은 자기가 한상률의 지시를 받고 2007년 초 그 그림을 사 왔다고 주장한다. 그런데 이상한 건 한상률이 그림을 샀다는 2007년 당시에는 한 전 청장과 장 서기관이 업무적으로 전혀 관련이 없었다는 점이다. 장 서기관은 2009년에 한 전 청장의 비서가 된 사람이다. 2007년 5월에는 국세청 공보실에 있었다. 당시 한 청장은 국세청 차장이었다. 쉽게 말해 2009년의 측근이 2007년에 벌어진 사건의 당사자로 등장한 것이다."

한 전 청장은 2011년 검찰조사에서 "용돈을 모아 그림을 구매했다"고 진술한 것으로 알려져 있다.

"한 전 청장은 그림 구매 자금의 출처와 관련해서 '처가에서 받은 용돈을 모아 산 그림이다. 마땅히 쓸 데가 없는 돈이어서 모았다가 그림을 샀다'고 검찰에서 진술했다. 그림을 사기 전 우연히 모임에서 서미 홍○○ 대표를 만나 명함을 받은 적이 있는데, 어느 날 자기 책상 위에 있던 홍 대표의 명함을 보고 그림을 사고 싶다며 전화를 했다는 것이다. 그런데 서미 홍 대표는 검찰에 나와 '한 전 청장과는 일면식도 없다. 어느 날 모르는 사람이 전화로 500만 원짜리 그림을 사고 싶다고 해서 국제에서 받은 그림 네 점의 도록을 보냈고, 의뢰인이 그중 하나(학동마을)를 찍었다. 그림을 받으러 온 사람에게 500만 원을 받고 그림과 도록을 같이 보냈다'고 진술했다. 한 전 청장과 홍 대표의 주장에는 상당한 차이가 있다. 그러나 검찰은 이렇게 의문투성이인 그림 입수 경위에 대해 사실관계를 확인하려 하지 않았다."

:: 한상률과 네 번 독대했다

안 전 국장은 이명박 정부 출범 직전인 2007년 12월에서 2008년 2월 사이에 한 전 청장과 네 번 만났다고 주장했다. 처음 만난 곳은 서울 은평구에 있는 한 설렁탕집이었고 나머지 세 번은 모두 서울 서대문구에 있는 그랜드힐튼호텔에서였다. 당시 안 전 국장은 대구지방국세청장이었다.

안 전 국장에 따르면, 2007년 12월 말 처음 만났을 때 한 전 청장은 안 전 국장(당시 대구지방 국세청장)에게 "인수위에 가지 마라. 안 청장을 중용할 생각이니 국세청에서 나를 좀 도와 달라"고 요청했다. 당시 안 전 국장은 이명박 정부 인수위 파견이 사실상 결정된 상태였다.

"이현동 청장(당시 서울청 조사3국장)이 국세청 몫으로 인수위에 갔다. 그런데 원래 그 자리는 내가 가기로 되어 있는 자리였다. 설렁탕집에서 한 청장을 만난 날이 인수위 명단 발표 바로 전날이었다. 한 청장은 나에게 '인수위에 가지 말고 국세청에 남아 나를 도와 달라. 안 국장을 중용해서 쓰겠다'고 했고 나는 '청와대에 들어가 열심히 돕겠다'고 했다. 그러나 현직 청장이 그렇게 간곡하게 붙잡는데, 나를 중용해서 쓰겠다는데, 그걸 뿌리치고 청와대로 가기는 어려운 상황이었다. 그래서 한 청장을 만나고 집에 돌아와 (이명박 당시 대통령 당선인 측에서 일하던) 친구들에게 '청와대에 가기 힘들 것 같다'는 뜻을 전화로 전했다."

이명박 대통령 측에 아는 사람이 많았나?

"이명박 정부 쪽에 내가 아는 사람이 많았다. 같은 고향 출신이거나 이런 저런 인맥으로 아는 사람들이었다. 김대중, 노무현 정부 때 알던 사람들은 주로 청와대에 가서 알게 된 사람들이었지만, 이명박 정부의 핵심인사들은 원래부터 내가 알던 사람들이었다. 이명박 대통령의 친형인 이상득 의원은 잘 모르지만, 이상득 의원의 아들인 이지형 씨와 나는 10년 이상 친분을 맺은 사이다. 이지형 씨가 맥쿼리에서 일할 때부터 알고 지냈다. 그런 사실을 한 전 청장도 알고 있었다. 이상득 의원 주변 사람도 많이 알고 지냈다. 2008년 12월 한 전 청장이 골프 로비를 했다고 알려진 이명박 대통령의 동서도 내가 잘 아는 사이다. 한 전 청장이 만나고 싶어 했던 사람 중에 나의 지인이 많았다. 생각해보면 당시 국세청에서 내가 제일 빽이 좋은 사람이었던 것 같다."

안 전 국장의 인수위행을 막았다는 걸 한 전 청장도 인정하나?

"2011년 초 검찰 대질신문 당시 내가 한 전 청장에게 물어봤다. '왜 나를 인수위에 못 가게 했었나'고. 한 전 청장은 '국세청에서 능력을 키워 차장도 하고 청장도 하라는 뜻에서 말렸다'고 했다.

또 '어차피 안 국장은 부적격자였다'고 했다. 얼핏 듣기엔 그럴듯한 말처럼 들리지만, 내가 어차피 인수위에 못 갈 사람이었다면 한 청장이 나를 말릴 이유가 없었던 것 아닌가. 앞뒤가 안 맞는 소리다."

안 전 국장에 따르면, 당시 안 국장은 설렁탕집에서 한 청장을 만나기 전 세무사인 이희완 전 서울지방국세청 조사2국장의 전화를 받았다. 이희완 전 국장은 한 전 청장의 측근으로 알려진 인물이다.

이 전 국장은 안 국장에게 "얼마 전 한 청장을 만났는데, 안 국장이 인수위에 가는 문제로 고민이 많은 것 같더라. 안 국장의 청와대행을 좀 말려달라는 부탁도 받았다. 안 국장을 중용한다고 하니 국세청에 남아 한 청장을 도와주는 건 어떠냐"고 말했다. 안 국장은 "인수위에 가서 한 청장을 열심히 돕겠다"고 답했다.

그 전화가 있고 얼마 뒤 한 청장이 직접 안 국장에게 만나자는 전화를 했다는 게 안 전 국장의 얘기다. 그렇다면 한 청장은 당시 왜 그렇게 열심히 안 전 국장의 청와대행을 막았을까. 안 전 국장은 이렇게 해석했다.

"내가 자기 자리(청장)를 위협한다고 생각한 것 같다. 정권 실세들과 가까운 내가 부담스러웠을 것이다. 한 청장은 당시 자신의 유임 문제로 굉장히 불안해했다."

두 번째 만남에선 무슨 대화가 오갔나?

"시점은 1월 중순이다. 당시 한 청장은 나에게 '이명박 대통령 당선자의 친형이자 국회부의장인 이상득 의원에게 신성해운(국세청 로비 의혹 사건)과 관련된 오해를 좀 풀어 달라'고 부탁했다. 새 정부에서도 국세청장을 할 수 있게 해 달라는 것이었다. 한 청장은 나를 만나자마자 '신성해운 사건 때문에 요즘 골치가 아프다'고 했다. 내가 '신성해운 사건이란 게 뭐냐'고 물으니 한참 동안 그 사건에 대해 설명을 하기도 했다. 결론은 '자기가 신성해운을 세무조사하면서 뇌물을 받았다는 얘기가 있는데 모두 사실이 아니다'라는 것이었다."

그래서 이상득 의원을 만났나?

"검찰이 확인한 바에 의하면, 내가 이상득 의원을 만나기 위해 국회에 간 것은 2008년 1월 22일이다. 이 의원의 아들 이지형 씨에게 부탁해서 만든 자리였다. 국회로 찾아갔더니 이 의원을 만나려고 온 사람들이 줄을 서 있었다. 나는 줄을 서지 않고 약속된 시간에 이 의원을 독대했다. 이 의원을 만나서는 주로 한 청장 얘기만 했다. '국세청 조직의 안정을 위해서는 한 청장을 유임시키는 것이 좋겠다'고 전했다. 신성해운 사건과 관련된 부분도 설명하면서 '한 청장이 관련됐다는 건 모두 오해인 것 같다. 소문과는 다르다'고 말해줬다. 한 10~15분 정도 만났다. 내가 계속 한 청장 얘기만 하니까 이 의원이 오히려 '자네는 고향이 어딘가? 자네는 나에게 뭘 부탁할 게 없나?'라고 물었다. 난 그저 '한 청장이 잘 됐으면 좋겠다'는 말만 전하고 나왔다."

한 전 청장이 고마워해야 할 일인데?

"그런데도 한 전 청장은 검찰에서 '나는 당시 안 국장에게 그런 부탁을 한 적이 없다'고 주장했다. '안원구는 잘 모르는 후배'라고 까지 진술했다. 그러다 나중에 나와 만난 사실이 객관적인 사실로 드러나니까, 그때서야 '당시 안원구를 만났을 확률이 10퍼센트, 안 만났을 확률이 90퍼센트'라는 식으로 슬그머니 말을 바꾸곤 했다. 한 전 청장은 2011년 3월 21일 나와의 대질신문에서는 '안 전 국장이 대구, 경북지역 인사들과 가깝게 지낸다는 사실도 몰랐다. 연임로비를 한 적도 없다. 안원구는 정말 이상한 사람이다'라고 시치미를 뗐다. 또 '안 전 국장이 나를 먼저 찾아와 연임로비를 해 주겠다고 했다. 그래서 내가 말리면서 (이상득 의원을) 불쑥 찾아 가지 말고 기회가 되면 얘기나 한번 해달라'고 했다는 식으로 말했다. 아주 기가 막혔다."

한 청장을 세 번째 만났을 땐 무슨 대화를 나눴나?

"주로 MB 파일에 대해 대화를 나눴다. 한 청장은 나에게 '(당시 이명박 대통령 당선인의 최측근이던) 정두언 의원이 자꾸 MB 파일, 이명박 당선자의 뒷조사를 한 파일을 달라고 한다'고 말했다. 그러면서 '그걸 주게 되면 우리 직원들이 다칠 수 있다'고 말했다. 분명히 MB 파일이 있다는 취지로 말했다. 한 청장은 '이 상황을 어떻게 하면 좋겠냐'고 내게 상의했다."

어떤 말을 해 줬나?

"'실세가 달라고 하는데 안 주면 안 될 것 같다. 그러나 우리 직원들이 다친다니 줄 수도 없는 것 아니냐'고 했다. '정 의원을 직접 만나서 잘 설득하시는 게 좋겠다'는 조언도 했다. 한 청장 말을 들으면서 나는 속으로 '참 난감하겠구나' 하는 생각을 했다. 한 청장은 그날 내게 '국정원과 국세청이 이명박 당선자의 뒷조사를 했다. 국정원은 자료를 (당선자 측에) 넘겼다'고 말하기도 했다. 한 청장은 당시 내가 대구, 경북 쪽에 아는 사람이 많으니 이 문제도 그쪽 사람들을 통해서 해결할 수 있지 않겠나 하는 기대를 했던 것 같다. 나는 그렇게 이해했다."

파일에 어떤 내용이 들어있는지는 얘기하지 않았나?

"파일 내용에 대해서는 대화가 없었다. 그리고 파일 내용을 묻기도 힘든 상황이었다."

한상률 청장이 당시 소위 'MB 파일'을 들고 있었다고 보나?

"가지고 있었다고 생각한다. 그것 때문에 이명박 정부가 한 전 청장을 함부로 대하지 못했을 것이다. 전군표 전 청장은 검찰 조사과정에서 'MB 파일을 별도로 만든 적은 없다'고 진술한 바 있다. 대선 직전, 전 전 청장이 한나라당 측의 요청을 받고 건넨 것으로 알려져 있는 파일은 이명박 후보의 재산과 관련된 단순자료였던 걸로 보인다. 그렇게 볼 때, 한 전 청장이 소위 'MB 파일'을 만들었다면 그것은 전 전 청장이 한나라당에 넘긴 파일과는 다른 형태였을 가능성이 높다. 이와 관련해서는 한 전 청장이 들고 있던 파일을 당시 국세청 세원정보과에 있던 전○○ 사무관이 주도가 되어 작성했다는 얘기를 들은 적이 있다."

당시 한 청장은 정두언 의원을 만났나?

"나중에 한 청장이 정두언 의원을 만났다는 식으로 나에게 얘기한 적이 있다. 한 청장이 주로 사람을 만나던 그랜드힐튼호텔과 정 의원의 집이 가깝다. 한 청장은 분명히 '정 의원이 직접 MB 파일을 달라고 한다'고 말했었다."

이와 관련해 정 의원은 안 전 국장이 구속된 직후인 2009년 11월 언론을 통해 "(2008년 초) 국세청 측에 MB 파일을 요구한 적은 있다. 그러나 한상률 당시 국세청장은 '못 주겠다'면서 '일단 만나서 얘기하자'고 했다. 만남은 내가 거절했다"고 말한 바 있다.

한 전 청장과 네 번째 만났을 때는 무슨 대화를 나눴나?

"만난 날짜는 검찰수사과정에서 2008년 2월 22일로 확인됐다. 그날을 내가 특별히 기억하는 건 평소와는 다르게 와인을 먹었기 때문이다. 와인 이름이 '1865'였다. 그날 대구지리와 와인을 먹었다. 그날 한 청장은 나에게 '새 정부에서 국세청 차장으로 승진시켜 주겠다. 대신 내가 정권 실세에게 연임내가로 10억 원을 전달해야 하는데, 그중 3억 원을 만들어 달라'고 요구했다. 그리고 선배들을 쳐내라고 했다."

어떻게 대답했나?

"솔직히 충격을 받았다. 3억 원이라는 돈도 문제였지만, 선배들을 내 손으로 쳐내라는 말에 더 놀랐다. 한 청장은 또 'A 서울지방국세청장, B 중부지방국세청장이 각각 여권 실세인 정두언 의원, 김백준 씨 등과 짝이 되어 차장 자리를 위해 뛰고 있다'고 했다. 이들을 정리해야 한다는 것이었다. A 청장은 한 청장과 함께 행시 21회 동기고, B 청장은 22회다. 나는 한 청장에게 '나는 행시 26회다. 내가 차장이 되면 선배들이 많이 나가야 하는데, 그건 좀 무리다'라고 했다. 그러니까 한 청장은 '앞으로 대구와 경북 쪽 사람들과 같이 가야 한다. 행시 27회들 중에 능력 있는 사람이 많다, 이들을 중심으로 국세청을 개편하려고 한다'고 했다. 한 청장은 '이제는 내 구상대로 국세청을 운영하고 싶다'고 했다. 한 청장은 그 말을 하면서 내 손을 꼭 잡았다."

한 청장의 요구를 거절한 것인가?

"내 입장에서는 너무 부담스러운 일이었다. 사실상 거절의사를 밝혔다. 그날 밤에 잠을 거의 못 잤다. 충격도 받았고 솔직히 고민도 됐다."

그 일이 있은 뒤 좌천됐나?

"한 달쯤 뒤 대구청장에서 서울청 세원관리국장으로 강등됐다. 내가 3억 요구를 거절한 뒤 한 청장은 인사발령이 날 때까지 내게 연락을 하지 않았다. 나에게 제안했던 차장 자리에는 B 중부청장이 임명됐다. B 청장은 한 청장이 평소 나에게 '능력이 없어서 차장 자리를 줄 수 없는 사람'이라고 말했던 인물이었다."

:: 검찰의 이중 잣대

검찰은 한 전 청장이 자문료 명목으로 △그룹 계열사 등으로부터 7억여 원, 주정업체 3곳으로부터 6900만 원을 받은 사실을 확인했다. 주정업체에서 받은 돈은 한 전 청장의 측근인 당시 K 소비세과장이 만들어준 것이고, △그룹 계열사 등으로부터 받은 돈은 자신의 비서였던 당시 J 조사과장을 통해 만든 것이었다. 금품수수 형태가 똑같았다.

그런데 J 과장이 만들어 준 7억여 원에 대해 검찰은 무혐의 처분했고, K 과장을 통해 받은 6900만 원에 대해서만 기소했다. 검찰은 업무상 관련이 없는 J 과장이 단순히 돈 심부름만 했으며, 한전 청장이 자문료의 대가로 보고서를 써 기업에 전달했다는 이유 등으로 무혐의 처분했다.

검찰은 한 전 청장이 주정업체에서 자문료를 받은 것과 관련해 주범은 K 과장, 한상률 전 청장은 종범이라는 결론을 내린 바 있다. K 과장이 업무상 관련 있는 주정업체들에 압력을 행사해 자문료를 받아 한 전 청장에게 전달했다는 논리다. 그러나 검찰은 주범인 K 과장에 대해서는 긴깅이 좋지 않다는 이유 등으로 기소유예를 선고해 논란을 빚기도 했다. 주범이 기소되지 않은 사건에서 종범이 법적 처벌을 받는다는 것은 논리적으로도 맞지 않는다. 한 전 청장은 2011년 9월 1심, 2012년 8월 항소심에서 모두 무죄를 선고받았다.

이런 검찰의 판단은 형평성 논란을 불러 왔다. 게다가 한 전 청장을 수사한 수사팀은 비슷한 시기 이희완 전 국세청 국장이 퇴직 후 △그룹 계열사에서 5년 동안 31억여 원을 받은 것을 범죄행위(특정범죄가중처벌법상 알선수재)로 보고, 불구속기소했다. 비록 법원이 무죄선고를 내리기는 했지만, 비슷한 사건에서 어떤 돈은 무혐의 처분하고 어떤 돈은 기소하는 식이었다. 안 전 국장은 이 점을 강하게 비판했다.

"검찰의 주장대로 비록 직접적인 업무 연관성은 없어도, 현직 국세청 직원인 J 과장이 기업으로부터 받아낸 돈은 뇌물로 보는 게 합리적이다. 그는 국세청 직원이란 신분을 이용해서 언제라도 기업에 영향을 줄 수 있는 위치에 있는 사람이다. 오히려 이희완 전 국장의 경우 이미 국세청을 나간 사람이라 사후수뢰 성격을 입증하기는 어려운 상황이었다. 결국 입증이 더 어려운 것은 기소를 하고, 입증이 쉬운 것은 기소를 안 하는 이상한 수사를 검찰이 한 것이다."

:: 디아지오의 국세청 로비 의혹

2011년 검찰은 한 전 청장과 관련된 의혹을 폭넓게 확인했다. 풍문으로 돌던 얘기들에 대해서도 수사여부를 떠나 사실관계를 확인했다. 그중 하나가 바로 주류업체인 '디아지오'의 국세청 로비 의혹이다(자세한 내용은 《신동아》 2011년 4월호에 실린 「여권 실세 국세청 윈저 로비커넥션?」을 참고하길 바란다).

디아지오는 윈저 등을 판매하는 주류회사로 국내에는 디아지오의 한국법인인 디아지오코리아가 있다. 디아지오코리아(이하 '디아지오')는 2003년 6월 23일 주류수출입면허를 취득, 경기도 이천시 부발읍에 수입직매장을 운영해오고 있었다.

국세청은 2006년 10월부터 2007년 3월까지 주류업체에 대한 일제 세무조사를 벌여 디아지오의 부가가치세법 위반 혐의를 확인했다.

구체적인 범칙사실은, 2005년 무면허판매업자 조모 씨에게 2억 3900만 원(공급가액)어치의 주류를 판매하고 위장세금계산서를 발행한 점, 2005년 같은 방법으로 16개 업체에 20억 원(공급가액)어치의 허위세금계산서를 발행한 점, 2006년 같은 방법으로 18개 업체에 23억 8000만 원(공급가액)의 허위세금계산서를 발행한 점이었다.

국세청 측은 2007년 6월 디아지오에 탈세액을 추징하고 벌과금을 부과하면서 주류수출입면허를 취소했다. 디아지오는 유예기간을 거친 뒤 면허를 재신청했다. 국세청은 2008년 2월 25일(면허증 기준) 디아지오에 주류수출입면허를 다시 발부해줬다. 이 과정에서 디아지오가 정권 실세와 국세청 고위 인사들에 로비를 했다는 의혹이 불거졌다.

디아지오 관련 의혹은 어떻게 알고 있나?

"2007년 초, 나는 국세청 국제조세관리관을 했다. 그때 디아지오가 주류 질서를 어겼다는 이유로 위스키 원료 수입면허가 취소됐다. 네덜란드인가, 디아지오 국적대사관의 참사관이 '허가를 다시 내달라'며 찾아온 일도 있다. 그는 청와대에도 찾아가 같은 주장을 했다. 그런데 소비세과에 확인해 보니 면허 취소는 정당한

절차를 통해 내려진 것이었다. 그래서 면허 재발급은 불가능해 보인다고 말하고 돌려보냈다. 그런데 한 전 청장이 취임하고 얼마 뒤 디아지오는 면허를 다시 받았다. 당시 나는 그 과정에 문제가 있다고 생각했다. 당시 주류 관련 업무의 실무책임자였던 소비세과장이 S다. 그는 오랫동안 주류 관련 업무를 한 사람으로 국세청에서 주류 관련 업무로는 최고 권위자였다."

국세청을 상대로 한 로비가 있었다고 보나?

"소비세과장이던 S가 나에게 한 말이 있다. 내가 검찰에서 진술한 것도 그런 부분이다. 면허가 재발급된 직후 S는 국세청 조사기획과장으로 자리를 옮겼다. 공석이었던 조사국장 직무도 대리했다. 그러다 이현동 현 국세청장이 청와대 근무를 마치고 조사국장으로 내려오면서 S가 조사국장 직무대리를 그만두게 됐다. 그래서 내가 S에게 '기왕에 조사국장 직무대리를 맡았으면 그냥 조사국장으로 가지, 왜 내려왔느냐'고 말한 적이 있다. 그랬더니 S가 '안 그래도 한 청장이 나에게 조사국장 자리를 주겠다고 했는데, 이현동 국장이 내려오는 바람에 튕겨져 나왔다'며 불만을 토로했다. 그 말을 듣고 깜짝 놀랐다. 조사과장이 조사국장 직무대행을 했다는 것도 파격적인 일인데, 한 청장이 당시 과장 신분이던 S에게 조사국장 자리를 약속한 것은 뭔가 이유가 있기 때문이라고 생각했다. 한상률과 S의 관계를 짐작케 해주는 대목이다."

S는 국세청 조사국장 직무대리를 하다 서울청 조사2국장으로 내려왔고 6개월 후엔 대구지방국세청장으로 초고속 승진했다.

"S는 자신이 대구지방국세청장으로 가는 걸 아주 당연하게 생각하고 있었다."

삼화왕관

국세청 감사관이 안 전 국장에게 사퇴압력을 가하면서 납세병마개 회사인 삼화왕관 자리를 제안한 것으로 전해진다. 주류에 부과되는 각종 세금(주세, 교육세, 부가가치세 등)을 피하려는 탈세 유혹을 사전에 막기 위해 국세청이 지정한 업체만 병마개를 생산하도록 하는데 이때의 병마개를 납세병마개라고 한다. 삼화왕관은 이 시장에서 사실상 독과점을 인정받고 있다.

삼화왕관은 전직 국세청 인사들의 모임인 '세우회'를 중심으로 1965년 창립됐다. 그러나 1990년대 초부터 '국세청 출신 인사들이 독점기업을 운영한다'는 여론이 빗발치자 1994년 두산그룹으로 대주주 지위를 넘겼고, 2010년 10월에는 금비가 인수해 대주주로 올라와 있다.

두산그룹과 금비의 계열사가 된 이후에도 삼화왕관에는 전직 국세청 인사들이 고위직을 차지해왔다. 최근에도 평택세무서장을 지낸 안○○ 씨가 상근 감사, 중부지방국세청 납세지원국장을 지낸 정○○ 씨가 상근 부회장, 서대문 세무서장을 지낸 안○○ 씨가 상근 부사장을 지냈다. 2012년 9월 30일 현재 삼화왕관에는 서울지방국세청 납세지원국장을 지낸 석○○ 씨가 대표이사, 영월세무서장과 동안양세무서장을 지낸 박○○ 씨가 감사, 삼척세무서장을 지낸 이○○ 씨가 부사장을 맡고 있다.

05 저축은행을 만난 국세청

　이명박 정부 내내 국세청은 직원들의 금품수수 의혹 등으로도 골머리를 앓았다. 세간을 뒤흔드는 크고 작은 사건들에 국세청 직원들은 감초처럼 등장했다. 대부분 뇌물수수 사건이었다. 2011년 초 시작됐던 저축은행 사태에서도 마찬가지였다.

　2011년 초부터 우리 사회는 저축은행 문제로 열병을 앓았다. 멀쩡해 보이던 저축은행들이 차례로 영업정지를 당하면서 시작된 일이었다. 1월에는 삼화저축은행, 2월에는 부산저축은행과 대전저축은행에 영업정지 조치가 내려졌다. 전주저축은행, 보해저축은행, 도민저축은행이 차례로 쓰러졌다. 2년간 우리나라를 뒤흔든 저축은행 사건의 시작이었다.

　2011년 9월, 대검찰청 중앙수사부는 '저축은행 비리 합동수사단'을 발족했다. 전국에 흩어져 있던 저축은행 관련 사건이 이곳으로 모아졌고, 저축은행이 벌인 정·관계 로비에 대한 수사가 본격화됐다. 정치인과 고위직 공무원들이 차례로 검찰청에 불려 나갔으며 이들 대부분은 돌아오지 못했다. 해를 넘겨 가며 계속된 저축은행 수사는 2012년 7월 26일 이명박 대통령의 친형인 이상득 전 의원이 구속되며 정점을 찍었다. 이상득 전 의원은 솔로몬저축은행과 미래저축은행에서 6억 원가량을 받은 것으로 드러났다.

저축은행 사건의 여파는 국세청에도 밀려왔다. 저축은행에 대한 세무조사과정에서 비리를 눈감아 주고 그 대가로 금품을 챙긴 국세청 직원들이 줄줄이 모습을 드러냈다.

2012년 7월 30일에 발행된 《주간조선》(제2217호)을 보면 2012년 9월 현재, 범죄사실이 확인됐거나 수사와 재판을 받고 있는 국세청 직원은 14명에 이른다. 2011년 부산저축은행 수사에서 7명, 2012년 토마토·제일·제일2저축은행 수시에서 4명, 솔로몬저축은행에서 1명이 구속됐다. 한국저축은행과 관련된 구속자도 2명이었다. 이들 중 현재까지 기소된 12명은 법원에서 유죄 판결을 받았다. 저축은행 비리로 조직이 아예 초토화됐다는 평가를 받고 있는 금융감독원의 8명(사법처리 대상)보다 많은 인원이다. 이들 대부분은 세무조사를 무마해 달라는 청탁과 함께 저축은행으로부터 적게는 수천만 원에서 많게는 억대의 돈을 받았다.

이들이 저지른 범죄 내용은 하나같이 혀를 차게 한다. 서울지방국세청 조사4국 소속 서기관이던 J도 그중 한 사람이다. 검찰 공소장에 따르면, J는 2008년 12월부터 6개월간 진행된 한국저축은행 및 그 계열사(진흥저축은행, 경기저축은행, 영남저축은행 등)에 대한 세무조사 당시 조사책임자(조사팀장)였다.

J는 세무조사가 진행 중인 당시 종로 한식당에서 한국저축은행 회장을 만나 세무자문을 해주고 그 대가로 쇼핑백에 담긴 현금 수천만 원을 받아 챙겼다. 회장은 돈을 건네며 "세무조사와 관련해 여러 가지로 도움을 줘서 고맙다"라고 인사를 했다. 세무조사가 모두 마무리된 이후에도 J는 그 회장을 찾아가 대봉투에 담긴 현금 1000만 원을 별도로 받아냈다.

미래저축은행에서 1억 원이 넘는 돈을 받은 세무공무원 L은 2012년 5월에 징역 6년형(뇌물수수)을 선고받았다. 2008년 9월 시작된 미래저축은행 정기세무조사 당시 조사반장이었던 L은 미래저축은행으로부터 "임차보증금 과다지급 부분을 과세대상에서 제외시켜 달라"는 청탁을 받고 이를 들어줬다. 그는 부산의 한 호텔 커피숍에서 미래저축은행 감사에게 현금을 받았다

검찰수사를 받은 저축은행들은 단 한곳도 열외 없이 국세청을 상대로 금품로비를 한 것으로 드러났다. 돈을 받은 국세청 직원들은 3급 이상 고위 공무원부터 하위직인 7급 공무원까지 다양했다.

:: '주고받는' 국세청 문화

2009년 1월, 울산세무서장이 국무총리실 공직윤리지원관실(이

하 '윤리지원관실')의 암행감찰에서 비위사실이 적발됐다. 한상률 당시 국세청장이 그림 로비 의혹, 골프 로비 의혹 등으로 사표를 제출하면서 국세청 전체가 술렁거릴 때였다.

윤리지원관실은 설 연휴를 앞두고 공직자들의 윤리감찰을 하던 중 울산세무서장의 비리를 포착한 것으로 전해진다. 당시 울산세무서장이던 A는 부산의 한 세무서장으로 막 발령을 받은 상태였다.

사전예고 없이 들이닥친 윤리지원관실 직원들은 그의 집무실에서 뭉칫돈 수백만 원을 찾아냈고, 그의 사택에서도 3천만 원을 발견했다. 암행감찰 당일 울산세무서장은 관내의 한 사업가로부터 점심식사 대접을 받은 것으로 확인됐다. A는 "지인들이 부산으로 떠나는 나에게 전별금으로 준 돈이다"라고 해명했지만, 윤리지원관실 직원들은 믿지 않았다.

A의 사택에서 발견된 3천만 원은 와이셔츠 상자에 곱게 씌여 있었다. 같은 브랜드의 포장지로 싸고 종이가방에 넣어 마치 선물처럼 포장되어 있었다고 한다. A는 윤리지원관실 직원들이 사택으로 쳐들어오자 장롱 속에 넣어둔 와이셔츠 가방을 들고 어쩔 줄 몰라해하며 허둥대다 적발됐다.

증거는 없었지만, 국무총리실 직원들은 이 돈이 부산의 한 세무서장으로 옮겨가는 A가 부산지방국세청장 등 국세청 고위급 인사에게 건넬 목적으로 준비한 상납금으로 추정했다. 당시 A를 적발한 총리실 직원은 "조금만 기다렸다가 붙잡았다면, 그 돈의 임자도 잡을 수 있었을 텐데…"라며 아쉬움을 표시했다.

A와 관련된 이 사건은 2007년 말 벌어진, 전군표 당시 국세청장이 부하직원이던 정상곤 당시 부산지방국세청장에게 뇌물(전별금)을 받아 구속된 사건과 너무나 닮아 있다. 정상곤 당시 부산지방국체청장은 전군표 당시 국세청장에게 인사 청탁 명목으로 현금 7천만 원과 미화 1만 달러를 건넸다. 이 돈은 전군표 당시 청장의 집과 집무실에서 전달됐다. 전군표 당시 청장이 받은 돈은 정상곤 당시 부산지방국세청장이 관내 건설업자에게 세무조사 무마 청탁을 받으면서 챙긴 뒷돈이었다.

사건이 벌어진 지 1년쯤 지난 2008년 12월, 대법원은 전군표 전 청장에 대해 징역 3년 6개월, 추징금 7947만 원의 원심을 확정 판결했다. 특정범죄가중처벌법상 뇌물혐의였다. 대법원은 "국세청장이 부하직원으로부터 금품을 받은 것은 명백한 뇌물이며, 국가 세정업무의 최고 책임자가 국민과 국세청 조직원의 기대를 저버렸다"고 질타했다.

2009년 말 제기된, 안원구 전 국장의 폭로도 이와 맥을 같이 한다. 당시 안 전 국장은 언론을 통해 "2007년 12월 한상률 국세청장이 '내가 차기 정권에서 유임하려면 정권 실세에게 10억 원을 전달해야 하는데 7억 원은 자신이 마련할 테니 3억 원을 조달해 달라. 그러면 나를 국세청 차장으로 승진시켜 주겠다'고 제안했다"고 폭로했다.

:: 서울지방국세청 조사4국

대한민국에서 경제활동을 하는 모든 개인과 조직(법인)은 국세청에 세금을 낸다. 개인은 소득세를, 법인은 법인세를 낼 의무가 있다. 국세청은 세금을 받아 국가재정에 귀속시킨다. 정부는 이 돈으로 국가를 운영한다. 국세청은 이런 식으로 자유민주주의를 구현한다.

자율적인 경제활동을 보장하고 적정한 수준의 세금을 받아내는 일을 하는 동시에, 국세청은 성실하게 세금을 신고하거나 납부하지 않는 개인과 조직에 대해 강제 세무조사를 할 수 있는 권한을 갖는다. 법인(기업)의 경우 통상 5년에 한 번씩 세무조사를 받도록 되어 있지만, 국세청은 특별세무조사라는 이름으로 언제라도 기업과 개인의 속살을 볼 수 있다.

보통의 세무조사는 피조사자가 임의로 제출하는 서류에 기초해 이뤄지는 반면, 특별한 경우에 행해지는 세무조사는 주로 예치조사 형태로 이뤄진다. 예치조사는 국세청이 직접 피조사자로부터 세무 관련 서류를 압수해 와서 분석하는 형태의 조사다. 수사권을 독점적으로 행사하는 검찰이 수사과정에서 벌이는 압수수색과 성격이 같다.

'특별세무조사'하면 떠오르는 곳이 서울지방국세청 조사4국(이하 '서울청 4국')이다. 서울청 4국은 예전엔 특명조사국, 특별조사국 같은 무서운 이름으로 불렸다. 서울청 4국이 처리하는 세무조사의 상당수는 국세청 수뇌부의 지시 혹은 청와대 같은 지휘감독기관의 하명下命에 따른 것으로 알려져 있다.

서울청 4국은 하명사건 외에도 탈세 정보를 자체적으로 수집하고 조사해서 기획조사를 벌인다. 특정기업이나 개인의 탈세 정도가 심해 사회적으로 문제가 된다고 판단할 경우 직권으로 조사에 착수한다. 2009년 노무현 전 대통령의 서거를 불러왔던 박연차 회장의 태광실업에 대한 세무조사(2008년)는 서울청 4국이 벌인 대표적인 기획조사이자 예치조사였다.

서울청 4국은 기획조사를 위한 정보 수집을 목적으로 자체적인 정보팀도 운영하고 있다. 서울청 4국의 정보팀은 일반적인 세원 정보는 물론 정치, 경제, 사회를 아우르는 동향정보를 수집해 국세청 지휘부에 보고하는 기능도 맡고 있다. 서울청 4국의 정보력은 어느 사정기관보다 뛰어나다는 평가를 받는다.

서울청 4국의 책임과 권한은 한 전 청장이 국세청장으로 있을 때 그야말로 빛을 발했다. 한 전 청장은 서울청 4국의 힘으로 죽은 권력에 칼을 휘둘렀고 산 권력과 코드를 맞췄다. 한 전 청장은 노무현 정부에서 서울청 4국장을 지냈던 인물이다.

2장
신성해운의 국세청 로비 사건

　　정권 교체기에 터져 나온 신성해운 사건은 처음부터 한상
률 당시 국세청장을 향했다. 한상률 청장은 이 사건과의 관련
성을 감추기 위해, 새 정부에서 살아남기 위해 자신의 모든 걸
걸었다. 'MB의 남자'로 변신을 시도했고 정권 최고 실세에게
줄을 댔다.

　　신성해운 사건은 결국 이명박 국세청 5년의 방향과 성격을
규정해준 결정적 사건이 됐다. 이명박 정부 내내 벌어진 국세
청 관련 사건들의 원인이자 동기였다.

01 장인을 고발한 사위

　　중소해운회사인 신성해운의 국세청 로비 의혹 사건은 이명박 정권이 출범하기 직전인 2008년 2월 초에 터졌다. 노무현 전 대통령 친구였던 징상문 당시 대통령실 총무비서관(이하 '정 전 비서관')의 전 사위 이재철과 신성해운 공동대표였던 서민호가 2007년 11월 검찰에 고소·고발장을 낸 것이 사건의 발단이 됐다.

　　수사를 처음 맡은 곳은 서울중앙지방검찰청(이하 '중앙지검') 조사부였고 당시 국세청장은 한상률이었다. 참고로, 1988년에 설립된 신성해운은 선박 20척 정도를 보유하고 있고 연매출이 (2010년 기준) 900억 원 정도인 해상운송 전문기업이다.

::신성해운 사건의 시작

2003~2004년, 신성해운의 공동대표였던 서민호는 자신이 갖고 있던 신성해운 지분(50퍼센트)을 공동대표였던 박○○에게 매각하는 과정에서 매각대금 문제로 갈등을 빚었다. 이 과정에서 서민호는 박○○가 공동대표인 자신도 모르게 수백억 원대의 비자금을 조성한 사실을 알게 됐고, 이 내용을 바탕으로 국세청과 검찰에 고발장을 냈다. 2004년 초 서울지방국세청 조사4국은 서민호의 고발을 근거로 신성해운을 대상으로 특별세무조사에 착수했다.

신성해운은 이 세무조사를 해결할 로비스트를 물색하다가 이재철을 소개받고 바로 이사로 영입했다. 당시 이재철은 참여정부의 핵심실세였던 정 전 비서관의 사위였다. 신성해운에 이사로 들어갈 당시 이재철은 지인이 운영하는 작은 광고회사에서 일하고 있었다.

이재철은 신성해운의 세무조사를 막아주는 조건으로 현금 30억 원과 회사 주식 20퍼센트를 받기로 했다. 이재철과 박○○는 주식 양수양도계약서도 작성했다. 이후 이재철은 신성해운에 대한 세무조사와 그것으로 촉발된 검찰수사를 신성해운 측에 유리하게 만들기 위해 청와대, 국세청, 검찰 등을 상대로 무차별적인 로비 과정에 적극 협조했다.

이재철의 말에 따르면, 로비의 모든 과정에는 정 전 비서관이 깊이 간여했다. 정 전 비서관은 자신의 지위를 이용해 국세청의 고위 관계자에게 신성해운의 세무조사가 회사 측에 유리하도록 부탁해 처리했다. 당시 청와대 수석비서관을 통해 신성해운에 변호사를 소개해주기도 했다. 또한 정·관계 로비를 벌이는 동시에 애초 이 사건을 발생시킨 고발인 서민호가 신성해운 측으로부터 공갈, 협박 등의 혐의로 고소당해 구속(2004년 12월)되는 과정에서도 상당한 역할을 했다고 주장했다.

이재철, 정 전 비서관 등의 노력으로 세무조사는 무사히 끝났다. 오히려 신성해운을 고발한 서민호가 협박 등의 혐의로 법정 구속됐다.

:: 지켜지지 않은 약속

그러나 이재철은 세무조사가 마무리된 이후 신성해운으로부터 약속한 돈을 받지 못했다. 신성해운에 약속한 돈과 주식을 지급하라고 여러 번 요구했으나 번번이 거절당했다. 신성해운은 이재철과 한 약속을 차일피일 미루다가 (신성해운의 세무조사와 관련해서 정 전 비서관과 사위 이재철이 관여했다는 문제로 시작된) 청와대 내사 등을 빌미로 이재철에게 미국으로 갈 것을 권유했다. 끝내 '현금 30억 원과 주식 20퍼센트 양도'의 약속은 지켜지지 않았다.

약속한 돈을 받지 못한 채 미국에서 도피생활을 하던 이재철은 2005년 5월쯤에 (구속됐다가 몇 달 후 출소해) 부산에 살던 서민호에게 '같이 힘을 합쳐 신성해운의 비리를 폭로하자'는 내용의 이메일을 보냈다. 그러나 서민호는 이재철의 요청에 응하지 않았다.

2년이 흐른 2007년 9월, 이재철은 서민호를 찾아가 2004년 당시 신성해운이 벌인 국세청 로비 사건의 전말을 고백했다. 이후 두 사람은 신성해운을 상대로 고소·고발장을 내는 데 합의했다.

2007년 10월 중순, 이재철은 서초동의 한 변호사 사무실에서 신성해운이 2004년 국세청 세무조사 당시 정·관계를 상대로 벌였던 로비 내용을 모두 털어놨다. 이재철의 증언은 모두 녹음되어 검찰에 제출한 고소·고발장에 첨부됐다. 고소·고발장 내용 중에는 신성해운의 로비 자금 1억 원을 여행용 가방에 넣어 정 전 비서관에게 그의 집에서 전달했다는 주장도 있었다.

서울중앙지검 조사부가 처음 수사를 시작할 당시 이재철은 검찰의 요청을 받고 이른바 '신성해운 로비리스트'를 만들어 제출했다. 여기에는 총 10명이 등장하는데 주로 국세청 직원, 경찰과 검찰 간부 등이었다. 로비리스트에 따르면, 이들에게는 2천만 원에서 많게는 2억 원가량의 로비 자금이 전해졌다.

정 전 비서관 등에 대한 수사가 본격적으로 진행된 2008년 2월, 검찰은 서울중앙지검 특수부 소속 검사 2명을 투입해 수사를 확대했다. 같은 해 3월 말에는 아예 사건을 서울중앙지검 특수2부로 보내면서 강력한 수사의지를 드러냈다.

이 사건 수사 과정에서 정 전 비서관, 이광재 당시 통합민주당 의원, 이주성 전 국세청장 등이 정치자금법 위반, 뇌물수수 혐의 등으로 조사를 받았다. 국세청 직원들도 줄줄이 불려 나갔다. 그러나 6개월에 걸쳐 진행된 수사 결과는 초라하기 짝이 없었다.

로비의 실체는 밝혀지지 않았고, 오히려 고발인 이재철과 그의 부친이 구속되면서 사실상 사건이 마무리됐다. 이들 부자에게는 '세무조사를 무마해주겠다며 신성해운 측으로부터 억대의 돈을 받아 챙긴 혐의(변호사법 위반)'가 인정됐다. 고발인 이재철은 3년 6개월 실형을 받았고 2011년 여름에 출소했다.

수사과정에서 수많은 정·관계 인사의 이름이 오르내렸지만, 한 사람도 처벌받지 않았다. 1억 원을 받고 국세청 로비 무마를 시도했다는 혐의를 받은 정 전 비서관이 불구속기소(변호사법 위반)된 것이 전부였다. 이후 그는 법원에서 무죄를 선고받았다. 국세청 직원 여러 명이 뇌물수수 혐의를 받았지만 단 한 사람도 기소되지 않았다.

:: 이재철을 만나다

신성해운 사건이 세상에 알려지기 전인 2008년 1월 중순, 필자는 이재철이 작성해 검찰에 제출한 고발장을 입수하면서 취재를 시작했다. 고발장에 담긴 내용은 그야말로 충격적이었다.

고발장을 보니, 2004년 당시 신성해운의 로비를 받았거나 로비에 가담한 것으로 되어 있는 정·관계 인사는 족히 20명이 넘었다. 그중 절반 이상이 국세청 관계자였다.

고소장을 입수한 다음 날, 필자는 이재철과 전화로 3시간이 넘게 인터뷰를 했다. 그는 비교적 자유로운 상태에서 신성해운과 관계를 맺게 된 사연, 신성해운의 로비스트로서 벌인 정·관계 로비

내역, 정 전 비서관 딸과의 결혼 그리고 이혼, 미국의 도피생활 등을 담담하게 털어났다. "내가 저지른 잘못에 대해서는 응분의 책임을 지겠다"는 말을 여러 번 강조했다.

전화 인터뷰를 한 다음 날, 필자는 이재철을 강남에 있는 호텔 커피숍에서 만났다. 전화를 하면서 어느 정도 마음을 열었던 그는 필자와의 만남에 흔쾌히 동의했다. 김구 선생을 연상시키는 동그란 모양의 뿔테 안경과 명품 가방이 인상적이었다.

4시간 정도 이어진 첫 만남 내내 그는 줄담배를 피워댔다. 담배 연기가 그의 초조한 마음을 대변해주는 듯 했다. 그는 3~4년 이상 지난 일들을 마치 어제 일처럼 기억하고 있었다. 이재철은 전날 전화로 필자에게 전해준 신성해운의 국세청 로비 의혹 사건과 관련된 자신의 심경과 생각을 구체적이고 솔직하게 털어났다.

며칠 뒤 필자는 이재철을 다시 만났다. 그가 검찰조사를 받기로 예정된 날이었다. 검찰청으로 이동하는 차 안에서 그는 "그동안 검찰 고소를 준비하면서 작성한 모든 자료가 담겨 있다"며 USB 하나를 건넸다.

그 USB에는 총 12개의 파일이 들어 있었다. 이재철이 처음 작성한 고발장, 신성해운의 정·관계 로비리스트 2개, 일기 형식의 글 여러 편, 정 전 비서관 가족에게 보낸 양심고백의 글 등이었다. 이 파일들을 통해 필자는 이 사건의 시작과 끝을 충분히 가늠할 수 있었다. 양심고백 파일에는 다음과 같은 내용도 있었다.

2004년 초 신성해운이 나에게 제시한 조건은 너무 매력적이었습니다. 뿌리칠 수 없었습니다. 나는 2004년 2월부터 신성해운 측 브로커인 이△△ 등의 명의로 여러 계좌를 통해 1억 원이 넘는 돈을 송금받았습니다.

2004년 3월 6일에는 신성해운 김○○ 상무에게 현금 2억 원을 받아서 그중 1억 원을 정 전 비서관에게 건넸습니다. 그 외에도 수표 4천 8백만 원을 받았고 세무조사 문제가 끝난 2004년 8월에는 현금 5천만 원을 받아 장모(정 전 비서관 부인)에게 줬습니다. 아내(정 전 비서관 딸)는 2004년부터 2005년까지 신성해운에서 매달 5백만 원씩 받았습니다.

2005년 3월. 청와대 민정수석실이 신성해운과 관련된 문제를 조사했습니다. 신성해운 측에서는 나에게 '잠시 피하는 게 좋겠다'며 미국행을 권유했습니다. 나는 2005년 5월 미국으로 떠났습니다. 그 이후 정 전 비서관 측과 나의 관계가 결정적으로 악화됐습니다.

이재철의 진술과 검찰수사 결과에 따르면, 신성해운 측은 2004년 세무조사 당시 정·관계 로비를 위해 강남에 별도 사무실까지 마련했다. 한때 이재철은 이 사무실에 있던 신성해운 비자금 금고의 출납을 담당하기도 했다.

세무조사를 맡은 국세청 실무자들에 대한 로비는 당시 신성해운 김○○ 상무가 담당했다. 이재철은 "국세청 직원이 돈 받는 자리에 몇 번 동행해 돈이 전달되는 과정을 목격했다"라고 말했다. 그의 말을 뒷받침하는 증언은 검찰수사과정에서 다수 확인됐다. 심지어 2004년 당시 신성해운 측 로비스트의 증언을 통해서도 확인이 가능할 정도다. 다음은 2008년 2월 18일 고소·고발인 이재철과 신성해운의 로비스트였던 이△△ 간의 대질신문 내용이다(필자는 서민호와 이재철의 변호인에게 당시 이 사건의 수사기록을 모두 받았다). 이 진술기록에는 국세청에 대한 로비 사실을 줄곧 부인하던 이△△가 이재철과 대질신문을 하면서 진술을 번복하는 내용이 담겨 있다.

검찰: 위 사진에 있는 장소가 (국세청 인근) ◇◇레스토랑 인근 주차장인데, ◇◇레스토랑에 이재철과 (국세청 로비용) 현금을 가지고 같이 간 사실이 있나요?

이○○: 예. 이재철의 설명을 듣고 사진을 보니까 위 장소로 김○○(신성해운 상무)에게 돈을 가져다준 적이 있습니다.

검찰: 그러면 왜 지금까지는 ◇◇레스토랑에 같이 간 적이 없다고 진술했나요?

이○○: 사실 그 당시 김○○의 요구로 현금을 마련해 (법무법인) △△△ 근처에 있던 김○○을 만나 식사하고 현금을 가져다준 적이 2회 정도 있었는데, 기간이 오래 되어서 그때 갔던 곳의 상호를 제대로 알지 못했기 때문에 ◇◇레스토랑이라는 곳을 가지 않았다고 말해왔습니다. 오늘 이재철이 보여준 사진을 보니까 제가 갔던 곳과 비슷해 (생각해보니) 뚜렷하게 기억납니다. 그 시점은 2004년 5월경으로 생각됩니다. 김○○에게 두 번에 걸쳐 현금(신성해운 로비 자금)을 갖다준 것으로 기억되는데, 첫 번째는 2천만 원을 준비해 저의 차 트렁크에 놔둔 상태에서 김○○을 만난 다음, 김○○에게 2천만 원을 가져왔다고 말했습니다. 그리고 ◇◇레스토랑 주차장에서 2천만 원을 꺼내 김○○에게 주었고, 2천만 원을 받아든 김○○이 걸어갔던 기억이 납니다. 두 번째는 이재철의 말대로 ◇◇레스토랑에서 이재철과 제가 식사를 한 뒤 김○○에게 2천만 원을 전달했습니다.

검찰: 2회 모두 2004년 5월말이었나요?

이○○: 2회에 걸쳐 2천만 원씩 김○○에게 주었는데 그 시간 간격은 3일 정도였습니다.

검찰: 그렇다면 그때 김○○에게 준 2천만 원이 세무공무원에게 뇌물로 교부된다는 사실을 알았나요?

이○○: 김○○ 상무가 대놓고 뇌물로 준다고 말은 하지 않았지만, 당연히 그 장소가 국세청 조사4국 사무실이 있던 곳이었고 세무조사 때문에 간 것이었으며 현금으로 은밀히 준비한 돈이었기 때문에 뇌물로 준다는 점은 알았습니다.

2008년 초, 검찰이 청구한 김○○ 상무에 대한 구속영장에서도 검찰은 다음과 같이 밝히고 있다(김○○ 상무는 사건 초기부터 신성해운의 정·관계 로비창구로 지목된 인물이다).

피의자(김○○ 상무)는 2004년 2월경 이재철, 이△△, 권○○ 등과 신성해운 세무조사 무마 방안에 대해 회의를 하면서 국세청에 압수된 노트북 회수, 경찰수사 무마, 국세청 추징금 최소화, 국세청으로부터 조세 포탈 고발이 이뤄지지 않도록 해야 한다는 내용의 로비 활동 목표를 정했습니다. 그런 다음, 로비 활동의 역할을 분담해 윗선은 이재철의 장인이자 청와대 총무비서관인 정상문을 통해 로비하고 실무자는 피의자 김○○이 담당하고 경찰은 권○○ 등이 그리고 국세청 고위직 세무공무원은 국세청 출신의 세무사를 통해 로비하도록 계획을 수립했습니다. 피의자는 역할 분담에 따라 실제 국세청 및 경찰 담당자에 대해 로비를 직접 했고, 변호인과 논의하여 대책 마련 및 국세청 세무조사에 대응했습니다.

이재철은 신성해운에 대한 서울지방국세청 특별세무조사가 진행 중이던 2004년 6월경 피의자 김○○이 ① 서울지방국세청 부근 ◇◇레스토랑 주차장에서 당시 서울지방국세청 조사4국 3과장인 △△△에게 돈이 든 쇼핑백을 전달하는 것을 목격했고, ② 위 레스토랑 주차장에서 조사4국 3과 사무관인 ○○○에게 돈이 든 가방을 전달하는 장면을 목격했고, ③ 위 레스토랑에서 조사4국 3과 △반 반장인 ○○○와 식사를 하면서 피의자 김○○이 돈이 든 쇼핑백을 ○○○에게 건네는 것을 목격했고, ④ 피의자 김○○으로부터 조사4국 3과 △반 반원인 ○○○에게 돈을 건네주었다는 말을 들었다고 진술하고 있고…. (중략)

2008년 수사 당시 검찰은 신성해운 조사팀 책임자였던 국세청 간부 C가 신성해운에 대한 세무조사가 끝난 직후인 2008년 여름, 신성해운의 김○○ 상무와 5천만 원가량의 금전 거래를 한 사실을 밝혀내기도 했다. 계좌추적을 통해 확인한 신성해운과 국세청 직원간의 유일한 돈거래였다. 뇌물수수를 의심해볼 상황이었다.

그러나 결국 신성해운 사건과 관련해 처벌받은 국세청 직원은 단 한 사람도 나오지 않았다. 검찰은 "신성해운이 국세청 직원들에게 로비를 벌였다는 건 이재철의 일방적인 주장일 뿐 국세청 직원들이 실제 로비받은 사실을 입증할 만한 근거가 전혀 없다"고 밝혔다. 심지어 돈거래가 확인된 C에 대해서도 무혐의 처분을 내렸다. 김○○ 상무와 C가 모두 "정상적인 채무채권 관계다"라고 주장한다는 이유였다.

증거가 충분하지 않은 상황에서 진행된 검찰수사라는 점을 감안하면 검찰수사의 한계를 이해하지 못하는 것은 아니다. 추정만 갖고 법의 잣대를 들이댈 수는 없기 때문이다. 그러나 필자는 지금도 당시 검찰수사가 아쉽다. '과연 검찰은 국세청 수사에 최선을 다 했을까' 하는 의구심이 남는다. 정말 수사는 공정하게 진행된 것일까?

02 정상문 전 비서관의 뇌물수수 의혹

신성해운 국세청 로비 의혹 사건이 세상에 알려진 직후에 필자는 관련 사건을 《신동아》(2008년 3월호)에 처음 보도했다. 의혹의 당사자였던 정상문 당시 대통령실 총무비서관과 전 사위 이재철의 인터뷰가 기사에 포함됐다.

사건 당사자들이 인터뷰 형태로 자신들의 주장을 내놓은 것은 이 기사가 처음이었다. 필자는 이 기사를 시작으로 이후 여러 차례에 걸쳐 신성해운의 국세청 로비 의혹 사건을 심층 보도했다(당시 《신동아》에서는 신성해운을 S해운으로 표기했다).

新東亞 「정상문 청와대 총무비서관 국세청 로비 의혹 공방전」

노무현 대통령의 '어릴 적 친구'이자 노 정부 핵심실세인 정상문 대통령비서실 총무비서관이 검찰수사를 받고 있다. 중소 해상 운송업체인 S해운의 국세청 세무조사를 무마하기 위해 국세청 고위 인사에게 압력을 행사하고 그 대가로 1억 원을 받은 혐의다.

이번 사건은 정 비서관의 사위였던 이모 씨의 입에서 비롯됐다. S해운 이사를 역임한 이씨는 지난 연말 S해운의 비리 내역이 담긴 고발장과 진술서를 검찰에 제출했는데, 거기에 정 비서관과 국세청 고위 인사 등이 연루된 로비 의혹이 포함돼 있었다. 사건을 수사 중인 서울중앙지검 조사부는 이씨의 진술서 내용이 상당히 구체적이란 점에 주목했다. 허위사실이라고 하기에는 당시 상황이 매우 자세하게 설명돼 있었기 때문이다. 진술서와 함께 이씨가 작성한, 이미 언론을 통해 실체가 드러난 바 있는 로비리스트의 내용도 구체적이어서 눈길을 끈다.

리스트에 거명된 당사자들은 펄쩍 뛰며 관련 내용을 일체 부인하고 있다. S해운, 징 비서관, 국세청 관계자 등 이번 사건의 핵심 당사자들은 모두 이씨의 진술 내용이 허위라고 반박한다. 정 비서관은 "완전히 소설 같은 얘기"라며 언급 자체를 회피할 정도다. 검찰 관계자는 "이씨의 주장이 비교적 일관되고 자세하지만, 당사자들이 부인으로 일관해 애를 먹고 있다. 관련인들 주변의 계좌를 확인하고 있다"고 말했다.

설 연휴가 끝나자 검찰수사에 속도가 붙었다. 언론을 통해 수사사실이 알려진 상황이라 검찰 행보는 더 바쁘다. 최근 검찰은 이 사건을 수사해온 조사부 수사팀에 특수부 소속 검사 2명을 포함,

10여 명의 수사진을 추가 투입해 강도 높은 조사를 벌이고 있다.

장인과 사위의 악연

이씨가 한때 장인이던 정 비서관의 비리를 고발한 이유는 뭘까. 뇌물, 독직 사건 대부분이 원한과 이해관계에서 빚어지는 터라 그의 고발배경은 반드시 짚고 넘어갈 필요가 있다. 사건이 불거진 배경에는 정 비서관 가족과 이씨 사이의 불행한 가정사가 있다. 2003년 9월 정 비서관의 딸과 결혼한 이씨는 2년여 후인 2006년 초 이혼했다.

이씨는 이와 관련, "2004년 말 이미 이혼을 원했고 2005년에는 (정 비서관의 딸과) 살기 싫어 미국으로 도망갔다"고 말한다. 반면 정 비서관은 "(딸의) 결혼 직후 이씨가 우리 가족에게 모든 것을 속였음을 알게 됐다. 심지어 학력도 속였다. 미국 MBA 출신이라고 했지만 나중에 알고 보니 고졸 학력이 전부였다. 직업도 없는 백수였고 집안끼리의 관계도 좋지 않았다. 당시 딸 부부 문제로 잠을 못 자고 고민했을 정도였다. 이혼은 우리 쪽에서 원한 일이었다"며 이씨의 말과는 동떨어진 주장을 하고 있다.

이혼 과정의 갈등 외에도 이씨가 정 비서관을 겨냥한 이유는 또 있다. 이씨는 "2006년 9월 언론에 보도되었던 남대문 재개발 사기 사건이 더 큰 계기가 됐다"고 한다. "이혼 후 사업을 하며 재기를 준비하고 있었는데 정 비서관이 권력기관에 압력을 넣어 계속 괴롭혔다"는 게 이씨의 주장. 그는 이 사건으로 불구속기소되는 처지에 놓이기도 했다. 남대문 사기사건에 대한 이씨의 주장은 이렇다.

"나는 건설업을 하는 친척과 정상적인 돈거래를 했을 뿐이다. 그런데 정 비서관은 경찰과 검찰에 압력을 넣어 사기를 친다며 나를 잡아넣으려 했다. 당시 나를 조사했던 담당 경찰도 '누군가 당신(이씨)을 잡아넣기 위해 압력을 넣고 있다'는 말을 한 적이 있다. 증거도 갖고 있다."

하지만 정 비서관의 설명은 다르다. 1월 31일 기자와 가진 전화 인터뷰에서 정 비서관은 "2006년 이씨는 청와대 총무비서관의 사위라는 점을 이용해 남대문 재개발 관련 사기사건을 벌인 일이 있다. 이씨는 한마디로 사기꾼"이라고 말했다.

이씨는 "S해운에 들어간 배경도 따지고 보면 당시 장인이던 정 비서관과 무관치 않다"고 했다. 광고회사에 다니던 이씨는 S해운 입사 배경에 대해 "S해운이 나에게 한 제안은 뿌리치기 힘들 정도로 매력적이었다. 엄청난 액수의 돈이었다. S해운의 주식 20퍼센트를 받고 별도로 현금 30억 원을 받기로 했다"고 말했다.

하지만 여기에는 조건이 붙었다. "S해운이 받고 있는 국세청 세무조사가 무사히 끝나야 한다"는 것. S해운은 국세청에 대한 전방위 로비가 성공적으로 끝나가던 2004년 5월 14일 약속대로 이씨와 주식 양도양수계약을 체결했다. 이씨는 "S해운은 당시 내가 청와대 총무비서관의 사위라는 사실을 알고 있었다. 그게 나를 이사로 뽑은 이유였다. 내 역할은 국세청 세무조사를 무마하는 것이었다"고 목소리를 높였다.

진술서, 로비 명단, 양심고백서

갈등은 S해운이 이씨와 한 약속을 이행하지 않으면서 불거졌다. 이미 계약서까지 쓴 S해운의 주식 20퍼센트는 실제 이씨에게 넘어오지 않았다. 현금 30억 원도 공수표가 됐다. 오히려 가족관계가 악화돼 이혼할 처지에 몰렸다. 이씨는 "(그 사건으로) 나는 모든 것을 잃었다. 나를 망가뜨린 사람들에게 복수하고 싶었다"고 털어났다.

기자는 이씨로부터 검찰에 제출한 고발장과 진술서, 로비 명단, 이씨가 직접 작성한 양심고백서 등을 건네받았다. 이들 자료에는 로비가 이뤄진 정황 등이 비교적 상세히 기재돼 있다. 기자는 이 자료들을 근거로 1월 31일, 2월 5일 두 차례에 걸쳐 이씨와 심층 인터뷰를 가졌다. 그리고 수십 차례의 전화 확인 과정을 거쳐 자료에 담긴 내용이 이씨 주장, 검찰 진술 등과도 일치함을 확인했다. 다음은 이씨의 검찰 진술서 중 국세청 로비와 관련된 부분이다. 진술서와 로비리스트에 거명된 정·관계 인사 대부분이 취재를 거부하고 있어 실명은 공개하지 않기로 한다.

진술서와 글에는 어법, 철자법, 띄어쓰기 등이 맞지 않는 부분이 많지만 원본 내용의 왜곡을 막기 위해 그대로 싣는다. 괄호 안의 문구는 이해를 돕기 위해 기자가 써 넣은 것이다.

1. 본인은 결혼 무렵부터 알게 되었던 지인(○○○)으로부터 소개받은 이○○과 권○○(S해운 사람이 아님)이 저의 사무실

(○○○ 광고회사)로 찾아와서 S해운의 세무사찰(사실)을 알게 되었습니다.

2. 본인은 이○○으로부터 S해운 비자금 350억 내지 400억 원을 조성한 일로 (S해운의) 전직 임원이자 주주인 서○○가 국세청에 (S해운의) 세금탈루 (사실을) 고발하고 검찰청에 고소한 결과 서울지방국세청이 S해운으로 세무사찰을 나와 서류 및 노트북 등을 압수당했다는 사실을 알게 되었습니다.

3. 이○○은 본인에게 S해운의 김○○을 만나자고 해서 서초구 남부터미널 근처의 호텔 커피숍에서 만나 정식으로 소개를 받고 본인에게 S해운의 상황과 향후 발전 방향 등을 설명한 다음, 같이 일하면서 이 고난을 한번 이겨 보자고 정식으로 제의를 하였습니다.

4. 이○○과 김○○은 본인에게 본인의 장인이자 청와대 총무비서관으로 봉직 중인 정상문 비서관을 통하여 조사 상황이 어떻게 되는지, 두 번째는 제일 중요한 게 지금 노트북인데 노트북을 회수할 수 있는지 없는지 가부를 알려 달라고 하며, 자기(이○○, 김○○)에게는 사건이 무마가 될 수 있는지 확인해달라고 이야기하였습니다.

5. 본인은 처갓집이었던 동작구 사당동 ○○아파트로 찾아뵙고 그 사실을 당시 장모(정 비서관의 처)였던 ○○○ 씨에게 말을 하였고 ○○○ 씨는 급하니까 정상문 총무비서관에게 말씀드리겠다고 하였으나 바로 통화가 불가능해서 저는 강남

의 사무실로 돌아오던 중 장모님께서 전화로 지금 당장 장인의 사무실로 찾아뵈라고 하였습니다. 그래서 저는 그 즉시 청와대로 방향을 바꿔서 청와대 주차장에 주차하고 면회실을 경유하여—면회실에서는 전화로 사위가 왔다고 알려주어서 확인을 하고 사무실로 찾아 뵐 수 있었습니다—정상문 총무비서관을 찾아뵈었습니다.

6. 본인은 청와대에 들어가서 장인인 청와대 총무비서관에게 "제가 투자했던 회사가 지금 세무사찰을 당하였습니다. 제가 지금 제일 급한 것은 노트북 회수이고 두 번째는 세무사찰을 좀 없게끔 선처를 해달라"고 말씀드리고 부탁을 드렸습니다.

7. 그 자리에서 장인어른은 "알았다"며 한번 확인하고 연락을 주시기로 하셨는데 장인어른께서는 청와대에 국세청 행정관이 파견 나와 있어서 그 사람을 시켜서 확인을 하여 보았더니 그 노트북 회수는 지금 당장은 불가능하고 상당히 위험하고 어려운 걸로 파악된다고 말씀하셨습니다. 그러면서 이 문제를 어떻게 처리할까 고민하시다가 당시 ○○국세청장인 ○○○한테 부탁을 하셨습니다. 강남구 논현동에 위치한 아미가호텔(현 임페리얼팰리스호텔) 커피숍에서 만나셔서 "사위 회사가 지금 세무사찰을 당하였는데 문제를 해결해달라"고 부탁을 하였습니다.

당시 ○○○ 청장은 ○○○의 사돈으로 ○○국세청장이었는데 정상문 비서관의 도움으로 ○○국체청장으로 옮겨 왔었습니다. 이날 (만남이) 끝나고 정상문 총무비서관의 조카며느리가 원자력병원에 암으로 입원하여 3명—정상문, 정○○(정 비서관 딸), 본인—이 같이 병원에 위문을 갔었습니다.

추후에 세무사찰이 마무리되고 ○○○ ○○국세청장과 강남구 역삼동에 위치한 한정식집 ○○에서 주변 가족들이—○○○ ○○국세청장 내외, ○○○ 아들딸 내외, ○○○ 청와대 수석 부인, ○○○ 최○○사장 내외—모두 모인 자리에서 처음으로 인사를 드렸으며 식사 후 지하의 노래방으로 내려가기 전 정상문 총무비서관을 통하여 "회사일 감사합니다"라고 인사드렸으며 ○○○ ○○국세청장은 그 자리에서 "잘 되어서 다행이고 주변 분들과 많은 분들이 도움을 주셔서 잘 처리되었다"고 말씀하셨습니다. "앞으로는 걱정하지 마시라"고 하면서 인사를 나누었습니다.

8. 2004년 2월경 본인이 알고 지내던 당시 국무총리실 경찰공무원인 ○○○를 만나서 세무사찰의 문제를 부탁하자 당시 (경찰공무원 ○○○이) 국세청 간부 ○○○을 만나서 "청와대 실세인 총무비서관의 사돈회사가 탈세제보를 조사 중이니 잘 좀 선처를 부탁한다"고 하였습니다. (국세청 간부) ○○○은 S해운의 세무사찰 담당부서 과장 및 담당에게 압력을 가하도록 이야기한 것으로 알고 있습니다.

며칠 후, 부산과 경남 출신 고위 공무원모임에서 국세청 간부

○○○은 정상문 총무비서관을 만나 "사돈회사는 잘 처리될 것이니 걱정하지 않으셔도 됩니다"라고 말해서 장인인 정상문 총무비서관은 "감사합니다. 잘 좀 부탁드립니다"라고 말씀하셨다고 장인인 정상문 총무비서관이 본인에게 말씀을 하여 주었습니다.

9. 그 다음 날 본인은 바로 S해운 박○○ 대표이사와 김○○ 상무와 서초구에 위치한 ○○○○라는 술집에서 만나 "이제 모든 힘든 것은 지난 것 같습니다"라고 보고를 드렸습니다. 당시 박○○ 대표이사와 김○○ 상무는 집에 못 들어가고 호텔에서 숨어 지내면서 회사에도 출근을 못하던 시점이었습니다. 그러면서 "앞으로의 진행 방법과 로비 및 회사 문제는 3인이 협의해서 잘 진행하자"고 박○○ 대표이사가 말씀을 하였으며, 그러면서 본인에게 "공로로 주식을 주겠다"고 하면서 얼마 후 주식 양도양수계약서를 공증하여 주었습니다. 당시 술자리에는 박○○, 김○○, 이○○, 권○○, 본인을 합하여 5명이 참석하였습니다.

10. (S해운) 김○○ 상무가 변호사를 선임해야 한다고 하여 장인에게 소개를 부탁해서 본인이 장인에게 부탁―부탁을 드린 날은 대통령 탄핵 전후로 강남구 논현동에 위치한 한정식집인 ○○○에서 정상문, 박○○, 신○○ 3분이 참석―을 하자 당시 법무법인 ○○○ 출신인 ○○○ 씨를 통해 ○○○ 소속 변호사를 소개받아서 의뢰를 하게 되었습니다.

11. 당시 공식적으로는 변호사를 통해 해결하는 것으로 하되 내부적으로는 로비를 통해 사건을 무마하기로 하자고 정상문 비서관께서 말씀을 하셨습니다. 그래야지 추후에도 문제발생 시 잘 처리될 수 있다는 말씀을 하셨습니다.

12. ○○○에서 상황 파악을 다하고 했을 때 김○○ 상무에게 "(신성해운 공동대표였던) 서○○ 씨랑 합의가 되어야 한다. 그래야지 경찰이든 국세청이든 그 다음부터 로비를 할 수 있다"고 지시하여 그래서 서○○ 씨랑 합의를 하게끔 유도를 했습니다.

(중략)

20. 서○○ 씨와 합의 후 국세청을 무마한 경위는 다음과 같습니다. 원래 2004년부터 지난 10년간을 조사하게끔 되어 있어요. 그러면 1994년부터 조사를 하게끔 되어 있는데 94년부터 5년간 2000년까지는 조사를 안 했습니다. 조사 안 하고 2000년부터 2004년까지만 조사를 한 겁니다. 그리고 겉핥기식으로 조사를 해서 처음에 서○○ 사장님이 고발한 자료상에는 비자금 액수가 400억이었지만 빼고, 빼고 해서 회사로 추정된 세금이 한 50억 정도 되고요. 대표이사 박○○ 씨한테 세금이 한 20억 정도 됩니다. 그거는 고소, 고발을 막기 위해서이기도 했습니다.

21. 이 과정에서 많은 금품과 접대가 있었습니다. 김○○ 상무가 국무총리실 경찰관인 ○○○ 씨에게 현금 3천만 원을 전달하였습니다. 국세청 (간부) ○○○에게 선처를 부탁한 일에

대하여 감사하다는 뜻이었습니다. 그 이후에도 (국세청 간부) ○○○에게 전달해달라고 몇천만 원이 전달되었습니다.

22. 이렇게 무마하기 위해서 S해운에서 사용한 돈으로는 추징세금이 약 70억, 법인 및 대표이사가…, 그 다음에 ○○○ 로펌은 20억 좀 넘고요. 그리고 로비비가 한 5, 6억 정도 들어갔습니다. 그 나머지는 김○○ 상무가 중간에서 배달사고를 내서 120~130억 정도를 썼습니다.

23. 그리고 (S해운) 김○○ 상무는 회사의 비자금을 이용하여 수많은 뇌물을 공여하였으며 이런 내용을 본인이 정확하게 아는 이유는 모든 로비를 김○○ 상무의 지시에 의하여 같이 활동을 하였기 때문입니다. 당시 본인은 김○○ 상무하고 거의 매일 아침부터 저녁까지 같이 지냈습니다.

이씨는 진술서 외에도 본인이 직접 작성한 '양심고백'과 '정상문 총무비서관'이란 제목의 2개 글에서 자신이 정 비서관의 사위가 된 과정과 로비가 이뤄진 당시 정황, 그리고 정 비서관이 인사청탁 등을 처리해준 대가로 정·관·재계 인사들로부터 받은 금품목록 등을 상세히 담고 있다. 이씨는 이러한 내용과 관련해 "이런 것까지는 공개하지 않을 생각이었지만 정 비서관이 너무 많은 거짓말을 하고 있어 부득이 이러한 글을 쓰게 됐다"고 밝혔다. 다음은 그가 작성한 자료의 내용 중 일부다.

1. 2004년 8월 13일 신반포지점 발행(S해운) 배서해서 4800만 원 수표 받음.

(S해운 상무) 김○○ 발행, 김○○, 이○○을 통하여 받음.

사유: 국세청 조사 및 범양상선 인수작업 위로금 및 보너스.

(이상 '양심고백' 글 중에서)

2. (정 비서관이) ○○○ 청와대 ○○수석으로으로부터 루이비통 핸드백과 명품 옷을 선물 받음.

3. 군 장성(인사 문제) 해결로 서초구 신세계에서 루이비통 핸드백 받음. 당시 같은 성당의 친분 있는 사단장의 와이프로부터 보직 문제로 청탁을 받아서 신라호텔에서 식사 후 보직사건 해결. (이상 '정상문 총무비서관'글 중에서)

이미 언론보도를 통해 공개되었던 이씨의 로비리스트에는 다수의 고위직 공무원들의 이름과 이들이 받은 돈의 액수기 구체적으로 적시되어 있다. 이씨는 이미 지난해 연말 이들 인사들이 S해운으로부터 받은 금품 목록과 장소 등이 담긴 로비리스트를 검찰에 제출했다. 진술서와 로비리스트에 등장하는 고위직 공무원들은 모두 S해운의 로비대상이었다.

총 로비자금은 5억~6억 원

로비리스트에 따르면, 경찰간부의 부탁을 받고 세무조사 무마를 도와준 전직 국세청 간부는 S해운으로부터 3천만~5천만 원을 받았다고 한다. 국무총리실 경찰 간부도 도움을 준 대가로 3천만 원을 받은 것으로 되어 있다. 또 다른 국세청 직원은 국세청 뒤에 위치한 주차장에서 수천만 원을 받았다고 씌어 있다. 청와대의 또 다른 핵심인사는 2004년 S해운의 세무조사 당시 정 비서관의 요청을 받고 S해운의 변호사 선임과정에 깊숙이 관여한 것으로 나와 있으며, 전직 국세청 간부 A는 S해운의 간부와 국세청 고위 인사로부터 부탁을 받고 세무조사를 축소·은폐했다는 의혹을 받고 있다. 이씨에 따르면 A는 그 대가로 S해운으로부터 5천만 원을 받았다.

이씨는 이와 관련, "리스트는 내가 알고 있는 것을 S해운의 전직 간부인 서○○ 씨가 작성했다. 내가 직접 전달한 것, 전달하는 자리에 함께했던 것, 들어서 알고 있는 것을 나눠서 정리했다"고 말했다. 이씨는 당시 S해운 측이 국세청 세무조사 로비와 관련 사용한 자금이 최소 총 5억~6억 원가량이라고 주장한다. "이 중 1억 원 정도는 내가 썼고 1억 원은 정 비서관에게 전달했다. 나머지 돈의 대부분은 국세청 직원들에게 전달됐다"는 게 이씨의 주장이다.

이와 관련해 고발인 이씨와 로비리스트를 함께 작성한 S해운 전직 임원 서모 씨는 최근 기자에게 "S해운이 2004년 총선을 전후해 정치권을 상대로 로비를 했다"고 밝혔다. "당시 청와대에 근무했던 한 386 정치인에게 1000만 원을 줬으며 모두 6명의 정치인에게 건너간 돈이 1억 원 정도 된다. 이들은 참여정부 초기 청와대에 근무했던 인사들"이라는 게 그의 주장이다. 그는 이런 내용을 지난해(2007년) 연말 이씨로부터 직접 들었다고 밝혔다.

로비 관련자들, "터무니없다."

한편 이 사건과 관련해 관련자들 대부분은 이씨의 고발내용에 대해 검찰조사과정에서 "그런 사실이 없다. 돈을 받거나 로비를 시도한 일도 없다"고 밝힌 것으로 전해진다. 이씨가 제출한 고발장에 피고발인으로 되어 있는 S해운 김○○ 상무도 기자와의 전화통화에서 "고발 내용은 모두 터무니없다. 모든 진실은 검찰조사에서 밝혀질 것이다"라고 주장했다. 취재를 위해 S해운 측으로부터 로비를 받았거나 로비를 돕고 그 대가로 수천만 원의 금품을 받았다는 의혹을 받고 있는 경찰청 간부 ○○○ 씨, 국세청 고위 인사 등 관련자들을 대상으로 수차례 접촉을 시도했으나 모두 취재에 응하지 않았다.

한편 로비 의혹을 받고 있는 국세청은 최근 이 사건과 관련해 해명자료를 내고 진화에 나섰다. '검찰의 조사를 지켜볼 것이며 로비를 받은 일은 없는 것으로 알고 있다'는 게 자료의 핵심이다.

국세청의 한 관계자도 최근 "국세청 인사들에 대한 자체 조사를 벌였지만 단서를 찾지는 못한 것으로 알고 있다. 실명이 거론된 전·현직 인사들이 로비를 받고 사건을 무마한 단서는 전혀 발견되지 않았다"고 해명했다. 과연 진실은 무엇일까. 이씨의 주장대로 전방위 로비가 있었던 것일까. 고삐를 바짝 조이고 있는 검찰수사에 관심이 집중된다. —《신동아》, 2008년 3월호.

:: 장인과 사위의 엇갈린 진술

2008년 1월 하순에 S해운 사건의 고발인 이재철과 심층 인터뷰 (3회), 전화 인터뷰(5회 이상) 등 여러 차례 인터뷰를 진행했다.

2008년 1월 31일에는 정상문 당시 총무비서관과도 전화 인터뷰를 가졌다. 필자는 이 인터뷰 이후 불거진 인사 청탁 관련 의혹, 추가 금품수수 문제 등에 대해 해명을 들으려 했지만 수차례에 걸친 인터뷰 요청에 정상문 당시 비서관은 응하지 않았다. 다음에 나오는 두 사람과의 인터뷰 내용도《신동아》(2008년 3월호)에 실렸다.

• 인터뷰 _ 이재철

정상문 총무비서관의 국세청 로비는 사실인가?

"2004년 2월경 S해운의 세무조사 문제를 부탁하기 위해 청와대에 들어갔다. 당시는 아내가 여동생과 싸운 뒤 친정에 가 있을 때였다. 내 부탁을 받은 정 비서관은 국세청 간부 김○○ 씨를 한 호텔에서 만나 S해운에 대한 얘기를 나눴고 이후 나에게 '잘될 것이니 걱정하지 말라'고 분명히 말했다. ○○○ 씨는 정 비서관의 도움으로 승진한 사람이다."

정 비서관은 "○○○ 씨를 사석에서 만난 적이 없다"고 주장한다.

"거짓말이다. 예를 들어 이런 일도 있었다. 2004년 말 S해운 세무조사가 끝난 뒤 국세청 간부 ○○○ 씨와 식사를 했다. 그 자리에서 그에게 감사인사를 드렸다. 국세청 간부 부부, 딸 내외, 아들 내외도 있었는데 얘기를 하다 보니 컨설팅 회사에 다니는 그의 아들이 나와 나이도 같고 비슷한 곳에서 공부했음을 알게 돼 반갑게 인사한 일도 있다. 당시 국세청 간부 아들의 차가 아우디 A6였다. 확인해보면 금방 알 수 있다."

정 비서관에게 1억 원을 건넨 당시의 상황은?

"2004년 3월 6일 S해운 김○○ 상무로부터 1억 원을 받아 정 비서관의 집으로 가지고 갔다. '회사 돈인데 잘 쓰시라'고 했더니 '고맙다'고 하시면서 받으셨다. 물론 당시 정 비서관은 그 돈을 순수한 돈으로 생각했을 수도 있다. 하지만 대가성이 있는 돈이라는 사실은 분명히 알고 있었다. 정 비서관은 S해운 세무조사 사건을 처음부터 끝까지 모두 도와주고 조언한 사람이다. 언론에는 당시 정 비서관이 호통을 쳐서 돈을 그 자리에서 돌려보낸 걸로 되어 있는데 그런 일은 없었다. 게다가 당시에는 우리 부부가 잠시 처가에서 생활하던 때였다. 돈을 들고 갈 곳도 없었다."

경찰 간부를 통해 국세청 간부 ○○○에게 로비를 시도한 적이 있나?

"사실이다. 2003년경부터 알고 지내던 경찰 간부 ○○○ 씨를 통해서였다. 그는 국무총리실에 파견 중이었고 사직동팀에서 국세청을 담당했던 사람이라 청탁이 될 것으로 생각했다. 2004년 2월 중순경, 중앙청 뒤 커피숍에서 만나 부탁했다. 그의 부탁을 받은 국세청 간부 ○○○ 씨는 '비밀만 지켜주면 최선을 다해서 막겠다'고 말한 것으로 알고 있다."

S해운이 당시 로비에 사용한 자금 규모는?

"5억~6억 원 정도였다. 그중 정 비서관에게 1억 원을 줬고 1억 원은 내가 썼다. 3천만 원에서 5천만 원은 경찰 간부, 나머지 대부분은 국세청으로 갔다. 당시 조사4국 직원들과 고위직 인사들에게 간 것으로 알고 있다. 변호사를 소개해준 청와대 수석 ○○○ 씨에게는 식사대접을 했다고 들었다."

'양심고백' 등에서 정 비서관의 또 다른 부정행위를 적고 있는데 모두 사실인가?

"정 비서관의 도움으로 청와대에 온 ○○○ 수석은 감사를 표시하며 명품 정장을 선물했다. 정 비서관의 도움으로 장관이 된 ○○○의 경우 정 비서관에게 고맙다며 청계산 등산을 하면서 현금 1000만 원이 담긴 복주머니를 건네기도 했다. 청탁을 들어주고 대가를 받은 사례는 그 외에도 많다. 청와대에 들어갈 당시 청렴했던 정 비서관이 점점 변해갔다."

정 비서관은 처음부터 딸의 결혼을 반대했다고 하는데?

"사실이 아니다. 정 비서관이 청와대에 들어가기 전부터 나를 데리고 자신의 고향에 다녔을 정도로 관계가 좋았다. 심지어 산업은행과 관련된 어떤 회사의 인수 건으로 나에게 심부름을 시킨 일도 있다. 결혼 전부터 청와대에 드나들며 심부름을 많이 했다. 내가 모든 것을 공개하면 정 비서관은 크게 다친다."

정 비서관의 비리를 고발한 이유는?

"처음 S해운을 고발할 당시에는 정 비서관의 이름을 넣지 않았다. 한때 장인이었던 정 비서관과 관련된 일이 공개되기를 원치 않았기 때문이다. 하지만 정 비서관은 나와 우리 가족을 계속 궁지로 몰아넣었다. 심지어 이 사건을 잘 모르는 나의 부친까지 걸고 넘어졌다. 결혼 전후 우리 가족에 대해 뒷조사를 한 것도 알고 있다. 2006년에는 권력기관에 압력을 넣어 (남대문 재개발 사업과 관련해) 나를 구속시키려 한 일도 있다. 자신(정 비서관)의 손자를 키우고 있는 나를 이렇게 궁지로 몰아넣는 것에 놀랐고 실망했다. 작년(2007년) 말, 정 비서관의 부인이 우리 집으로 연락을 해서 '이 문제와 관련해 더 얘기하지 않았으면 좋겠다'라고 말해 잠시 고민했지만 어쩔 수 없다고 생각했다. 내가 잘못한 부분에 대해서는 법의 처벌을 달게 받을 생각이다."

• 인터뷰 _ 정상문 비서관

S해운의 국세청 세무조사과정에 압력을 행사한 일이 있나?

"전혀 사실무근이다. 그럴 이유도 없었다. 나는 오랜 공직생활동안 감사업무를 맡았던 사람이다. 그런 문제에 대해서는 결벽증이 있다. 국세청 로비라니, 말도 안 된다. 이씨의 주장은 모두 사실이 아니다."

1억 원을 받았다는 구체적인 진술도 나왔다.

"2004년 3월경 이씨가 1억 원을 가져온 적은 있다. 하지만 그날 바로 '왜 이런 돈을 나에게 주느냐'고 호통을 쳐서 돌려보냈다. 당시에는 사위가 S해운에서 일한다는 사실도 알지 못했다. 만약 그의 주장대로 내가 사건에 간여했다면 딸 부부를 이혼시킬 수 있었겠나. 이씨가 S해운을 상대로 낸 고발장에는 내 이름도 나오지 않는다. S해운과 이씨가 싸우는 와중에 내가 희생양이 됐다."

당시 상황을 자세히 설명해 달라.

"하루는 퇴근해서 집에 가니까 사돈집에서 돈을 보내왔다며 이씨가 돈을 내밀었다. 당시 집을 사면서 빚(9천만 원 은행융자)을 낸 것이 있었는데 이 빚을 갚는 데 쓰라는 것이었다. 서재에 잠시 돈을 놔뒀다가 바로 들고 나가도록 했다."

2004년 세무조사 당시 S해운 관계자들을 만난 적은 있나?

"나는 S해운이라는 회사를 가본 적도 없고 그 회사 사람들을 만난 적도 없다. 당시 이씨의 부친이 이 회사와 관련된 문제를 상의해서 청와대의 한 수석비서관에게 자문한 일은 있다. 하지만 '똑똑한 변호사를 선임해서 처리하라'고 조언해줬을 뿐 아무런 역할도 하지 않았다."

이씨는 한때 사위였던 사람인데 어떻게 이런 관계가 됐나?

"결혼할 때부터 이씨 집안과 관계가 좋지 않았다. 특히 이씨의 부친은 결혼 초기부터 청와대와 집으로 나를 찾아와 이런저런 청탁을 해서 괴롭혔다. 청탁이 너무 많아 내가 그를 피해 다녔을 정도였다. 2006년에는 내 사위임을 이용해 남대문 재개발과 관련된 사기를 친 일도 있다. 언론에도 보도돼 (내가) 많은 피해를 봤다. (사기를 친) 당시는 내 딸과 이씨가 이미 법적으로 이혼한 뒤였다."

S해운이란 회사를 처음 알게 된 것은 언제인가?

"2004년 2월경 이씨의 부친이 나를 찾아와 'S해운에 70억 원가량의 돈을 빌려준 일이 있는데 이 회사를 인수해서 아들에게 물려

주려 한다'라고 말한 적이 있다. 이때 S해운이란 회사에 대해 처음 얘기를 들었다. 사위인 이씨로부터 S해운 얘기를 들은 것은 나중 일이다. 2004년 초에는 이씨가 S해운에서 일한다는 사실도 몰랐다. 당시 딸로부터 이씨가 선배의 광고회사에 다닌다는 말을 들었을 뿐이다. 결혼 당시 이씨는 특별한 직업이 없는 상태였다."

　최근 이 문제로 검찰 조사를 받았나?

　"(검찰로부터) 서면조사만 받았다. 내가 이번 사건에 거론되고 있다고 해서, 나 스스로 그간의 일을 글로 써 검찰에 보냈을 뿐이다. 나는 이 사건과 관련해 문제될 것이 전혀 없다. 한때 가족이었던 사람으로 인해 이런 상황이 되어 가슴 아프다. 이씨가 S해운 측으로부터 돈을 뜯어내는 과정에서 내 문제가 사실과 다르게 부풀려진 것 같다. 여하튼 모든 게 내 부덕의 소치라고 생각한다."

03 한상률의 5천만 원 뇌물수수 의혹

신성해운 사건이 중요했던 또 다른 이유는 이 사건에 대한 수사 과정에서 한상률 당시 국세청장의 금품수수 의혹이 불거졌기 때문이다. 이재철은 검찰에 이 사건을 고발하면서 "신성해운의 김○○ 상무가 2004년 세무조사 때 한상률 당시 서울지방국세청 조사4국장에게 로비 명목으로 5천만 원을 건넸다"고 주장했다. 한 전 청장은 2004년 신성해운을 세무조사한 서울지방국세청 조사4국의 책임자(국장)였다. 고발인들(이재철과 서민호)이 작성해 검찰에 제출한 신성해운의 로비리스트에도 이 부분은 명시되어 있다.

2008년 신성해운 사건이 불거졌을 당시 한상률은 국세청장을 맡고 있었다. 필자는 2008년 7월경, 고소·고발인인 이재철과 서민호 전 신성해운 공동대표의 변호인을 통해 신성해운 사건에 대한 수사기록 일체를 제공받아 분석했다. 한상률 당시 국세청장과 관련된 진술, 수사기록을 일일이 찾아냈다. 그리고 이재철뿐만 아니라 신성해운 측 브로커 등 관련자 여러 명의 진술기록에서 한 청장에 대해 로비가 있었음을 짐작하게 하는 진술을 찾아냈다.

2008년 여름, 필자가 이 부분에 대해 본격적인 취재에 들어가자 국세청은 보도를 막기 위해 전방위로 움직였다. 기자로서 견디기 힘들 만큼의 압력이 들어왔다. 취재가 끝날 즈음, 필자는 한 전 청장의 해명을 듣기 위해 국세청에 질의서를 보냈는데 한 전 청장 측은 '할 말 없다. 하지만 기사는 절대 나갈 수 없다'는 협박성 답변을 보내왔다. 국세청은 물론 검찰도 '일방적인 주장에 불과한 진술이어서 수사를 할 수 없었다'며 항의성 해명을 전했다.

그러나 사건의 핵심 관련자들이 금품수수 의혹을 제기하고 있는 상황에서 한 전 청장에 대해 조사도 하지 않았다는 건 문제가 아닐 수 없었다. 당시 《신동아》 측은 '이 정도의 진술이 나왔다면 최소한 한상률 국세청장에 대해 조사는 했어야 한다'며 검찰과 국세청에 맞섰다. 그러나 한 전 청장의 금품수수 의혹과 관련된 보도는 결국 빛을 보지 못했다. 국세청의 힘은 그 정도로 막강했다.

그로부터 1년쯤 지난 2009년 여름, 필자는 《신동아》에 「'2년 추적기' 이명박 국세청과 한상률」이라는 제목의 기사를 게재하면서 한 전 청장의 금품수수 의혹을 뒤늦게 '단독보도'했다. 필자의 기사가 나가고 몇 달이 지나 당시 박지원 의원(민주통합당)은 국회에서 필자 기사에 언급된 검찰진술 기록을 근거로 한 전 청장의 금품수수 의혹을 폭로해 상당한 논란을 불렀다. 다음은 공개한 기사 내용과 당시 필자가 썼으나 공개되지 못했던 기사 내용이다.

신성해운 국세청 로비 의혹 사건에 이름이 오르내리는 정·관계 인사는 10명이 넘는다. 전·현직 고위 관료(기관장)도 3명이나 포함되어 있다. 그러나 혐의가 입증된 경우는 단 한 건도 없다. 그런데 이들 중 검찰 관계자 외에 검찰 조사를 '무사히' 피해 간 인사가 한 사람 더 있다. 바로 한상률 당시 국세청장이다.

한 청장의 이름은 신성해운 사건 초기부터 오르내렸다. 2004년에 서울지방국세청 조사4국장이던 한 청장은 신성해운 공동대표였던 서민호의 고발로 시작된 신성해운에 대한 특별세무조사의 책임자였다. 신성해운 사건의 고소인인 이재철이 제출한 로비리스트에도 한 청장은 세무조사를 무마해주는 대가로 신성해운으로부터 5천만 원을 받은 것으로 기록되어 있다. 이재철은 검찰수사 과정에서 여러 차례 한 청장의 로비 의혹을 제기했다. 그중 하나를 살펴보자. 다음은 사건 초기인 2007년 12월 13일에 작성된 이재철의 검찰 진술조서 내용 중 일부다.

피고발인 김○○(신성해운 상무)이 2004년경 서울지방국세청 한상률 국장에게 현금 5천만 원을 전달했다는 점에 대하여,

검찰: 한상률은 누구인가요?

이재철: 당시 신성해운 세무조사의 담당국인 서울지방국세청

국장이었습니다.

검찰: 한상률에게는 어떻게 돈을 전달하였는가요?

이재철: 2004년 5월 중순 11시경 신성해운 본사 사무실에 전화로 김○○에게 "점심 같이 할 수 있습니까"라고 물으니 김○○이 저에게 "나 지금 바쁘고, 점심 먹고 누구와 같이 한 국장에게 5천만 원을 전달하러 가야 된다. 그러니 내일 같이 점심을 하게 ○○일식집으로 와라"고 말했습니다.

검찰: 그럼 진술인은 김○○이 한 국장에게 5천만 원을 전달하는 것을 직접 보지는 못했단 말인가요?

이재철: 예, 김○○으로부터 한 국장에게 5천만 원을 전달했다는 말만 들었습니다.

검찰: 어떻게 말을 들었나요?

이재철: 그 다음 날 12시경 ○○일식집에서 김○○이 저에게 "어제 누구하고 같이 한 국장에게 5천만 원을 전달했다. 한 국장이 하는 말이 청와대, 중부청장, 본청 차장님이 염려를 해주고 신경 써주셔서 세무조사는 잘 해결된 것 같고 추징세액은 담당하고 상의를 한다고 하니 네가 추징세액도 잘 알아봐라"고 하였습니다.

검찰: 어떤 명목으로 주었는가요?

이재철: 신성해운 세무조사의 담당국장이니까 세무조사를 무마해달라는 명목으로 준 것입니다.

고발인 이재철은 2008년 2월 22일 조사에서도 한 청장과 관련해 다음과 같은 진술을 남겼다.

> 김○○ 상무가 이름을 모르는 세무사를 통해 한상률 국장에
> 게 5천만 원을 주었다고 2~3번 이야기를 해서 5천만 원으로
> (교부내역서에) 기재한 것이고….   **— 수사기록 5,999쪽.**

한 청장의 금품수수 의혹은 2004년 당시 이재철과 함께 국세청 로비에 가담했던, 현재 일부 혐의가 인정된 신성해운 측 로비스트의 검찰 진술에서도 확인된다.

다음은 변호사법 위반 혐의로 기소된 이○○ 씨의 2008년 2월 17일 검찰 조서 중 일부다(비록 전문증거이지만 중요한 대목이 아닐 수 없다. 문답으로 진행된 조사 내용 중 로비스트 이○○ 씨의 답변만 싣는다. 괄호 속 내용은 이해를 돕기 위해 기자가 적어 넣은 것이다).

> 이재철이 윗선은 장인(정상문 전 비서관)이 로비를 한다고 말
> 하면서 그 사람들(정·관계 고위 인사들)을 지칭했는데, 이재철
> 이 조사4국장인 한 국장, 김○○ △△△청장, 이○○ 차장은
> 장인이 알아서 로비를 할 것이라고 하였습니다. *이때 피의자*
> *가 갑자기 생각이 난다고 하면서 김○○인지 김○○인지 명*
> *확히 기억나지 않지만 이재철이 (국세청 출신 세무사) 김○○*
> 의 이름을 말하면서 '이 사람이 한 국장에 대해 로비를 할 수

있는 선이 된다'고 말을 했습니다. 김○○은 국세청에서 근무했던 사람인데 한 국장을 움직일 수 있다고 했고, 왜 한 국장을 움직일 수 있는지에 대해서는 이재철이 구체적으로 말하지는 않았습니다.

이재철은 2008년 4월 10일 진행된 조사에서 다음과 같은 진술도 남겼다(역시 이재철의 답변만 정리했다).

국세청 세무조사가 2004년 7월경 끝나고 2004년 8월부터 계속 김○○ 상무가 이재철에게 주식을 내놓으라고 종용하였습니다. (중략) (신성해운 측 로비스트) 권○○이 이재철에게 '일 처리를 세무공무원들에게는 내가 직접 나서고, (국무총리실 파견 경찰관) 권○○가 이○○ 국세청 차장을 만나 이 차장이 한 국장 및 그 이하 직원들을 지시히어 된 것이 아니냐…

— 수사기록 8,608쪽.

신성해운의 공동대표였으며 이재철과 함께 신성해운을 고발한 서민호가 1월 4일 검찰진술과정을 녹음한 음성파일에도 한 청장에 대한 로비 의혹은 등장한다. 그러나 이날 검찰이 작성한 진술조서에는 한 청장의 이름이 나오지 않는다. 의도적으로 한 청장의 금품 수수 관련 진술을 조서에서 삭제한 것, 축소수사 의혹이 의심되는 대목이다.

사건 관련자들로부터 여러 차례 관련 증언이 나왔지만 한 청장은 단 한 번도 검찰조사를 받지 않았다. 형식적인 서면조사조차 없었다. 이에 대해 수사 초기 주임검사였던 정○○ 검사는 "내가 수사할 당시(2008년 2월까지)는 (한 청장을 조사할 만큼) 아직 사건이 무르익지 않은 단계였다"고 말했다.

그러나 정 검사의 주장과 달리 2008년 초 서울중앙지검 조사부는 정상문 비서관을 포함해 로비리스트에 이름이 거론된, 국세청에서 당시 세무조사를 담당한 공무원들을 모두 조사한 상태였다. 한 청장에 대한 조사가 전혀 없었다는 것은 이상한 일이 아닐 수 없다.

'사건이 무르익은' 이후 수사를 담당했던 관계자는 2008년 7월 12일 필자와의 전화 통화, 같은 달 16일 필자와 만난 자리에서 한 청장과 관련된 축소수사 의혹에 대해 다음과 같이 반박했다.

"(한 청장이 로비를 받았다는) 증거가 아무것도 없었다. (한 청장을 제외한 다른 국세청 직원들은) 조사과정에서 의심스런 금전거래가 발견돼 조사를 했던 것이다. 의심스런 부분이 없는데 무조건 계좌를 열어볼 수는 없지 않은가. 법원에서 (계좌추적 관련) 영장이 나오지도 않는다. 조사할 필요를 느끼지 못했다. 그리고 명색이 한 조직의 장長인 사람을 확실한 증거도 없이 불러서 조사할 수는 없지 않은가. 우리에게도 인간적인 고뇌가 있었음을 이해해 주기 바란다."

검찰의 이러한 주장에 대해 이재철의 변호인은 "검찰이 의도적으로 사건을 축소·왜곡한 것으로 보인다. 관련자 조사에서 수없이 이름이 거론된 한 청장에 대해 조사도 하지 않았다는 것은 수사할 의지가 없었다는 증거다"라고 꼬집었다.

⁰⁴ 식구 감싸기

:: 두 개의 로비리스트

신성해운 사건의 고발인인 이재철은 사건 초기 검찰(서울중앙지검 조사부)에 일명 '신성해운 로비리스트'를 작성해 제출했다. 한때 기자들은 이 명단을 확보하기 위해 쟁탈전을 벌이기도 했다.

이재철은 필자를 처음 만난 날 "검찰의 요청을 받고 로비리스트를 작성했다"고 밝혔다. 그런데 필자가 취재 도중 이재철에게 받은 USB에는 이상하게도 두 가지 버전의 로비리스트가 들어 있었다. 하나에는 신성해운으로부터 로비를 받은 의혹이 있던 검찰 관계자들의 이름이 들어 있었고, 다른 하나에는 그 부분이 빈칸으로 남아 있었다.

문제의 검찰 관계자는 2004년 당시 서울중앙지검의 모 차장검사였다. 리스트에는 그가 검찰수사 무마 청탁과 함께 신성해운의 김○○ 상무로부터 서초동 술집에서 현금 2억 원을 받은 것으로 되어 있었다. 리스트에는 없지만, 이재철은 검찰조사에서 신성해운 관계자가 당시 서울중앙지검 소속 부장검사 1명에게도 1억 원을 건넸다는 진술을 했다.

필자는 이재철에게 자료를 입수한 다음 날, 그에게 로비리스트가 2개인 이유, 검찰 관계자가 리스트에서 빠진 이유 등을 물었다. 그는 이렇게 답했다.

"검찰이 2개의 버전으로 리스트를 만들어 달라고 했어요. 검찰 인사가 포함된 것과 검찰 인사를 뺀 리스트로 말입니다. 그래서 정상적인 리스트를 먼저 만든 다음, 검찰 관계자 부분을 삭제한 리스트를 별도로 만들어서 검찰에 보냈습니다."

이재철에 따르면, 검찰은 수사 초기 로비리스트를 작성하는 단계에서부터 "우리 식구들(검찰) 부분은 빼는 것이 좋겠다"고 고소인 이재철을 종용했다. 고발인인 서민호 전 신성해운 공동대표에게도 비슷한 요구를 했다. 이재철은 USB에 처음 만들어진 로비리스트의 이름을 '김○○(신성해운 상무 이름)'으로, 나중에 수정한 리스트는 '김○○ 위조서류'로 저장했다.

필자는 신성해운의 국세청 로비 사건을 취재하는 내내 검찰의 이상한 행동, 검찰의 '제 식구 감싸기' 의혹이 이 사건의 마지막 의혹이 될 것이라고 예상했다. 검찰이 의도를 갖고 수사를 끌고 갔다면, 이 수사는 제대로 됐을 리가 없다는 게 당시 필자의 판단이었다.

2008년 7월경, 필자는 서민호 전 대표의 변호사에게 검찰이 법원에 제출한 수사기록 일체를 받아 검토했다. 무려 8,000쪽에 달하는 방대한 내용이었다. 필자는 몇 가지 포인트를 갖고 이 서류들을 분석했는데, 그중 하나가 로비 대상자로 지목된 검찰 관계자에 대해 수사팀이 어떻게 수사했는지를 확인하는 것이었다.

검찰의 '제 식구 감싸기' 의혹에 대해 본격적인 취재를 시작하자 검찰과 국세청은 크게 반발했다. 당장 수사팀은 "전문傳聞증거에 불과한 진술에 의존해 수사할 수는 없었다. 돈을 건넸다는 신성해운 김○○ 상무가 부인하고 있어 수사를 진행하지 못했다"고 해명했다.

필자는 이 문제로 수사팀 책임자였던 서울중앙지검 특수2부장과 언성을 높이며 싸우기도 했다. 의혹의 당사자들도 여러 경로를 통해 필자에게 억울하고 불쾌한 심정을 전해왔다. 2억 원을 받았다는 의혹을 받았던 차장검사는 필자와의 전화 인터뷰에서 "말도 안 된다. 나는 신성해운과 정상문을 아예 모른다. 정상문이란 사람이 청와대에 있었는지도 기억나지 않는다"고 말했다. 필자는 이 내용을 《신동아》 2008년 9월호에 「신성해운 국세청 로비사건, 검찰 '제 식구 감싸기' 의혹」이란 제목으로 보도했다.

新東亞 「신성해운 국세청 로비사건, 검찰 '제 식구 감싸기' 의혹」
'검찰을 상대로 로비가 있었다'는 고소·고발인의 증언과 증거를 검찰이 축소·은폐했다는 의혹이 제기됐다. 심지어 검찰이 고발장 내용 중 검찰 로비 부분을 빼자고 고발인을 회유했다는 주장도 제기돼 관심을 끌고 있다.

문제의 사건은 올해(2008년) 초 세간을 떠들썩하게 했던 해운회사 신성해운의 국세청 로비 의혹 사건이다. 이제는 세간의 관심에서 멀어진 이 사건의 핵심 관련자인 고발인 이재철 씨와 전 신성해운 공동대표 서민호 씨는 각종 증거와 증언을 공개하며 이 같은 의혹을 제기하고 나섰다. 기자는 이와 관련된 두 사람의 모든 증언을 동의를 얻어 녹음했으며, 이들은 자신의 증언에 법적 책임을 지겠다고 밝혔다. 대체 이 사건의 수사과정에서 어떤 일들이 있었던 것일까?

기자가 신성해운의 국세청 로비 사건을 처음 알게 된 것은 올해(2008년) 1월이었다. 당시 기자는 고발인 이씨와 고소인 서씨가 검찰에 제출한 고발장을 입수한 뒤 본격적인 취재에 나섰다. 수차례에 걸친 이씨, 서씨와의 인터뷰를 통해 이 사건의 실체에 다가가는 한편 로비리스트 등 각종 자료도 확보했다.

고소·고발인이 거론한 신성해운의 로비대상 기관에는 청와대, 국세청, 검찰, 경찰 등이 망라돼 있었다. 그러나 시간이 흐르면서 사건은 점점 축소됐다. 애초 고발인의 주장에 담겼던 검찰, 국세청 수뇌부에 대한 로비 의혹은 조사대상에서 배제되면서 슬그머니 사라졌다. 국세청, 경찰 등 하위직 공무원들과 2~3명의 전직 고위 공무원만이 조사를 받았다.

"증거 없어 내사 종결."

결론부터 말하면, 지난해(2007년) 말부터 시작해 6개월 넘게 수사가 진행된 이 사건은 결국 고발인 구속이라는 석연찮은 결과로 막을 내렸다. 로비를 한 사람은 있는데 로비를 받은 사람은 확인되지 않은 사건. 다음은 검찰이 정 전 비서관을 불구속기소한 직후인 5월 29일 발표한 수사 결과 내용 중 일부다.

"전·현직 국세청 고위 간부들의 경우 공여자와 수수자 모두 금품수수 사실을 부인하고 있으며 의혹에 부합하는 이재철의 진술은 '신성해운 K 상무로부터 들었다'는 식의 전문증거傳聞證據에 불과해 증거로 할 수 없다. 그 외에 달리 금품수수 사실을 인정할 만한 증거를 전혀 발견할 수 없어 모두 내사 종결했다. … (고위 간부를 제외한 나머지 국세청 직원들의 경우에도) 금품수수 사실을 인정할 만한 증거를 전혀 발견할 수 없어 내사 종결했다."

사건 초기 언론에도 공개되었던 '로비리스트'는 이씨가 서씨와 협의해 만든 것이었다. 로비리스트에는 총 10명의 이름이 올라 있었다. 국세청이 4명으로 가장 많았고 정 전 비서관 가족 3명, 경찰 1명, 검찰 고위 간부 1명, 국무총리실 관계자 1명이었다. 로비리스트 작성 경위에 대해 서씨는 이렇게 설명한다.

"검찰(조사부)에서 로비리스트를 만들어 제출할 것을 요구해 이씨와 협의해 만들었다. 로비리스트에는 정 전 비서관 가족, 국세청, 경찰, 검찰 등 권력기관에 대해 신성해운이 로비를 한 내용이 모두 포함됐다. 로비 대상자는 더 많았지만, 이씨와 협의해 핵심

인사들만 추리기로 했다. 3~4년 전에 일어난 일이지만 이씨는 당시 상황을 비교적 정확하게 기억해냈다."

로비리스트에 등장하는 검찰 고위 인사는 2004년 당시 서울중앙지검 ○ 차장검사(이하 '○ 차장')다. 로비리스트에 따르면, 2004년 당시 신성해운을 수사한 검찰의 책임자였던 ○ 차장은 서초구의 한 술집에서 신성해운 K 상무로부터 현금 2억 원을 받은 것으로 되어 있다. "당시 사건무마 청탁을 부탁하려고 변호사와 함께 술집에서 2억 원을 전달했다"는 것이다.

이씨와 서씨는 ○ 차장의 금품수수 사유에 대해 "(세무조사 이후 신성해운이 서씨를 공갈·협박죄로 고소한 것과 관련) 서씨 구속과 (신성해운) 박○○ 사장 불구속기소 후 집행유예 선처 부탁, K 상무 본인의 선처 부탁"이라고 로비리스트에 적었다. 서씨는 "그 밖에도 2~3명의 검찰 직원에 대한 로비가 있었고 이 부분을 검찰수사에서 밝혔다"리고 전했다.

검찰 로비 의혹이 제기됐지만 이씨와 서씨 두 사람에 대한 조사에서 서울중앙지검 ○ 차장을 포함한 검찰 측 로비 대상자들의 이름은 전혀 거론되지 않았다. 법원에 제출된 두 사람의 진술조서 어디에도 '검찰에 대한 신성해운의 로비'를 짐작케 하는 대목은 없다.

"검찰 인사들은 빼는 게 좋겠다."

지난 수개월간 기자는 이 사건과 관련된 의혹을 추적하기 위해 여러 차례에 걸쳐 이씨(이씨가 구속된 이후에는 이씨의 가족·변호인)와 서씨를 만나 각종 자료를 확보했고 진술을 들었다. 자료에는 이 사건과 직·간접적으로 관련된 각종 녹취록, 세무조사·검찰수사와 관련된 서류가 포함돼 있다.

이 과정에서 기자는 서씨로부터 놀라운 사실을 전해 들었다. 로비리스트가 검찰수사 과정에서 변조됐다는 것이다. 다음은 서씨의 주장.

"처음에는 검찰에 10명의 명단을 담은 로비리스트를 제출했다. 그런데 검찰(조사부)로부터 '검찰 부분은 빼는 것이 좋겠다'는 제안이 (사건 초기에) 들어왔다. 당시에는 국세청 로비와 정 전 비서관의 금품수수를 입증하는 것이 관건이었기 때문에 검찰을 믿고 이 제안에 동의했다. 검찰을 돕는 것이 이 사건의 해결을 위해 좋은 일이라고 생각했다. 이씨도 마찬가지였다."

기자는 서씨의 주장을 검증하기로 했다. 먼저 서울구치소에 수감된 이씨를 면회했다. 그는 기자에게 "서씨의 주장은 모두 사실이다. 검찰이 '로비리스트에서 검찰 인사들은 빼야 한다'고 제안했다. 검찰 인사에 대한 로비 의혹 부분은 수사를 하지 않기로 검찰(조사부와 특수부 모두)과 합의했다"고 밝혔다.

이씨는 최근 기자에게 두 차례 편지를 보내 검찰수사과정에 대한 자신의 생각을 전했다. 하나는 기자가 이씨에게 보낸 검찰수사와 관련된 질의서에 대한 답변, 또 하나는 이 문제와 관련해 자신의 심경을 담은 글이었다. 이씨는 편지 곳곳에서 검찰에 불만을 토로하며 검찰수사에 협조한 것을 후회한다고 밝혔다. 다음은 그가 보낸 편지 내용 중 일부다(이해를 돕기 위해 편지 내용을 요약, 편집했음을 밝힌다).

• "로비리스트에서 검찰 부분(○차장 검사)이 빠진 경위, 로비리스트 변경을 지시한 검사가 누구인가"라는 질문에 대해 _ 2007년 12월경인지 (2008년) 1월인지 (서울중앙지검) 조사부에 로비리스트를 제출하면서 리스트를 수정했다. (조사부 소속) ○○○ 부부장이 지시하고 ○○○ 계장이 수정했다. 부장(검사)은 전혀 이야기하지 않았다. 수시로 ○ 부부장이 ○ 부장에게 보고하러 왔다 갔다 했다.

• "검찰에서 검찰 로비 부분에 대해 조사받은 적이 있는가"라는 질문에 대해 _ 조사부에서는 검찰(부분)에 대해 한 번(조사) 하다가 리스트 수정에 대해 두 번 하였다. 대부분 2007년 12월에서 1월 사이였다. 그 다음부터는 하지 않기로 (검찰과) 약속했다.

• "검찰이 '검찰 부분은 빼자'고 처음 제안한 시기가 언제인가"라는 질문에 대해 _ 2007년 12월~2008년 1월 사이. (정확한 날짜는) 기억이 잘 안 남.

• "검찰 인사들이 신성해운으로부터 돈을 받은 장소에 대해 진술했나"라는 질문에 대해 _ (서초동에 있는) ○○○○(술집)라고 조사부에서 진술하였으며 특수부에서는 전혀 (조사)하

지 않았음.

(검찰수사에 대해 불만을 표시하면서) 검사가 두 번 정도 불러서 '어떻게 되었든 회사는 살려야 하지 않겠느냐'고 했다. 특수부에서는 검찰에 대해 한 번도 말 나온 적 없으며 이야기하거나 조사하거나 물어본 적 없음. 검찰(간부에게 돈이 전달된) 술집(에 대한) 진술은 조사부에서 여러 번 했음. → 서초동 ○○ ○○.

현직 부장검사도 관련 있음. → 이○○, 권○○(신성해운 측 로비스트), (신성해운) 김○○(상무)가 수시로 ○○○ 검사 만나서 술 마셨다고 증언. ○ 차장과 (2004년 당시 부장검사인) ○○○ 검사는 조사도 안 함. 특수부에서 (다음과 같이) 제안(했다). '죄는 크고 하지만 경제는 살려야 하지 않나, 회사는 살리자, 합의를 봐라.'

이씨와 서씨의 주장대로라면, 검찰은 검사들에 대한 신성해운의 로비 의혹을 축소·은폐한 셈이다. 그렇다면 이 사건 수사과정에서 검찰 로비 부분은 어떻게 처리됐을까?

기자는 고소·고발인 측의 협조를 받아 최근 신성해운 사건과 관련된 검찰수사기록을 열람했다. 전체 1만 7,000쪽이 넘는 분량 중 검찰이 법원에 증거로 제출한 약 8,000쪽 분량이다.

확인 결과 법원에 제출된 수사기록 어디에도 '신성해운이 검찰에 로비를 벌인 의혹'을 검찰이 조사한 부분은 없었다. 아니, 확인하려고 했던 흔적도 찾아볼 수 없었다.

이 사건을 처음 고발한 이씨와 고소인 서씨의 진술조서뿐 아니라 10여 명에 달하는 관련자 조사 내용도 마찬가지였다. 로비리스트가 증거로 첨부되어 있는, 2007년 12월 13일 작성된 이씨에 대한 검찰 진술조서에도 검찰 관계자에 대한 부분은 빈칸으로 남아 있을 뿐이었다.

검찰이 수사를 축소·왜곡했다는 의혹을 뒷받침하는 증거는 그밖에도 많다. 서씨는 자신이 검찰조사를 받던 당시 비밀리에 녹음한 음성파일 2개를 지난 6월 말 기자에게 건넸다. 확인 결과 서씨가 건넨 음성파일은 서울중앙지검 조사부 수사를 받던 1월 4일 만들어진 것이었다. 장소는 서울중앙지검 812호 조사부 검사실.

당시 검찰조사 내용은 주로 신성해운의 정·관계 로비에 대한 것이었다. 녹취록에는 신성해운이 검찰, 국세청 등 권력기관에 로비했다는 서씨의 주장이 담겨 있다. 서씨는 "고발인 이씨로부터 들은 내용을 검찰에서 그대로 진술한 것"이라고 말했다. 다음은 녹취록 내용 중 검찰 로비와 관련된 부분을 요약한 것이다.

(2005년 8월 이재철 씨가 신성해운의 로비 사실을 서민호 씨에게 처음 알리는 과정을 설명하면서)

수사관: 당신이 억울한….

서민호: 예. (2004년 서씨가 신성해운으로부터 공갈·협박혐의로 고소를 당해 구속된 것과 관련) 억울하게 옥살이한 그 배경에는

자기(이재철)가 나서서….

수사관: 배경에는….

서민호: 자기(이재철)가 나서 가지고 국세청하고 검찰하고….

수사관: 자기(이재철)가 나서서….

서민호: 청와대하고, 예.

수사관: 국세청….

서민호: 청와대, 검찰 로비를 했다.

수사관: 검찰이라고 그랬나요? 경찰이라고?

서민호: 예. 검찰에. 검찰이라고 그랬어요. 경찰이 아니고 검찰.

수사관: 검찰.

서민호: 청와대, 국세청 세무계.

수사관: 검찰에 로비?

서민호: 예. 로비를 했다. 그래서 그 로비한 각종 증거가, 증거 X파일을 자기(이재철)가 가지고 있으니까 미국으로 오너라.

(중략)

서민호: 그 다음에 (2004년) 당시 검찰에는 당시 형사부장에게 1억을 줬고, 그 다음에 ○ 차장검사한테 2억 줬고.

수사관: 형사부요?

서민호: 예. 형사 ○ 부장한테….

수사관: ○부요?

서민호: 형사 ○부.

수사관: 진술을 확실하게 해야 돼요.

서민호: 아, 형사부장한테 1억 줬다고 했습니다.

수사관: 형사 ○부장?

서민호: ○ 부장? ○ 부장인지. 형사부장이라고 했습니다. 형사부장.

수사관: 형사부장한테 1억 줬고.

서민호: 예. 부장한테 1억 주고. 예. 그리고 차장한테. ○ 차장한테 2억 줬다고 했습니다.

수사관: 이게 인제 신성해운에서 이렇게 줬는데, 그 돈을 자기(이재철)가 인제 가져가는 걸 봤지 자기(이재철)가 직접 전달한 것은 아니다.

(중략)

검사: 이게 인제 그 오늘 진술한 부분은 들은 건 전부 다 어저께도 말했지만 전문 진술이에요. 전문. … 그거는 원칙적으로 증거 능력이 없거든요.

서민호: 아. 예. (중략)

(서민호가 나가고 검사와 수사관이 대화를 나누는 과정에서)

검사: 관계기관, 담당자 및 국무총리. 우리 방은 요거랑 요거 2개 하는 걸로. 이렇게. 검찰이 들어간 건 딴 데 빼고.

수사관: 네.

이 녹취록은 검찰의 진술조서 작성과정을 그대로 녹음한 것이다. 따라서 서씨의 녹취록과 이날 만들어진 검찰의 검찰조서는 내용이 같아야 한다.

그러나 1월 4일 작성된 서씨의 검찰 진술조서에서 위와 같은 내용은 완전히 빠져 있는 것으로 확인됐다. '검찰'이라는 단어 자체가 나오지 않았다. 심지어 서씨가 '(신성해운이 2004년 당시) 국세청, 검찰, 경찰, 청와대 등에 로비를 했다'고 진술한 부분이 진술조서에는 '청와대, 관계기관에 로비를 했다(검찰수사기록 888, 890쪽 등)'는 식으로 바뀌어 있었다.

그렇다면 검찰은 왜 관련 진술 내용을 삭제한 것일까? 서씨는 이에 대해 "검찰이 1월 4일 조사를 받는 과정에서 '우리 식구들(검찰)은 좀 빼자'고 제안했다. 진술조서를 모두 만들어놓은 후 내가 보는 앞에서 진술서에 기재된 검찰 관련 부분을 삭제했다"고 주장했다.

2004년 신성해운이 검찰을 상대로 로비를 벌였다는 의혹은 그밖에도 여러 군데에서 감지된다.

고소·고발장이 검찰에 접수되기 직전인 지난해(2007년) 10월 30일과 31일, 고발인 이씨는 이 사건의 동업자라 할 수 있는 서씨, 서씨의 변호인과 대화를 나눴다. 신성해운 정·관계 로비 의혹의 전체 줄거리가 처음으로 이씨의 입을 통해 확인된 순간이었다. 장소는 변호사 사무실.

당시 세 사람이 합의해 만든 녹취록은 서씨에 의해 검찰에 증거자료로 제출됐다. 그러나 검찰은 법원에 제출한 증거자료 목록에서 이 녹취록을 뺐다. 이씨가 신성해운의 정·관계 로비에 대해 처음으로 입을 연 중요한 자료인데도 이 자료는 현재 수사기록 어디에도 찾아볼 수 없다.

기자는 최근 서씨로부터 이 대화 녹취록도 입수했다. 녹취록에는 이씨가 주장하는 신성해운의 검찰 로비 부분이 자세히 설명돼 있다. 다음은 녹취록 내용 중 일부다.

이재철: (2004년 국세청, 검찰조사 당시 신성해운의 변호인 측이 신성해운 측의 대응논리를 관련자들에게) 외우게끔 했어요. … 그러니까 (신성해운 ○○○ 상무가) 검찰 가서도 증인 가서도 답변을 너무 잘하는 거죠.

변호사: (신성해운 상무) ○○○이 서(서민호) 사장 치는 거는 자기들 진술만 가지고도 칠 수 있다 이렇게 본 거예요?

이재철: 예.

변호사: 그 (신성해운 측 변호인) ○○○에서 뭐 이렇게 되면 검찰에서 확인했다 이렇게 검증이 있었겠지, 또.

이재철: 그것도 있었고 만났으니까요.

변호사: 누구를 만나요?

이재철: 차장(검사)을 만났어요.

변호사: △ 차장?

이재철: 예.

서민호: ○ 차장이라고 그랬잖아요.

이재철: ○ 차장인가 △ 차장인가 만났어요. 담당.

변호사: 형사부, 우리 서 사장님도 형사부.

이재철: ○부였나?

서민호: 형사 ○부였죠.

변호사: 형사 ○부? ○ 차장이네.

이재철: ○ 차장이죠? 제 말 맞잖아요.

서민호: ○ 차장 맞습니까?

이재철: ○ 차장 만났고, 술자리를 한 거를 알고 있고 술 어디서 마신 것도 알고 있어요.

(중략)

변호사: 그 다음에 검찰.

이재철: ○ 차장한테 제가 듣기로는 1억인가, 2억 줬어요.

변호사: 검찰 ○ 차장이 지금 어디에 가 앉았는지?

이재철: 변호사로.

변호사: 변호사로?

이재철: 그런데 안 건드리시는 게 좋습니다.

변호사: 결국은 가재는 게 편이다?

이재철: 예. 그러다가는 역공당할 수가 있어요. 그리고 국세청만. 제가 계속 왜 국세청을 하냐면 국세청만 건드려도 요것만 해도요, 제가 말씀드렸지 않습니까.

"고발인 자료, 변조 제안한 적 없다."

그렇다면 이러한 의혹에 대한 검찰 의견은 뭘까? 당시 서울중앙지검 조사부에서 이 사건을 수사했던 정○○ 검사에게 서씨의 주장, 그리고 각종 녹취록 내용과 검찰의 축소수사 의혹에 대한 의견을 물었다. 정 검사는 서씨가 비밀녹음을 시도한 1월 4일에 조사를 진행한 검사로 "진술조서 변경을 직접 제안했다"고 서씨로부터 지목받은 인물이다.

정 검사는 "서씨는 신성해운의 로비 사실을 알 만한 위치에 있지 않은 인물이다. 그의 진술은 모두 이씨로부터 들은 내용을 바탕으로 한 전문증거다. 당시 검찰은 서씨에게 '당신의 진술은 모두 전문증거이므로 이 부분은 이씨의 진술로 대체하겠다'라고 알렸고, 이후 이씨의 진술을 받아 검찰과 국세청 등에 대한 로비 부분을 진술조서에 남겼던 것으로 기억한다. 고발인 자료를 변조할 것을 제안하거나 지시한 적은 없다"라고 주장했다.

만약 검찰이 검찰 로비 의혹에 대한 수사의지가 있었다면 K 상무를 상대로 이를 조사했어야 한다. 그러나 법원에 제출된 K 상무의 검찰 진술조서를 살펴본 결과 검찰 로비와 관련한 질문이나 답변은 전혀 없는 것으로 드러났다. 검찰이 법원에 제출하지 않은 진술조서에 이 부분이 포함되어 있는지는 확인되지 않았다. 이와 관련해 서씨의 변호사는 "검찰이 서씨의 진술조서 중 유독 검찰 관련 진술이 담겼다는 기록은 내놓지 않고 있다"고 불만을 토로했다.

당시 서울중앙지검 조사부장이던 김○○ 변호사(2008년 3월 사직)는 "공직에 있을 때 있었던 일을 얘기하는 것은 적절치 않다"라며 취재를 거부했다. 조사부에 이어 수사를 담당했던 서울중앙지검 특수2부 부장검사는 7월 16일 기자와 만나 다음과 같이 말했다.

"(고발인) 검찰 로비가 있었는지에 대한 이씨의 진술이 수사과정에서 자주 번복됐다. 한마디로 진술에 일관성이 없었다. (2004년에) ○ 차장에 대해서는 일관되게 로비가 있었다고 주장하지만, 형사 ○ 부장의 경우에는 '로비가 있었다고 했다가 나중에는 그런 일 없다'고 하는 식으로 진술이 계속 바뀌었다. 검찰 인사가 포함된 로비리스트도 수사과정에서 봤지만, 이씨의 주장을 신뢰할 수 없다고 판단해 수사를 하지 않았던 것이다. 물론 정확한 증거가 없는 상황에서 검찰수사를 진행하는 것이 부담스러웠던 점도 분명 있었다. 조사부 수사 때도 마찬가지였던 것으로 알고 있다."

또 "K 상무를 상대로 조사할 건 다했다"라며 축소수사 의혹에 대해서도 단호한 태도를 보였다.

"검찰 로비에 대해 K 상무에게 물어봤으나 '그런 적 없다'고 했다. K 상무는 (검찰 간부에게 돈을 건넸다는) 술집에 가본 적도 없다고 했다. 법원에 제출한 수사기록에는 없지만 K 상무에 대한 이러한 수사내용은 모두 조서로 남겨져 있다. 이런 상황에서 무슨 수사를 더 할 수 있겠나. 수사의 효율성을 위해서도 불필요한 수사라고 판단했다. 이씨의 진술 중에는 증거능력으로 삼을 만한 게 별로 없었다."

문제의 검찰조서를 보여 달라는 기자의 요청에 "법원에 제출하지 않은 기록을 보여주는 건 적절치 않다"며 거부했다

"술집에 가본 적도 없다고 했다."

수사팀의 해명에도 불구하고 의혹은 쉽게 사라지지 않는다. "고소·고발인의 주장을 신뢰하기 어려웠다"는 검찰의 주장을 모두 받아들인다 해도 당시 신성해운 측 로비스트로 활동했던 관련 자들까지 '검찰 로비' 가능성을 거론했다면 최소한 확인은 해봤어야 하지 않았을까.

현재 검찰이 법원에 제출한 수사기록 중 '검찰 로비'의 흔적이 나오는 대목이 전혀 없는 것은 아니다. 2004년 신성해운의 로비 당시 신성해운 측의 돈세탁을 도운 의혹으로 수차례 검찰 조사를 받은 또 다른 K의 진술조서에서 그 흔적이 확인되고 있는 것. 그러나 검찰은 이러한 진술의 사실 여부를 확인하지 않았다. 다음은 K의 진술조서 중 일부다.

(신성해운 측의 돈세탁 과정에 대한 조사에서)

검찰: 신성해운의 K 상무가 어떠한 이유로 (신성해운 측 로비스트) 이○○에게 수표를 주었고 이○○은 K 상무로부터 받은 수표를 현금으로 교환하여 이재철, 이○○(이재철 부친), (또 다른 신성해운 측 로비스트) 권○○에게 주었는지에 대하여 진술인이 아는 사항은 어떠한가요?

K: 저는 당시에 (신성해운 측 로비스트) 이○○의 마르샤 차량을 운전하여 주기도 하는 등 잔심부름을 하였습니다. 그러면서 저는 이○○, 권○○, 이○○(이재철 부친)의 대화를 직접

들었기 때문에 당시의 모든 상황을 잘 알고 있었습니다. (중략) K 상무가 (로비스트) 이○○의 소개로 이○○(이재철 부친), 이재철, (로비스트) 권○○을 만나 이들을 통해 정부 고위 관계자(또는 국세청 담당관, 검찰 관계자 등)에게 로비를 하고자 하였던 것이었습니다.

검찰: K 상무가 당시 로비하고자 하였던 것이 무엇이었나요?

K: 첫째는 세무조사 시 탈세 금액을 축소하는 것이었고, 둘째는 검찰에서 수사 중인 사건이 잘 마무리되도록 하게 하는 것입니다. (중략) 당시 두 사람(이○○, K 상무)의 주된 대화 내용은 신성해운의 세무조사 및 검찰수사에 대하여 정상문 비서관이 움직이고 있고….

물론 수사과정에서 진술조서는 얼마든지 바뀔 수 있다. 그러한 사례는 무수히 많다. 그러나 이번 경우처럼 특정 부분, 특히 제 식구(검찰)에 대한 로비 부분이 진술조서에서 빠지고 수사대상에서 제외된 것은 이해하기 힘들다. 게다가 검찰이 직접 고발인에게 고발장(로비리스트)의 변조를 지시하거나 제안했다는 주장이 사실이라면 축소·은폐 의혹이 제기될 만하다. 서씨의 경우 전문증거라는 이유로 검찰 진술조서가 왜곡된 것도 문제다.

"전문傳聞증거도 수사자료 가치가 있다."

그렇다면 법조계에선 이런 문제를 어떻게 보고 있을까? 검사장을 지낸 한 원로 변호사는 이 문제에 대해 다음과 같은 견해를 내비쳤다.

"검찰이 제 식구를 감싸기 위해 고발인의 고발 내용을 변조했거나 이를 제안(혹은 지시)했다면 명백한 범법행위다. 검찰의 공정한 수사를 기대한 고발인의 순수한 의도를 무시한 처사가 아닐 수 없다. 전문증거의 경우도 마찬가지다. 전문증거라고 해도 그 진술이 사건에 결정적인 경우, 예를 들어 이번 경우처럼 고발인이 주장을 수시로 번복한다거나 진술 외에는 증거를 찾기 어려운 경우에는 수사 자료로서 충분히 가치가 있다. 전문증거라는 이유로 신빙성이 없다고 단정하는 것은 잘못이다. 검찰수사과정에 대해 종종 이 같은 문제 제기가 있었지만 해결되지 않았다. 문제가 있다면 고쳐야 한다. 제 살을 도려내는 아픔이 없이는 법을 올바로 세울 수가 없다."

현재 이 사건에 대한 검찰조사는 끝났고 재판이 진행되고 있다. 앞서 언급한 바와 같이 로비를 받은 공직자 중 단 한 사람도 혐의가 확정되지 않은 가운데 이 사건의 고발인만 현재 구속 수감돼 있다. 반면 검찰이 '고소사건 및 세무조사 무마 로비활동을 주도한 핵심(수사기록 1만 2,769쪽)'이라며 힘들게 구속한 신성해운 K 상무는 최근 보석으로 풀려났다. 고소·고발인들은 K 상무의 보석 소식에 큰 충격을 받았다.

의혹만 남긴 채 흐지부지된 사건. 증거가 없어 로비 대상자로 거론된 검사들을 조사하지 않았다는 검찰의 설명은 한편으로 그럴듯해 보이지만 개운치 않다. 특히 '검찰 로비' 관련 진술이나 조사내용이 수사기록에서 빠진 것은 납득하기 어렵다. 고소·고발인이 제출한 로비리스트에서 유독 검찰 인사만 빠지게 된 경위도 의심스럽다. 대상자가 검사가 아닌 정·관계 인사, 혹은 일반인이었다 해도 그토록 소극적으로 조사했을지 의문이다.

—《신동아》, 2008년 9월호.

3장
국세청 사람들

2011년 8위, 2012년 4등급. 공공기관을 대상으로 매년 청렴도 측정을 실시하고 있는 국민권익위원회가 발표한 청렴도 조사에서 국세청이 거둔 결과다(수사·조사·규제기관 14곳 대상). 우리 국세행정의 어두운 자화상이 고스란히 드러났다.

지난 수년간, 끊이지 않고 벌어진 국세청 고위 간부들의 뇌물수수 의혹을 취재하며 필자는 절망했다. 국세청 본연의 임무에 충실하기보다 개인의 욕심과 권력에 더욱 신경을 쓴 일부 국세청 사람들을 보며 분노했다. 그리고 국민의 신뢰를 받지 못하는 국세청의 현실이 안타까웠다.

01 내사를 받은 국장 I: 암행감찰의 결과

　박연차 회장의 태광실업 세무조사는 2008년 11월에 마무리되었다. 국세청은 야심차게 진행한 이 조사를 마무리하면서 박연차 회장을 검찰에 고발했다. 박 회장은 노무현 전 대통령의 경제후원자로 알려진 인물이다. 한상률 당시 국세청장은 서울지방국세청(이하 '서울청') 조사4국이 진행하던 이 조사를 처음부터 직접 챙겼다. 공식보고체계에 있던 서울지방국세청장, 국세청 조사국장은 이 조사과정에서 철저히 배제됐다.

　국세청이 검찰에 고발하기 전부터 국세청과 정치권 주변에서는 태광실업 조사와 관련해 여러 소문이 나돌았다. 주로 노 전 대통령과 관련된 자금 흐름이 국세청의 세무조사과정에서 포착됐다는 얘기였다. 돈의 규모가 '500만 달러다', '1000만 달러다'하는 얘기도 나왔다. 참여정부 실세 정치인들의 이름도 다수 오르내렸다.

　이처럼 일촉즉발의 상황이 진행되고 있을 때, 국무총리실 공직윤리지원관실(이하 '공직윤리관실')에는 태광실업 세무조사의 책임자였던 조홍희 당시 서울청 조사4국장과 관련된 의혹을 담은 파일이 모이기 시작했다. 차명으로 수십억 원대 부동산을 갖고 있다거나 고급 외제차를 소유하고 있다거나 하는 식의 미확인 정보들이었다. 행시 24회로 공직에 진출한 조 국장은 국세청장 비서관, 주 영국대사관 세무관, 서울청 조사2국 4과장, 국세청 법인세과장, 국세청 혁신기획담당관 등 요직을 거쳤고 정권 교체기인 2008년 1월 서울청 조사4국장에 임명된 인물이었다. 그는 한상률 청장의 최측근 인사이면서 국세청의 실세였다. 차기 국세청장 후보 0순위라는 말도 공공연히 나왔다. 한상률 청장의 최측근 인사라는 이유로, 참여정부를 겨냥한 세무조사를 총지휘했다는 이유로 정치권과 사정기관들은 조 국장의 사생활에까지 특별한 관심을 보였다.

　공직윤리관실의 조 국장에 대한 내사는 2008년 10~11월경에 시작되었는데, 상당히 체계적으로 이뤄졌다. 환경부, 해양경찰, 금융감독원 등에서 파견 나온 조사관들이 포진하고 있는 공직윤리관실 점검 7팀 전원이 투입됐다. 이들은 거의 매일 조 국장을 미행하며 그의 동선을 살폈다. 누굴 만나는지, 어디에서 무슨 일을 하는지를 확인했다. 필자는 당시 공직윤리관실의 조사 내용을 비교적 정확하고 자세히 듣고 있었다.

당시 공직윤리관실은 암행감찰과정에서 조 국장이 강남의 한 룸살롱을 비상식적으로 자주 이용한다는 점을 확인, 상부에 보고 했다. 이러한 보고를 받은 공직윤리관실의 책임자 이인규 지원관은 내사가 끝난 뒤인 2008년 12월 말경 조 국장을 불러 구두경고하고 사건을 마무리했다.

사건 자체로만 보면, 국세청 국장의 룸살롱 출입과 공직윤리관실의 경고는 단순한 해프닝에 불과하다. 국세청 고위 간부가 룸살롱에 출입했다는 사실 자체가 문제가 될 수는 없기 때문이다. 공직감찰을 목적으로 하는 국가조직이 국세청 간부의 부적절한 사생활을 적발해 경고했다는 것도 문제는 아니다. 오히려 정상적인 공직활동에 해당한다. 고위 공직자의 부적절한 사생활은 당연히 공직감찰 대상이기 때문이다. 그러나 이 사건은 그렇게 간단한 문제가 아니었다. 당시 정치권력의 움직임, 국세청과 정치권력의 관계를 보면 그렇다.

첫 번째, 사실상 이명박 대통령의 사조직처럼 운영됐던 공직윤리관실이 청와대의 절대적인 신임을 받는 국세청 간부를 정밀 내사했다는 사실은 그리 단순한 문제가 아니다. 특히 당시는 '이명박 청와대'와 '한상률 국세청' 간의 이해관계가 정확히 맞아 떨어진 '태광실업 세무조사'가 진행 중이던 때였다. 앞서 언급한대로, 조 국장은 그 조사의 실무책임자였다.

공직윤리관실이 작성한 조 국장에 대한 암행감찰의 기록은 고위 공무원 인사권을 갖고 있는 청와대에도 보고됐다. 그러나 청와대는 보고를 받은 뒤에도 조 국장에게 아무런 인사상 불이익을 주지 않았다. 오히려 곧이어 단행된 국세청 인사에서 그를 국세청 법인납세국장으로 승진시켰다.

　두 번째, 공직윤리관실이 조 국장과 관련된 비위사실을 확인하고도 구두경고만 하는 선에서 조사를 마쳤다는 것도 의문을 낳는다. 공직윤리관실은 조 국장이 어떤 돈으로 룸살롱에서 술을 먹었는지, 누구와 룸살롱을 다녔는지 등에 대해 본격적인 조사와 (검찰에) 수사의뢰도 하지 않았다고 밝혔다. 대낮에도 민간인을 사찰하고 압력을 행사할 만큼 대담하고 막강한 권한을 휘두르던 공직윤리관실답지 않은 조치였다. 누군가가 조 국장을 강력하게 보호하는 것 아니냐는 의혹이 생길 수밖에 없는 대목이다. 이와 관련해 공직윤리관실의 한 관계자는 당시 필자에게 "암행감찰을 진행하던 중 갑자기 이인규 지원관으로부터 조사 중단 지시를 받았다"고 털어놓기도 했다. 조 국장에 대한 감찰에 누군가가 영향력을 행사했음을 시사하는 대목이다.

　세 번째, 공직윤리관실이 조사결과를 갖고 조 국장을 소환하자 국세청과 청와대 실세들이 직접 조 국장 구명활동에 나섰다는 점도 눈여겨봐야 한다. 취재 당시 공직윤리관실의 한 관계자는 "당시 정권 실세 등으로부터 상당한 압력이 들어왔다"고 말했다. 진실은 무엇일까? 이 사건을 다룬 기사는《신동아》2009년 5월호에 실렸다(당시《신동아》는 조홍희 국장을 J 국장으로 표기했다).

新東亞「박연차 탈세조사 비화」

박연차 태광실업 회장의 정·관계 로비 의혹 사건이 노무현 전 대통령 일가를 덮쳤다. 노 전 대통령의 친형 노건평 씨와 최측근 인 이광재 의원이 구속됐고 부인 권양숙, 아들 노건호, 조카사위 연철호 씨 등이 수사를 받고 있다. 그야말로 초토화다.

이번 로비 의혹은 이명박 정권에도 칼을 겨누고 있다. 추부길 전 청와대 홍보기획비서관이 구속됐고 이종찬 전 민정수석비서 관, 이 대통령 후원자인 천신일 세중나모 회장도 위태위태하다. 이번 사건의 종착역이 어디인지는 아직 아무도 모른다.

이번 사건은 지난해(2008년) 여름 시작된 태광실업에 대한 국세 청 세무조사가 발단이 됐다. 논란의 핵심으로 떠오른 박 회장 회 사의 홍콩법인 APC 계좌 문제, 이번 사건에 결정적 증거가 됐다 는 박 회장 여비서의 '로비 다이어리'도 국세청 세무조사과정에서 이미 확인됐다. 검찰은 지난해(2008년) 11월 말 국세청의 고발을 받은 직후 로비 다이어리 등 세무조사결과를 넘겨받아 수사를 진 행해왔다.

관가의 저승사자

최근 《신동아》는 박연차 사건의 시발점이 된 국세청 세무조사 의 배경과 진행 상황에 대한 취재를 하던 중, 지난해(2008년) 태광 실업 세무조사의 책임자였던 국세청 고위 간부가 부적절한 사생 활 문제로 국무총리실 공직윤리지원관실(이하 '공직윤리관실')에 소환되어 경고를 받았다는 사실을 새롭게 확인했다.

물론 특별한 의혹이 확인됐거나 대형 게이트는 아니다. 하지만 《신동아》는 이 사건에 주목했다. 이 국세청 고위 간부가 태광실업 세무조사 책임자였다는 점 외에도 태광실업 세무조사를 둘러싸고 국세청, 청와대, 검찰 등 사정기관 내에서 벌어진 각종 사건사고의 중심에 그가 있었기 때문이다. 청와대, 국세청 등 사정기관 관계자들을 통해 확인한 사건의 전말은 이렇다.

지난해(2008년) 12월 중순 어느 날, 서울지방국세청 조사4국장실에 전화가 한 통 걸려왔다. 전화를 건 사람은 공직윤리관실 관계자였다. 대화 내용을 재구성하면 대략 이렇다.

"J 국장님이신가요? 공직윤리관실의 ○○○입니다. 잠깐 저희 사무실로 와주셔야겠습니다. 저희 지원관님이 국장님을 뵙고 싶어 하십니다."

"무슨 일입니까?"

"와보시면 압니다. 사무실 위치 아시죠? 정부중앙청사 창성동 별관 4층입니다."

"네, 곧 가겠습니다."

전화 통화가 끝나고 몇 시간 후 J 국장은 공직윤리관실로 찾아왔다. 공직윤리관실에 파견된 국세청 직원이 창성동 별관 사무실에 도착한 J 국장을 안내했다.

공직윤리관실은 흔히 '암행감찰반'으로 불린다. '관가의 저승사자'라는 별칭도 붙어 있다. 과거 청와대 특명수사를 담당했던 경찰청 사직동팀(경찰청 형사국 조사과)과 비슷하다고 말하는 사람도 많다. 참여정부가 끝난 뒤인 지난해(2008년) 2월 폐지됐던 이 조직은 5개월 만인 지난해 여름에 지금의 이름으로 화려하게 부활했다. 참여정부 때의 이름은 '조사심의관실'이었다.

이날 공직윤리관실에서 J 국장을 부른 사람은 공직윤리관실의 책임자인 이인규 공직윤리지원관이었다. 이 지원관은 노동부 감사관 출신의 2급 공무원으로 경북 포항 사람이다.

J 국장이 공직윤리관실에 불려오는 과정에는 작은 실랑이가 있었다고 전해진다. J 국장에게 전화를 건 직후 공직윤리관실에는 전화가 쇄도했다. 국세청 전·현직 간부들, 현직 청와대 고위 인사들의 전화였다. 이들은 하나같이 "무슨 일이냐, J 국장을 부른 이유가 뭐냐"고 물었다. 공직윤리관실은 당황했다. 한편으로 불쾌했다. 공직윤리관실 관계자는 J 국장에게 다시 전화를 걸었다.

"왜 그러십니까. 여기저기 전화하지 마시고 그냥 조용히 들어오세요."

당시 공직윤리관실에 전화를 건 고위 공직자 중에는 현 국세청 최고위직 인사인 L과 청와대 고위 간부 K, 전직 국세청 간부로 J 국장의 선배인 또 다른 K가 포함되어 있었다. 모두 현 정부의 핵심인사이거나 그들과 가까운 사람들이다. 당시 사정을 잘 알고 있는 사정기관의 한 관계자는 "공직자의 부적절한 행위를 경고하기 위한 소환이었다. 권력 실세들이 전화를 걸어 상황을 알아보는 것 자체가 공직윤리관실로서는 일종의 압력으로 느껴질 수 있었다"

고 꼬집었다. 실제 당시 사정을 잘 아는 공직윤리관실의 한 관계자도 "자세한 내용은 모르지만, 당시 여기저기서 전화가 쇄도했다는 얘기를 나중에 들었다. 이를 두고 공직윤리관실로서는 '불쾌했다'는 얘기가 나왔다"고 전했다. 그렇다면 당시 공직윤리관실에서 J 국장을 부른 이유는 뭘까?

J 국장을 소환하기 한두 달쯤 전부터 공직윤리관실은 J 국장에 대해 조용히 암행감찰을 해왔다. 그 과정에서 J 국장의 사생활과 관련된, 혹은 공적인 활동이라 할 수도 있는 동선에서 여러 가지 문제가 발견됐다. 암행감찰은 11월 하순경부터 12월 말까지 진행된 것으로 전해진다. 어떤 이유로 감찰이 시작됐는지는 정확히 확인되지 않았다.

암행감찰과정에서 확인된 J 국장의 동선은 이상했다. J 국장은 감찰기간 중 역삼동에 있는 V룸살롱에 마치 출근하듯 여러 차례 드나들었다. 감찰기간 중 근무일을 기준으로 10여 일간 드나든 횟수가 10번 정도였다고 한다. 공직윤리관실의 한 관계자는 "매일 미행을 한 건 아니었다. 그런데 미행하는 날마다 같은 업소에 드나들었다"고 밝혔다.

시간도 거의 같았다. 밤 9시를 전후해 들어가서 밤 12시 전에 나오는 식이었다. 다른 곳에서 사람들과 술을 마신 이후에도 꼭 이 룸살롱에 들렀다 귀가하곤 했다.

그뿐만이 아니다. J 국장은 몇몇 기업 대표와 술자리를 하는 장면이 암행감찰 기간 중 여러 차례 목격됐다. 그중에는 지난 정권

5년간 각종 M&A를 성공시켜 국세청의 조사 대상에 올랐던 Y그룹 고위 관계자도 포함되어 있었다. 인수 합병 등으로 수년간 시끄러웠던 대기업 계열사 L사의 대표와는 강남의 또 다른 술집에서 술을 마신 사실이 확인됐다. 비슷한 시기 국세청 주변에선 'J 국장이 대기업 S와 부적절한 관계를 맺고 있다'는 의혹도 불거졌다.

최근 기자는 당시 사건, 사실 해프닝이라고 해도 좋을 이 사건의 진상을 묻기 위해 J 국장을 만났다. 4월 1일 서울 인사동에 위치한 한 병원에서였다. 이틀 후인 4월 3일에는 전화로도 이런 저런 해명을 들었다.

4월 1일에 만났을 당시 J 국장은 기자의 취재 내용을 듣고 "총리실에 가서 오해를 다 풀었다. 후배들과 몇 번 술자리를 했을 뿐인데 오해가 있었던 것 같다"고 말했다. 또 묻지도 않았는데 "내가 비교적 승진이 빠르고 위치가 위치다 보니 조직 내외에 적이 많다. 이런저런 의혹을 많이 샀다. 얼마 전에는 외제 승용차 논란도 있었다. 하지만 모든 의혹은 사실이 아닌 것으로 밝혀졌다"고 주장했다.

4월 3일에 전화 통화할 당시에도 J 국장은 자신을 둘러싼 의혹에 대해 "문제는 없다"는 입장을 보였다. 그러나 이틀 전과는 주장이 조금 달랐다. 4월 1일에 직접 만났을 당시 "V룸살롱과 관련된 부분을 물어보려 한다"고 기자가 말했을 때 "오해다"라고 말했던 그는 이틀 뒤에는 "나는 V룸살롱이 어디에 있는지도 모른다"고 말을 바꿨다. 기자가 "2주일 동안 10번이나 드나든 것으로 알고 있다"고 하니 "(기자가) 뭔가 잘못 알고 있는 것 같다"고 주장했다. 이 인터뷰 이후 J 국장의 행적을 알려준 여러 사정기관 관계자들에게 그의 주장을 알려주자 이런 답이 돌아왔다.

"(J 국장의 설명은) 거짓말입니다. 직접 확인한 내용들입니다. J 국장에게도 암행감찰 사실을 충분히 알린 것으로 알고 있습니다."

4월 1일과 3일, 두 번에 걸쳐 접촉한 J 국장과의 대화 내용을 정리하면 대략 이렇다.

지난해(2008년) 12월경 공직윤리관실에서 사생활과 관련된 경고를 받은 일이 있나?

"총리실에서 전화가 와서 갔다 온 일은 있지만 경고는 아니었다. 업무와 관련된 문제에 대해 의견을 듣는 정도였다. 조언을 받았다고 해도 좋다. 이런 얘기를 듣고 있는 것 자체가 괴롭다."

사생활, 특히 부적절해 보이는 술자리가 문제가 되어 불려간 것 아니었나?

"술자리 문제에 대해 지적을 받거나 하지는 않았다. 그냥 (술과 관련해서) 이것저것 물어봐서 답을 했을 뿐이다."

공직윤리관실의 전화를 받은 직후 공직윤리관실에 많은 사람이 문의 전화를 했다. (국세청 간부) L씨와 청와대 현직 간부 등이었다는데 알고 있었나?

"전혀 몰랐다. L씨나 청와대 사람들에게 그런 걸 부탁한 일은 절대 없다. 사실이라 해도 나와는 관계없는 일이다."

공직윤리관실에서 전화를 받았다는 사실을 누군가에게 얘기한 적이 있나?

"후배 과장에게 얘기했고 그 과장이 공직윤리관실에 파견된 국세청 직원에게 전했다고 들었다. 공직윤리관실에 갔을 당시 그 직원이 (공직윤리관실) 1층 로비까지 내려와서 나를 안내했다. 도와달라는 취지로 윗사람들에게 전화하고 그러지 않았다."

공직윤리관실에서 본인을 조사해왔다는 사실을 알고 있었나?

"나중에 보고를 받아 알게 됐다. 공직윤리관실에서 미행을 했다는 얘기도 들었다."

공직윤리관실의 경고를 받을 당시 J 국장은 차기 인사에서 '국세청 인사의 꽃'으로 불리는 본청 조사국장 0순위로 꼽히고 있었다. 그러나 공교롭게도 공직윤리관실에 갔다 온 이후인 12월 말 단행된 국세청 고위직 인사에서 J 국장은 세간의 예측을 깨고 조사국장에 임명되지 못했다. 인사 배경과 관련해 국세청 내에서는 "총리실 내사 때문에 밀렸다"는 얘기가 파다했다. 한 국세청 관계자는 "지난해부터 J 국장에 대해 이런저런 의혹이 불거진 것은 사실이다. 나도 알고 있었다. 회사(국세청) 내에서는 많이들 알고 있는 문제다"라고 전했다. 그렇다고 J 국장이 인사에서 불이익을 받은 것은 아니다. 2009년 1월 조사국장에 버금가는 자리로 평가받는 국세청 법인납세국장에 올랐다. 승진인사였다.

J 국장은 2008년 7월 말에 시작된 박연차 회장 소유의 태광실업에 대한 세무조사 당시 이 조사를 지휘한 서울지방국세청 조사4국장이었다. 당시 세무조사는 서울지방국세청 효제 별관에 사무

실을 두고 있는 조사4국 3과가 맡았다. 한상률 당시 국세청장이 직접 조사 상황을 챙겼다는 얘기도 들린다.

J 국장은 한 청장과 아주 가까운 사람이다. 국세청 내에서 그는 한 청장의 오른팔로 불렸다. J 국장도 이를 부인하지 않는다. 그는 기자와의 대화 도중 "내가 워낙 한 전 청장과 가까워서…"라는 말을 하기도 했다.

지난해 내내 국세청이 진행한, 전 정권에 대한 사정성격의 세무조사를 주도한 것도 한 전 청장과 J 국장 두 사람이다. 노 전 대통령의 친구 정화삼 씨와 관련된 세무조사, 노 전 대통령의 후원자로 알려진 이상호 원장의 우리들병원에 대한 세무조사, 그리고 박연차 회장의 태광실업 세무조사 등이 모두 그랬다. J 국장은 정식 보고라인에 있던 서울청장, 국세청 조사국장 등을 무시하고 한 청장에게 직접 조사 내용을 보고했다는 의혹도 받고 있다.

J 국장이 총리실에 불려갔던 지난해(2008년) 12월은 태광실업에 대한 세무조사가 막 끝난 때로 국세청, 청와대, 검찰이 이 문제로 아주 긴박하게 움직이던 시기였다. 태광실업에 대한 세무조사는 한 차례 조사 기간이 연장되는 진통을 거쳐 2008년 11월 말에 모두 끝난 것으로 전해진다. 조사가 끝난 뒤 국세청은 박 회장을 탈세 등의 혐의로 검찰에 고발했다. 검찰은 국세청으로부터 자료를 받아 수사를 진행, 지난해(2008년) 12월 12일 세금 포탈, 뇌물 공여 등의 혐의로 박 회장을 구속했다.

J 국장은 당시 국세청 세무조사와 검찰수사의 전말을 잘 아는

몇 안 되는 사람이었다. J 국장에 대한 암행감찰은 12월 말 마무리 됐다. 공직윤리관실의 경고가 있은 이후에도 J 국장에 대한 감찰은 상당기간 계속됐다고 전해진다. 　　　　　　　—《신동아》, 2009년 5월호.

:: 국무총리실의 거짓말

《신동아》가 발행된 이후 이 기사를 두고 정치권에서 일대 소란이 벌어졌다. 많은 사람이 조 국장의 구명을 위해 공직윤리관실에 전화를 건 사람이 누구인지, 조 국장이 룸살롱에서 쓴 돈의 출처가 어디인지를 궁금해 했다. 비위사실이 드러났는데도 승진이 된 배경이 무엇인지도 관심 대상이었다. 정치권에서는 조 국장이 모 그룹 계열사의 법인카드를 쓰고 다녔다는 소문과 의혹도 불거졌다. 공직윤리관실과 국세청은 자체 감찰에 착수했다. 청와대 민정수석실도 조사에 나섰다. 공직윤리관실의 감찰사실이 언론에 유출된 경위를 추적하느라 다들 바쁘게 움직였다.

민주당 소속 국회의원들은 공직윤리관실에 필자의 기사와 관련된 질의서를 보내기도 했다. 그러나 공직윤리관실은 정직하게 답하지 않았다. 내용도 부실했다. 이인규 지원관은 국회에 출석해 조 국장에 대한 암행감찰 사실을 전면 부인했다. 단지 "이런저런 풍문이 있어서 조 국장에게 구두경고를 준 것일 뿐"이라고만 답했다. 그의 주장은 1년여 뒤 참여연대 고발로 시작된 검찰수사, 국무총리실의 민간인 불법사찰 수사과정에서 대부분 허위로 드러났다(이와 관련된 문서는 본문 끝 '부록'에 '국무총리실 서면 답변서 전문 I'과 '국무총리실 서면 답변서 전문 II', '참여연대 고발장'이라는 제목으로 넣었으니 참고하길 바란다).

일부 국회의원은 국세청 국정감사에서 이 문제를 따지겠다고 조 국장에게 출석을 요청했다. 그러나 조 국장은 국회 출석을 거부했다. 다음은 2009년 국무총리실 국정감사 당시 이성남, 홍영표 민주당 의원과 이인규 지원관의 대화 내용이다.

이성남 의원(이하 '이 의원'): 이인규 공직윤리지원관에게 국세청 고위 공무원의 비리 은폐 의혹 관련해서 묻겠습니다. 이 지원관께서는 국정감사에서 위증을 했을 경우 어떤 처벌을 받는지 그리고 향후에라도 사실이 밝혀지면 책임을 지셔야 한다는 것을 잘 알고 계시지요?

이인규 지원관(이하 '지원관'): 그렇습니다.

이 의원: 그러면 묻겠습니다. 공직윤리지원관실이 본 위원에게 제출한 자료에 따르면, 이 지원관께서 올 1월 국세청 조모 국장을 소환했던데, 맞지요?

지원관: 예, 1월 달에 소환을 한 건 아니고요.

이 의원: 소환하셨지요?

지원관: 예, 한번 만나자고 했습니다.

이 의원: 그 이유가 국세청 조모 국장이 강남 역삼동 소재 고급 룸살롱을 자주 출입한다는 여론이 있어 구두주의를 주기 위

해서라고 했는데 맞습니까?

지원관: 그렇습니다.

이 의원: 지원관 답변대로라면 귀 실은 국세청 고위 공직자의 부적절한 처신과 관련해서 사실 확인은 하지 않은 채 소위 풍문만을 갖고 소환한 것이 됩니다. 그리고 구두주의까지 준 거지요. 맞지요?

지원관: 그런 소문이 있다고 하는….

이 의원: 현장 확인은 안 하셨지요?

지원관: 예방 차원에서는 가능하다고 봅니다.

이 의원: 그런데 지원관의 답변을 뒤엎는 언론 기사가 지난 (2009년) 《신동아》 5월호와 7월호에 게재되었는데 알고 계실 겁니다. 이 기사를 보면, 답변하신 것하고는 달리 공직윤리지원관실에서 지난해 11월 하순경부터 12월 말까지 조 국장을 암행감찰 했고 그 과정에서 조 국장이 고급 룸살롱에 마치 출근하듯 여러 차례 드나들고 특히 거기에서 자신의 신용카드가 아닌 S사의 법인카드를 사용한 사실을 적발한 것으로 나와 있습니다(신용카드 관련된 부분은 《신동아》 기사에 없는 내용이다). 이 지원관님, 어느 쪽이 맞습니까? 지원관님 답변이 맞습니까, 아니면 《신동아》가 맞습니까?

지원관: 제가 말씀드린 게 사실입니다.

이 의원: 그렇다면 당시 《신동아》 5월호가 나온 바로 직후에 본 의원실에서 사실 확인을 요청했을 때 만약 이 기사가 오보였

다면 이에 대해 언론중재위에 정정 요청 등 어떤 조치를 취할 수 있었을 것 같은데 어떤 조치를 취하셨습니까?

지원관: 저희들은 별다른 조치를 안 했습니다.

(중략)

홍영표 의원(이하 '홍 의원'): 공직윤리지원관실에서 통상적으로 사건에 대한 제보를 받으면 당사자를 불러서 무조건 구두경고를 합니까?

지원관: 무조건은 안 하지요. 그 소문이 널리 퍼져 있기에 불러서 '이것은 예방차원에서 조치를 하는 게 좋겠다' 하는 생각이 들었습니다. 그래서 당사자를 불러 강하게 경고를 할 생각이었는데요. 사실 그때 자기(조 국장)가 온 시점이 어머니가 돌아가셔서 장례를 하고 온 바로 그 시점이었습니다. 그래서 제가 상주가 되어 온 분을 너무 세게 뭐라 하지는 못하고 '이런 소문이 들리는데 조심을 해주셔야 되겠습니다' 이렇게 했습니다.

홍 의원: 그러면 언론에 보도된 사실에 대해서 당사자가 인정을 했습니까? 《신동아》에 나온 대로 룸살롱에 가서 S그룹 계열사의 카드로 결제를 한 사실을 인정했습니까?

지원관: 그 부분은 저희들이 확인을 못했습니다.

홍 의원: 아니, 그런데 어떻게 구두경고를 줍니까? 그리고 공직윤리지원관실에서 통상적으로 고위 공직자를 그렇게 소문만 듣고 불러서 경고할 수 있는 권한이 어디에 있습니까? 무

슨 법적 근거가 있습니까?

지원관: 저희들은 예방 차원에서는 있다고 봅니다. 예방 차원에서 그런 행위를, 그런 구두경고를 할 수 있다고 봅니다.

홍 의원: 경고하고 다릅니다. 당사자가 윤리지원관실에 불려와서 사실을 인정했기 때문에 다음부터 그렇게 하시지 말라고 경고한 것 아닙니까?

당시 필자의 취재에 도움을 준 사람들은 여러 기관에 걸쳐 있었다. 필자는 이들의 도움이 있었기에 취재만으로는 알기 힘들었던 정보에 접근할 수 있었다. 당시 필자는 공직윤리지원관실 관계자로부터 조 국장에 대한 암행감찰 사실을 확인했다. 이인규 당시 지원관이 조 국장을 불러 구두경고한 사실도 구체적으로 확인할 수 있었다. 청와대와 경찰 등 정보기관의 관계자들은 조 국장에 대한 암행감찰 내용이 청와대에도 보고됐다고 전해줬다. 이들로부터 조 국장의 승진에 힘을 쓴 사람의 실명도 들을 수 있었고, 조 국장의 구명을 위해 공직윤리지원관실에 전화를 건 청와대, 국세청의 고위 인사들과 관련된 사실도 확인할 수 있었다.

02 내사를 받은 국장 II :
CCTV 없는 곳에서 봅시다

조 국장의 룸살롱 출입 논란에 대한 취재가 마무리되던 2009년 4월 1일 오전 10시, 필자는 조 국장에게 전화를 걸었다. 그동안 취재했던 내용에 대해 조 국장의 해명과 설명을 듣기 위해서였다.

기자: 안녕하세요, 국장님. 《신동아》 한상진 기자입니다.

조 국장: 아, 반갑습니다. 한번 봤어야 하는데, 연락을 못해 죄송합니다. (2008년 신성해운 사건 때 한상률 청장 금품수수 의혹 관련 기사를 내지 않았던 것에 대한 고마움을 표시하며) 지난번에는 고마웠습니다.

기자: 아닙니다. 그나저나 저를 좀 만나 주셔야겠습니다. 드릴 말씀이 있습니다.

조 국장: 무슨 일인가요?

기자: 만나보시면 압니다. 국장님의 개인 신상에 대한 일입니다. 만나시면 저를 잘 만났다고 생각하실 겁니다. 그러니 이유를 묻지 말고 만나주시죠.

조 국장: 저와 단 둘이 만나자는 겁니까?

기자: 네, 그렇습니다.

조 국장: 다른 사람을 데리고 나가도 됩니까?

기자: 혼자 나오셨으면 합니다. 누가 듣는다면 국장님 입장이 난처해질 수도 있는 얘기입니다.

조 국장: 생각 좀 해보겠습니다. 바로 연락드리겠습니다.

전화가 끊어진 후 평소 필자와 안면이 있던 국세청 간부 A에게 전화가 왔다. 그는 서울지방국세청 조사4국에서 조 국장을 모셨던 사람이었다. A는 "조 국장을 만나려고 하는 이유가 뭐냐? 나를 대리인이라 생각하고 편하게 말해 달라"고 했다. 필자는 거절하면서 "국장님께서 혼자 나오시면 좋겠다. 장소와 시간은 어느 곳이든 관계없다"라고 말했다.

A에게 다시 전화가 온 건 그날 오후 1시경이었다. 그는 "오후 3시에 △△병원으로 조 국장이 나갈 것이다. 그리고 2층 외래환자 대기실 끝에 조 국장이 앉아 있을 것이다"라고 말했다. 당시 조 국장은 A를 통해 만남의 조건 두 가지를 제시했다. 대화 내용을 녹음하지 않고, 사진촬영을 하지 않는다는 조건이었다. 필자는 그

제안을 받아들였다. A는 장소를 병원으로 정한 이유를 이렇게 설명했다.

"조 국장이 이날 오후 △△병원에 진료예약이 되어 있습니다. 그리고 △△병원 2층 대기실에는 CCTV에 잡히지 않는 사각지대가 있습니다. 민감한 시기여서 조 국장님은 사람들과 개별적으로 만나기를 꺼립니다. 그래서 사람들 눈에 띄지 않는 곳으로 약속을 잡았습니다."

오후 3시 정각, 필자는 △△병원에 도착했다. 병원에 들어서는데 병원 정문 앞 주차장에 서 있는 A가 보였다. 필자와 눈이 마주친 그는 손짓으로 2층을 가리켰다. 조 국장이 그곳에 있다는 신호였다.

병원 2층 대기실에는 조 국장 외에는 아무도 없었다. 수납창구에 있어야 할 병원 직원도 보이지 않았다. 필자는 대기실 맨 끝 기둥 옆자리에 앉아 있는 조 국장을 발견하고 그의 옆에 앉았다. 조 국장과 나눈 대화 내용은 《신동아》(2009년 5월호)에 그대로 담았다. 조 국장은 자신과 관련된 의혹에 대해 "음해하는 사람이 많아서 생긴 일이다. 그러나 오해를 다 풀었다"고 해명했다. 대화는 15분가량 이어졌다. 대화가 끝난 뒤 필자는 먼저 일어났다. 조 국장과 관련된 기사를 준비하면서 이렇게 딱 한 번 조 국장을 만났다.

필자는 대화가 끝난 뒤 기억을 복기해 그 내용을 정확하고 자세히 취재수첩에 적었다. 《신동아》에 보도한 대화 내용은 당시 취재기록에 근거한 것이다. 필자는 그날 대화를 녹음하지 않았다. 약속을 지키기 위해서였다.

필자는 그날 조 국장에게 태광실업 세무조사 당시 확보된 로비 리스트 사본을《신동아》에 넘겨달라는 제안을 했다. 국민적 의혹으로 확대된 사건인 만큼 언론에 공개해 사실관계를 밝히는 것이 좋겠다고 설득했다. 서울지방국세청 조사4국은 태광실업에 대한 예치조사과정에서 박연차 회장의 여비서가 작성한 다이어리를 압수했는데, 이 다이어리에 박 회장의 정·관계 로비 내역이 담겨 있었던 것으로 알려져 있다. 다이어리는 검찰수사의 밑그림이 된 자료이기도 했다.

그러나 조 국장은 필자의 제안을 받아들이지 않았다. 그는 곤혹스러워하며 "공무상 취득한 비밀을 누설할 수 없다"고 강조했다. 대화를 끝내고 돌아서는 기자에게 조 국장은 "명예롭게 공무원 생활을 끝내고 싶다"라고 말했다. 그의 목소리에서 진심이 느껴졌다.

같은 날 오후 5시경, A가 필자에게 전화를 했다. 그는 "다 들었다"면서 조 국장의 대리인을 자처하고 나섰다. 두 시간 뒤인 저녁 7시쯤 국세청 인근 한 음식점에서 만났다.

A는 "이 문제로 조 국장이 무척 괴로워한다"면서 필자의 제안을 받아들이기 어렵다고 말했다. '공직활동에서 취득한 정보를 외부에 유출할 수 없다'는 공직자의 원칙도 또 다른 이유라고 강조

했다. A에 따르면, 조 국장은 자신을 둘러싼 문제들이 언제까지 덮일 수는 없을 것으로 판단하고 있었다. 조 국장이 문제의 태광실업 다이어리를 갖고 있다는 사실이 은연중에 확인됐다.

대신 A는 필자에게 역제안을 했다. 그 제안은 엉뚱하게도 '돈으로 취재 내용을 보상하겠다'는 것이었다. 그의 제안은 아주 구체적이었다.

"기업을 통해 《신동아》에 광고를 유치해줄 수도 있고, 기자 개인에게 직접 금전적 보상을 해줄 수도 있습니다."

A는 이 제안을 던지며 "조 국장과는 관계없는 내 개인의 생각과 입장"이라고 밝혔다. 하지만 그는 이미 조 국장의 대리인을 자처하고 있는 상황이었다. 필자는 A의 제안을 거절했다. 그 이후에도 필자는 A와 여러 차례 만났지만 대화는 전혀 진전되지 않았다.

《신동아》의 보도 과정에서 국세청 측은 기사를 막기 위해 다양한 방식으로 《동아일보》와 《신동아》에 외압을 행사했다. 한 국세청 간부는 "인쇄를 막아야 한다는 얘기가 국세청 내에서 나오고 있다"라며 국세청 분위기를 필자에게 알려주기도 했다. 그러나 조 국장과 관련된 기사가 담긴 《신동아》(2009년 5월호)는 정상적으로 발행됐다.

:: 한 통의 전화

2009년 5월호 《신동아》가 발행된 이후 국세청과 정치권 주변에서는 "조 국장의 구명을 위해 뛴 청와대 인사 K가 이명박 대통령의 친구인 김백준 대통령 총무비서관(이하 '김 비서관')이다"라는 소문이 돌았다.

필자에게도 "김 비서관이 전화를 건 당사자가 맞느냐"는 문의가 쇄도했다. 필자는 확인해주지 않았다. 김 비서관이 대통령의 친형인 이상득 의원의 부탁을 받고 움직였다는 얘기도 들려왔다. 취재 당시 필자는 공직윤리관실 관계자에게 "청와대 인사 K씨, 국세청 간부 L씨 등이 총리실에 전화를 했다"는 얘기를 분명히 들었지만 발언의 진위를 확인할 방법은 없었다.

조 국장과 관련한 기사가 나가고 두 달 정도가 지난 2009년 7월 중순, 필자는 김 비서관과 가까운 한 전직 언론인에게서 전화를 받았다. 그는 "김 비서관이 조 국장 사건과 관련해서 한 기자를 만나고 싶어 한다"라고 했다.

필자는 당황했다. 한편으로는 '김 비서관이 무슨 얘기를 할까' 궁금했다. 필자는 불볕더위가 기승을 부리던 8월 초에 김 비서관을 청와대에서 만났다.

총무비서관실은 생각보다 작고 아담했다. 한쪽 면이 유리로 되어 있는 오픈형 사무실이었다. 김 비서관과 필자는 녹차 한 잔을 사이에 두고 바로 본론으로 들어갔다.

김 비서관: 한 기자가 쓴 조 국장 관련 기사에 내 이름이 왜 거론되는지 궁금합니다. 사람들이 그러더군요. 조 국장을 살리

기 위해 청와대 인사가 공직윤리관실에 압력성 전화를 했는데, 그게 나라고. 사실이냐고 묻는 전화가 많았어요. 내가 하도 답답하고 어이가 없어서, 그냥 두면 기정사실화되겠다는 생각이 들어 한 기자를 만나자고 한 겁니다.

기자: 저도 그런 소문이 있다는 얘기를 듣긴 했습니다.

김 비서관: 한 기자가 그런 얘기를 한 것인가요?

기자: 전 공직윤리관실에 누가 전화를 했는지 모릅니다. 조 국장이 공직윤리관실의 소환을 통보받고 청와대 인사 등에게 도움을 요청했으며 조 국장의 요청을 받은 사람들 중 누군가가 전화를 건 것은 맞는 것 같습니다. 그러나 그게 누군지는 정확히 모릅니다. 저도 누군지 알고 싶습니다.

김 비서관: 생각해보세요. 내가 만약 그 사람을 돕고자 했다면 직접 전화를 했겠습니까? 그리고 난 조 국장이란 사람 자체를 모릅니다. 만약 필요했다면 내 자식 같은 박영준(당시 국무총리실 국무차장)이도 있고 학교 후배인 백용호(당시 국세청장)도 있는데 다른 사람들 시켜서 알아보지 내가 직접 전화했겠어요? 내가 보니까 영준이 하고 조 국장이 서로 잘 아는 사이라고 하던데.

기자: 그래요?

김 비서관: 내가 전화를 했다는 건 전혀 사실이 아닙니다. 어디 해명이라도 하고 싶습니다. 민정수석실에서도 제게 사실 여부를 확인해달라는 연락이 왔습니다. 이런 일에 휘말린 것 자

체가 아주 창피한 일입니다. 난 그런 일 안 합니다. 게다가 전혀 모르는 사람이고….

김 비서관과의 대화는 20여 분간 이어졌다. 일단 그와의 대화를 통해 청와대(민정수석실)에서 당시 이 문제를 심각하게 받아들여 내부적으로 조사를 벌이고 있다는 사실이 확인됐다. 이명박 정부의 핵심 실세였던 박영준 당시 국무차장과 조 국장이 서로 잘 아는 사이라는 사실도 흥미로웠다. 이는 시중에 나돌던 '조 국장이 이상득 라인의 도움을 받고 있었다는 소문'을 뒷받침하는 정황 증거가 될 수도 있는 중요한 팩트fact였다. 박영준 차장은 이상득 의원의 보좌관 출신이다.

김 비서관과 대화를 나누다 보니, 조 국장의 구명에 앞장서고 그를 승진시킨 사람이 어쩌면 정권실세였던 박영준 당시 국무차장일지 모른다는 생각도 들었다. 이와 관련 조영택 당시 민주당 의원은 2010년 10월 국회 국정감사에서 "이인규 지원관이 언젠가 직원 회식자리에서 '(조 국장 조사 당시) 김백준 비서관, 박영준 지식경제부 2차관, 이현동 국세청장 등 무려 13곳으로부터 조 국장을 잘 봐달라는 전화를 받았다'고 말했다는 제보도 있다"라고 주장한 바 있다.

조 국장과 관련된 대화가 끝난 뒤, 필자는 김 비서관과 백용호 신임 국세청장(2009년 7월 취임)에 대해서도 대화를 많이 나눴다. 직접적인 언급은 없었지만 백용호 당시 청장이 공정거래위원장에서 국세청장으로 자리를 옮기는 데도 김 비서관이 큰 역할을 한 것 같다는 느낌을 받았다.

03 내사를 받은 국장 III : 2라운드로 들어간 의혹

:: 서울지방국세청장에 오른 조 국장

2009년 국회 국정감사에서 한바탕 논란을 불렀지만, 조 국장은 건재했다. 보통의 공무원이었다면 옷을 벗거나 최소한 인사상 불이익을 받았겠지만, 조 국장은 거뜬하게 버텨냈다. 특히 MB의 최측근인 백용호가 국세청장에 임명된 이후 조 국장은 다시 언론의 주목을 받기 시작했다. 백용호가 취임한 직후 시중에는 조 국장이 사표를 냈다는 소문과 곧바로 조 국장의 사표를 반려했다는 소문이 같이 돌았다.

국세청의 한 고위 관계자는 그즈음 필자에게 "백 청장이 조 국장을 불러 '가까운 곳에서 날 도와 달라'고 했다고 한다. 아마도 정권 실세들과 가까운 이현동 차장을 견제할 카드로 백 청장이 조 국장을 생각한 것 같다"고 말하기도 했다. 백 청장이 재임하는 내내 조 국장의 표정이 좋았다고 국세청 사람들은 입을 모은다.

2010년 6월, 백 청장이 국세청장을 떠나면서 단행된 인사에서 조 국장은 서울지방국세청장에 임명됐다. 어느 정도 예상은 됐지만, 깜짝 인사였다. 조 청장의 취임 소식은 2010년 6월 30일에 전해졌다. 당시는 국무총리실의 민간인 사찰 문제로 나라 전체가 뒤숭숭하던 때였다. 조 청장을 불러서 구두경고를 줬던 공직윤리지원관실의 이인규 지원관은 민간인 사찰 사건으로 이미 법정구속된 상태였다.

조 국장의 취임 사실이 알려진 직후 정치권에서는 1년여 전에 보도된《신동아》기사가 다시 화제로 떠올랐다. 민주당은 인사 소식이 전해진 직후 "총리실이 2009년 조 청장의 비위사실을 적발하고도 이를 덮어줬다"며 국세청 인사에 의혹을 제기했다.《한겨레》등 여러 언론이 이 내용을 기사로 다뤘다.

조홍희 신임 서울지방국세청장의 비리 의혹을 민간인 불법 사찰의 주역으로 지목된 이인규 국무총리실 공직윤리지원관이 봐줬다고 홍영표 민주당 의원이 주장했다. 홍 의원은 30일 의원총회에서 '조홍희 신임 서울청장은 지난해 국정감사에서 비리 의혹으로 크게 논란이 됐던 인물'이라며 '다른 공무원 같으면 당연히 파면감인데 오히려 국세청 요직에까지 승진시키는 이명박 정부의 인사에 대해 당이 철저히 싸워야 한다'고 말했다. 홍 의원은 '2008년 총리실 산하 공직윤리지원관실이 당시 조 국장에 대한 비리 의혹을 제보받고 2주 동안 암행조사를 한 결과, 강남에 있는 룸살롱을 2주 동안 10차례나 출입했다는 것이 드러났고 한 재벌의 법인카드도 사용했다고 한다'며 '그러나 이인규 지원관은 조 국장을 불러 주의만 주고 끝냈다'고 말했다. (중략)

민주당이 제기한 의혹에 대해 조홍희 청장 쪽은 "지난해(2009년) 《신동아》 5월호에 게재된 추측성 보도 내용 일부를 재탕한 소설 같은 얘기"라고 일축하며 "단지 그런 소문이 나돌아 당시 국세청 자체 감찰까지 받아 모두 소명이 된 사안"이라고 밝혔다.

당시 감찰업무를 맡았던 국세청 관계자는 "언론 보도가 난 뒤 의혹이 제기된 역삼동 술집을 샅샅이 조사했는데 전혀 사실이 아닌 것으로 확인이 됐다"고 말했다. (중략)

—《**한겨레**》, 2010년 7월 1일.

당시 《신동아》는 룸살롱 의혹에 대한 조 청장 측의 언론 해명 내용을 확인한 뒤 후속 보도를 하기로 결정했다. "《신동아》 기사는 추측성 보도"라는 조 청장 측의 발언에 대해 입장을 밝힐 필요가 있다는 의견이 내부에서 제기됐다. 7월 7일 필자는 조 청장에게 질의서를 보냈다. 내용은 대략 다음과 같았다.

수신: 조홍희 서울지방국세청장님

발신: 월간《신동아》한상진 기자

조 청장님의 취임 이후, 일부 정치권과 언론에서는 조 청장님의 과거 행적에 대해 여러 의혹을 제기하고 있습니다. 특히 지난해(2009년) 5월호《신동아》에 게재된 기사와 관련된 의문이 꼬리에 꼬리를 잇고 있습니다.《신동아》는 본지의 보도와 관련된 논란을 해소시킬 필요가 있다고 판단하고 있습니다.

1. 지난 7월 1일《한겨레》보도에 따르면, 조 청장님 측은 민주당 홍영표 의원의 주장에 대해 "지난해《신동아》5월호에 게재된 추측성 보도 내용 일부를 재탕한 소설 같은 얘기"라는 입장을 밝혔습니다. 어떤 부분이 '추측성 보도'라는 것인가요? 지난해 조 청장님과 조 청장님의 대리인인 국세청 간부 ○○○ 씨가《신동아》취재과정에서 보여준 언행과《신동아》측에 제시했던 제안 내용을 생각할 때, 최근 조 청장님 측이 밝힌 입장은 이해하기 어려운 측면이 있습니다.

2. 지난해 조 청장님께서는《신동아》취재과정에서 "총리실에서 전화가 와서 갔다 온 일은 있다. 그러나 경고는 아니었다"고 밝혔으며 이 주장은 그대로 기사에 반영됐습니다. 그러나 기사가 나간 이후 총리실 측이 국회에 밝힌 입장은 조 청장님의 주장과 다소 차이가 있습니다. 공직윤리관실은 지난해 5월 국회에 보낸 답변에서 '2009년 1월경 서울지방국세

청 모 간부가 고급 룸살롱을 자주 출입한다는 여론이 있어 고
위 공직자로서 부적절하게 처신하지 않도록 주의조치 했습
니다'라고 밝혔습니다. 이에 대한 조 청장님의 설명과 입장을
듣고 싶습니다.

3. 민주당 등은 지난해 《신동아》 보도 이후 조흥희 청장님께
서 당시 룸살롱에서 사용한 신용카드가 S그룹의 법인카드라
는 의혹을 제기했습니다. 최근 국무총리실의 민간인 사찰 문
제에 대한 논란 과정에서도 민주당 홍영표 의원이 같은 의혹
을 제기했습니다. 이에 대한 입장을 밝혀 주시기 바랍니다.

(중략)

질의서를 보내고 며칠 뒤, 국세청 대변인이던 ○○○ 당시 서
기관이 조 청장의 답변서를 갖고 필자를 찾아왔다. ○ 대변인은
"《한겨레》등 보도는 조 청장의 생각과는 다소 다른 부분이 있다.
실무자들이 해명을 하는 과정에서 다소 문제가 있었던 것 같다.
(조 청장이) 최선을 다해 답변한 내용이니 참고해 달라"고 말했다.
당시 ○ 대변인이 준 밀봉된 봉투 속에 있던 조 청장의 답변 내용
은 다음과 같았다.

보내주신 질의서에 대한 답변서를 보내 드립니다.
저로서는 최선을 다해 작성했으니 도움이 되셨으면 합니다.
1. 질문 1과 관련하여

• 본인의 의사와 상관없이 관계자가 언론사에 설명하는 과정에서 일부 표현이 와전된 면이 있어 보입니다. 불편하게 느끼셨다면 미안하게 생각하며 전혀 본의가 아님을 말씀드리고 싶습니다.

• 지난해 취재과정에서 보여준 언행이나 제안 내용이 무엇을 말씀하시는지 잘 모르겠습니다.

• ○○○ 씨가 무슨 이야기를 하였는지 저로서는 알 수 없지만 부적절한 언행이나 발언이 있었다면 제 본의가 아님을 이해하여 주시기 바랍니다.

• 다만, 그 언행의 결과에 대해서까지 책임을 회피할 생각이 없음을 말씀드립니다.

2. 질문 2와 관련하여

• 지나놓고 생각하면 양쪽의 생각과 표현 그리고 인식의 차이가 있었던 것 같습니다.

• 다만, 결과적으로 보면 지금은 공직윤리관실에서 부른 것 자체가 저에게 주의를 환기시킨 것으로 이해하고 있습니다.

3. 질문 3과 관련하여

• 재벌기업의 법인카드를 사용한 사실이 없습니다.

:: **참여연대의 고발**

《신동아》와 조 청장 사이에 질의와 응답이 오가던 2010년 7월

16일, 조영택 당시 민주당 의원이 조 청장과 모 그룹의 관계에 대한 의혹을 제기하고 나섰다. '조 청장이 룸살롱에서 모 그룹 계열사의 법인카드로 술값을 결재했다'는 내용이었다.

술값 대납 의혹이 터져 나온 뒤 조 청장을 둘러싼 의혹은 총리실의 민간인 사찰 문제와 맞물리며 일파만파로 번져나갔다. 민주당은 국정조사를 요구했고, 시민단체인 참여연대는 민간인 사찰과 관련해 이인규 지원관을 검찰에 고발하면서 조 청장을 함께 고발했다. 기업으로부터 뇌물을 수수했다는 것이 고발사유였다('참여연대 고발장'은 본문 끝 '부록'을 참고하길 바란다).

참여연대의 고발장이 검찰에 접수된 이후 얼마 지나지 않아 서울중앙지검 형사1부에서 필자에게 연락을 했다. 조 청장 사건과 관련해 참고인 조사를 받으라는 내용이었다. 필자는 거부하면서 "수사에 협조할 의사는 있지만 조사를 받을 생각은 없다"는 뜻을 밝혔다.

필자가 검찰조사를 거부한 것은 심판이 되어야 할 기자가 선수로 나서서는 안 된다는 평소의 소신 때문이기도 했지만, 솔직히 검찰수사가 공정하게 진행될 것이라는 기대가 없다는 점도 이유가 됐다. 의지를 갖고 수사해도 2년 가까운 시간이 지난 시점에서 수사가 제대로 되기는 어렵다는 판단이 앞섰다. 게다가 조 청장과 관련한 의혹의 핵심인, 정권 실세들이 조 청장 구명로비에 나선 의혹, 의혹이 계속되고 있는데도 조 청장이 승승장구할 수 있었던 이유 등은 수사 대상에도 올라있지 않았다.

몇 번에 걸친 조율 끝에 필자는 조서를 꾸미지 않는다는 조건으로 2010년 10월 27일 검찰에 나갔다. 담당 검사는 취재원이 누군지를 집요하게 물었지만, 필자는 아무런 답변도 하지 않았다. 검사는 대화과정에서 필자에게 "2주간의 암행감찰 결과 조 청장이 같은 룸살롱을 10차례 드나들었다는 《신동아》 보도는 드나든 횟수에서 일부 사실과 다른 부분이 있다"고 지적했다.

유쾌한 자리는 아니었지만, 검찰조사에서 필자는 몇 가지 사실을 확인할 수 있었다. 우선 공직윤리관실이 오랜 시간 조 청장을 암행감찰 했다는 사실이 검찰수사에서 드러났음을 확인했다. 또한 조 청장에 대한 암행감찰에 공직윤리관실 점검 7팀 전원이 투입됐으며, 감찰기록이 청와대 인사라인에 보고된 것도 사실임이 확인됐다.

참여연대의 고발장이 접수된 직후 총리실은 필자에게 여러 차례 연락을 했다. 총리실 측은 필자가 검찰수사에 응하지 않았으면 한다는 뜻을 완곡하게 전하면서 "총리실은 검찰에서 암행감찰 사실을 부인할 것이다"라고 알렸다. 총리실 직원들이 그렇게 입을 맞췄다는 것이다. 그러나 총리실의 계획은 실행되지 못했다. 구속된 이인규 지원관이 검찰조사과정에서 암행감찰 사실, 여러 차례 이 문제에 대해 보고받은 사실 등을 모두 인정했기 때문이다. 검찰수사는 총리실의 암행감찰 사실을 확인하는 선에서 끝이 났다. 다음은 수사 종결을 알리는 신문기사 내용이다.

서울중앙지검 형사1부(부장 신유철)는 2010년 12월 10일 삼성 계열사의 법인카드로 강남의 룸살롱을 드나들었다는 의혹으로 고발당한 조홍희 서울지방국세청장을 무혐의 처분했다고 밝혔다. 검찰은 또 조 청장의 비리를 눈감아줬다는 의혹으로 함께 고발된 이인규 전 국무총리실 공직윤리지원관에게도 무혐의 처분을 내리고 사건을 종결했다.

검찰 관계자는 '조 청장이 드나들었다는 룸살롱을 압수수색 해 전표 등을 확인했지만 삼성 법인카드나 타인의 카드로 술 값을 결제했다는 증거를 발견할 수 없었고 직무와 관련한 뇌물수수 혐의도 입증되지 않았다'고 밝혔다. 이 전 지원관에 대해서는 '지원관실이 조 청장의 주점 출입이 잦다는 제보로 감찰을 나섰지만 주점 출입 이외에 범죄나 비위사실이 확인 되지 않아 자숙하라는 주의조치만 내린 것으로 확인됐다'고 설명했다. (중략)　　　　　　　　　　—《한국일보》, 2010년 12월 11일.

조 청장은 검찰의 무혐의 발표 이후인 2010년 12월 29일 국세청을 떠났다. 서울지방국세청장에 임명된 지 6개월 만의 일이었다. 그는 퇴임식에서 "화려한 사람은 못되지만 열심히는 살아왔다. 하고자 했던 일을 다 펼쳐보지 못하고 가지만 남보다 극성스럽게 일했다. 그러다 보니 여러분 가슴에 상처나 어려움을 준 일도 많았다. 일과 관련된 부분으로 이해하고 용서해 달라. 다들 시원섭섭하다고 하는데 섭섭한 마음은 별로 없다. 그러나 조금 두렵다.

그동안 바람과 창을 막아준 조직을 벗어나 새로운 세상으로 나가야 한다는 두려움은 있다"라고 말했다.

　좋은 인연은 아니었지만, 필자는 조 전 청장의 능력에 대해서만큼은 항상 높이 평가해 왔다. 먼저 그는 국세청의 위상을 높이기 위해 노력했던 사람이었다. 필요하다면 검찰과도 겨룰 만큼 배짱도 가진 인물이었다. 또 행정고시 출신으로는 드물게 다양한 조사 경력을 쌓은 사람이었다. 기획력이 뛰어나다는 평가도 많았다. 필자가 아는 다수의 국세청 직원들은 지금도 조 전 청장을 "능력과 자질을 고루 갖춘 인물"로 기억하고 있다.

04 경찰수사 도중
해외로 도피한 세무서장

서울경찰청 광역수사대(이하 '광수대')가 윤우진 전 용산세무서장의 금품수수 의혹을 수사하기 시작한 건 2012년 2월이다. 한국예술종합학교의 입시 관련 비리를 수사하던 중 한 육류수입업체 대표가 윤 전 서장에게 지속적으로 금품로비를 한 정황이 포착됐다. 2010~2011년 당시 성동세무서장을 지낼 때부터 김씨로부터 현금 2천만 원, 선물용 포장육(갈비세트) 100박스가량을 받았으며 여러 차례 골프접대도 받은 것으로 드러났다. 골프접대에 들어간 돈만 4천만 원이 넘는 것으로 확인됐다.

그러나 수사는 쉽지 않았다. 경찰이 신청한 골프장 압수수색 영장이 번번이 검찰에 의해 기각되면서 수사에 제동이 걸렸다. 경찰은 "검찰이 수사를 방해한다"며 반발했다. 윤 전 서장의 친동생이

현직 검찰 고위 간부였기 때문에 경찰의 의심은 더욱 컸다. 그러나 검찰은 경찰이 제출한 압수수색 영장이 부실했기 때문이라고 반박했다.

2012년 9월, 윤 전 서장은 광수대 수사를 받던 중 돌연 홍콩으로 출국해 돌아오지 않았다. 수사에 적극 협조하겠다는 약속을 믿고 출국금지 등 조치를 취하지 않은 게 화근이었다. 홍콩으로 도망간 직후 윤 전 서장은 직위해제가 됐다. 그는 2013년 1월 현재까지 귀국하지 않고 있다.

일선 세무서장의 개인비리에 불과해 보이는 사건에 많은 사람의 관심이 쏠려 있다. 윤 전 서장과 검찰과의 관계, 이 사건을 둘러싸고 벌어진 경찰 내부 갈등, 윤 전 서장의 마당발 행적 때문이다.

윤 전 서장은 동생인 검찰 간부를 통해 수많은 검찰, 경찰 간부들과 만나 가깝게 지냈다. 수사가 진행 중이던 2012년 여름에는 현직 부장검사로부터 변호사를 소개받았을 정도다. 윤 전 서장이 쓰던 대포폰 2대에서는 현직 검찰·경찰 간부, 언론사 간부들과의 통화내역이 다수 확인됐다. 윤 전 서장이 구명로비를 시도했을 가능성이 제기되는 대목이다.

윤 전 서장과 관련된 수사과정에서 경찰은 상당한 내분에 휩싸였다. 강경수사를 주장하는 목소리와 수사를 중단하고 검찰에 사건을 송치해야 한다는 목소리가 부딪쳤다. 강경파 측은 윤 전 서장에게 변호사를 소개해준 현직 부장검사를 소환조사해야 한다고 주장해 검·경 갈등의 원인이 되기도 했다.

필자는 윤 전 서장이 홍콩으로 출국한 이후인 2012년 11~12월, 두 차례에 걸쳐 윤 전 서장이 육류수입업체 대표 김모 씨에게 로비를 받은 구체적인 사실, 이 사건을 둘러싼 경찰과 검찰의 갈등, 현직 부장검사의 연루 의혹 등을 단독 보도했다.

주간동아 「골프 치고 변호사 소개받고… 前 세무서장과 부장검사 커넥션」

서울지방경찰청 광역수사대(이하 '광수대')가 수사 중인 윤우진 전 용산세무서장의 금품수수 의혹 사건이 검·경 갈등으로 비화할 조짐을 보이고 있다. 현직 부장검사 2명이 이 사건에 간여한 정황이 드러나면서부터다. 경찰은 서울중앙지검 현직 부장검사 A씨가 윤 전 서장에게 변호사를 소개해준 단서를 잡고 수사를 확대하고 있다.

2012년 8월경, 경찰은 윤 전 서장의 차명 휴대전화에서 이와 관련된 단서를 확인한 것으로 전해진다. 경찰에 따르면, 윤 전 서장의 휴대전화에는 'A 부장(검사) 소개로 전화 드리는 변호사입니다'라는 내용의 문자메시지가 남아 있었다.

다이어리와 메모지

문자메시지를 보낸 변호사는 올해(2012년) 초까지 대검찰청에서 근무했던 L 변호사다. L 변호사와 A 부장검사는 2010년부터 올해 초까지 대검찰청에서 같이 근무했다. 윤 전 서장은 L 변호사와 한두 차례 만나 상담한 것으로 전해진다.

2008년 개정된 변호사법에 따르면, 재판이나 수사업무에 종사하는 공무원은 직무상 관련 있는 법률사건 또는 법률사무의 수임에 관해 당사자 또는 그 밖의 관계인을 특정한 변호사나 그 사무직원에게 소개, 알선 또는 유인해서는 안 된다(37조). 이 사건과 관련해 한 경찰 관계자는 "대가를 받지 않은 단순 소개라고 해도 현직 검사가 의뢰인에게 변호사를 소개한 것은 변호사법 위반에 해당한다. 광수대는 최소한 과태료 부과 대상으로 판단한다"고 밝혔다. 그러나 광수대 한 관계자는 "변호사법 위반 혐의를 적용하기 어려운 경우"라며 다른 견해를 밝혔다.

윤 전 서장은 2010년 성동세무서장으로 재직할 당시 알게 된 서울 성동구 마장동 육류수입가공업체 T사 대표 김모 씨로부터 현금 2천만 원, 갈비세트 100상자, 4천만 원 상당의 골프접대를 받은 것으로 확인된다. 윤 전 서장은 8월 광수대의 소환요구에 여러 차례 불응하다 돌연 홍콩으로 도주했다.

광수대는 수개월 전 T사 김 대표 사무실을 압수수색하는 과정에서 찾아낸 김씨 다이어리와 메모지 등을 통해 김씨가 현직 부장검사 2명과 최근까지 골프를 친 단서를 확보한 것으로 전해진다. 윤 전 서장에게 변호사를 소개한 A 부장검사는 윤 전 서장이 홍콩으로 도주한 8월까지도 윤 전 서장과 여러 차례 통화를 했다. 경찰 관계자는 "김씨 다이어리에서 발견한 메모지에 같이 골프를 친 부장검사 2명의 이름이 적혀 있다. 최근에도 골프를 쳤을 개연성이 있다"고 말했다.

광수대가 수사과정에서 확인한 윤 전 서장의 행적은 대단했다. 먼저 윤 전 서장은 본인 명의의 휴대전화 외에 차명 휴대전화 2대를 사용했다. 그중 한 대는 D 세무법인 명의로 수년 전 개통한 것이다. 또 다른 하나는 광수대 수사가 시작된 올해 3월경 개통했다. 한 자동차 관련 회사의 대표 명의였다. 그는 이 차명 휴대전화를 통해 현직 경찰, 검찰 간부들과 수시로 연락하며 수사에 대비한 것으로 보인다. 통화 명세에는 기자 이름도 여럿 들어 있다.

경찰은 이를 근거로 문제의 골프장을 압수수색하면 윤 전 서장과 어울린 검찰, 경찰 간부들과 언론인들의 명단을 확보할 수 있다고 판단한다. 그러나 검찰, 경찰 간부들이 골프장을 출입할 때 가명을 쓴다는 점을 고려하면 가능성은 낮아 보인다.

윤 전 서장은 영등포세무서장으로 재직하던 2011년경 T사 김 대표에게 받은 갈비세트(100상자)를 기자들에게 선물했다. 주로 방송사 간부들이었다. 경찰 관계자는 "광수대 수사 이후 윤 전 서장이 언론사 간부들과 통화한 명세도 엄청나게 많다"고 밝혔다.

윤 전 서장의 주변을 수사하는 과정에서 경찰은 윤 전 서장이 이태원의 한 호텔 일식당을 자주 다닌 사실도 확인했다. 이곳에서 그는 주로 검찰 간부, 국세청 간부와 자주 만났다. 그때마다 사업가들이 동석해 밥값을 냈다. 한 검찰 간부는 "호텔과 호텔 인근 식당에서 여러 번 윤 전 서장과 밥을 먹었다"고 말했다.

윤 전 서장에게 4천만 원 상당의 골프접대를 한 T사 김 대표는 현금 2천여만 원도 건넸다. 문제가 된 골프장에서 카드깡(신용카드로 가짜 매출전표를 만들어 현금을 조성하는 방법)으로 현금을 만들어 동반자들에게 전달하는 방식이었다. 윤 전 서장은 국무총리실에 파견 나갔을 당시(2006~2008년) 이 골프장 대표와 가깝게 지낸 것으로 전해진다. 경찰은 윤 전 서장이 수년 전부터 수시로 이 골프장을 이용한 사실을 이미 확인했다.

홍콩에 있나, 캄보디아에 있나

윤 전 서장은 골프장에서 본인 이름이 아닌 최○○라는 이름을 사용했다. 최○○은 윤 전 서장이 자주 다니던 영종도의 한 낚시터 대표 이름이다. 최씨는 올해 초 T사 김 대표에 대한 수사가 본격화하자 캄보디아로 출국해 아직까지 돌아오지 않고 있다. 경찰 관계자는 "최씨는 캄보디아에 자신의 사업장을 가진 사람이다. 윤 전 서장도 현재 홍콩을 거쳐 캄보디아에 머물고 있는 것으로 파악된다. 현재 두 사람이 같이 있을 개연성이 높다"고 말했다. 최근 광수대는 윤 전 서장에 대한 체포영장을 발부받아 인터폴에 수배 요청을 한 상태다.

뇌물수수 의혹을 받는 윤 전 서장에게 변호사를 소개해준 것으로 알려진 서울중앙지검 A 부장검사는 최근 《주간동아》와의 전화 인터뷰를 통해 다음과 같이 자신의 처지를 밝혔다.

"윤 전 서장, 동생인 윤모 검사와 나는 아주 가까운 사이다. 5~6월경, 윤 전 서장에게 이번 사건과 관련된 얘기를 듣고 같이 일한 적이 있는 L 변호사를 소개해준 것은 사실이다. 상담이나 한번 해보라는 의미였다. 그래서 L 변호사가 그런 문자메시지를 윤 전 서장에게 보낸 것이다. 그러나 윤 전 서장은 L 변호사가 아닌 P 변호사를 선임했다. 윤 전 서장과 동생인 윤모 검사가 상의해 변호사 선임 문제를 결정한 것으로 안다. P 변호사가 윤 전 서장 사건을 수임한 사실은 최근 알았다. 이 일과 관련해 검사로서 문제될 일을 한 적은 없다."

또한 "2007~2009년 윤 전 서장과 두세 차례 골프를 친 사실은 있다. 그러나 육류수입업체 T사 대표 김모 씨는 전혀 모르는 사람이다. 내가 그 사람에게 골프접대를 받았다는 광수대 주장은 전혀 사실이 아니다"라고 주장했다.

윤 전 서장을 변호하는 P 변호사는 전화 인터뷰에서 "사건을 수임하는 과정에서 A 부장검사에게 도움을 받은 사실이 없다. 구체적인 수임 과정은 밝히기 곤란하다"고 말했다.

—《주간동아》, 제865호, 2012년 12월 11일.

05 전 중부지방국세청장의 뇌물수수 의혹

2010년 8월, 이현동 국세청 차장이 제19대 국세청장에 임명됐다. 당시 이 청장에게는 Y 중부지방국세청장이 경쟁자였다.

Y 청장은 호남 출신이면서 9급 공무원으로 시작해 1급 공무원 자리까지 오른 입지전적인 인물이었다. 정치권과 국세청 주변에서는 이명박 정부가 호남 배려차원에서 Y 청장을 국세청장에 임명할 것이란 분석이 나오기도 했다. 국세청에 대한 국민적 인식이 좋지 않은 상황에서 경북고와 영남대를 나오고, 이명박 정부의 대통령직 인수위에서 활동한 경력이 있는 이현동 차장을 청장으로 중용하기는 어려울 것이란 시각이었다. 이 차장을 청장으로 승진인사 한다면 곧바로 코드 인사 논란이 불거질 상황이었다. 그러나 이명박 정부는 '뚝심 있게' TK(대구·경북) 국세청장을 밀어붙였다.

이현동 청장 체제가 들어서고 얼마 후, Y 청장의 금품수수 의혹이 불거졌다. Y 청장이 세무조사 무마를 대가로 한 부동산 업자로부터 수십억 원의 금품을 받았다는 믿기 힘든 의혹이었다. 그러나이 사건을 수사한 경찰은 Y 청장의 혐의를 찾아내지 못했다.

경찰은 사건을 수사한 지 두 달 정도가 지난 2011년 2월경 Y 청장과 관련된 의혹에 대해 무혐의 처분을 내렸다고 밝혔다. Y 청장은 2월 21일 국세청을 떠났고 이 사건은 사람들의 기억에서 사라졌다.

그렇게 끝난 줄 알았던 그 사건이 다시 수면 위로 떠오른 건 2012년 3월이다. 경찰로부터 사건을 넘겨받은 서울중앙지검 특수2부가 갑자기 이 사건에 대한 수사에 착수했다. 필자는 검찰이 이사건 수사에 착수한 직후 이 사건을 단독 보도했다. 그러나 사건의 핵심 당사자가 해외에 머물고 있는 상황에서 검찰수사는 앞으로 나아가지 못했다. 사건은 아직 끝나지 않았다.

주간동아 「검찰發 '국세청 브로커' 사건 터지나」

검찰이 최근 Y 전 중부지방국세청장(이하 'Y 전 청장')의 뇌물수수 의혹과 관련해 수사에 착수했다는 사실이 취재 결과 확인됐다. 지난해 초 경찰청 특수수사과는 인천에 사업체를 둔 부동산임대업자 김모 씨의 증여세 포탈 관련 의혹을 수사하던 중 김모 씨가세무브로커를 통해 세무조사 무마 명목으로 Y 전 청장에게 거액의 금품을 제공했다는 의혹을 수사한 뒤 지난해(2011년) 3~4월경 사건을 검찰에 넘겼다. 김모 씨는 세무공무원 출신인 세무사 오모 씨를 통해 조세심판원 측에도 로비하고 금품을 건넸다는 의혹을 받는다.

서울중앙지방검찰청(이하 '중앙지검') 특수2부는 3월 20일 부동산임대업자 김모 씨에게 청탁받아 세금감면 로비를 벌였다는 의혹을 받는 세무사 오모 씨를 소환조사한 데 이어, 일부 관련자를 불러 대질심문도 진행한 것으로 알려졌다.

중앙지검 특수2부는 지난해 초부터 국세청과 관련 있는 사건을 여러 건 수사해온, 사실상 검찰 내 국세청 전담부서다. 한상률 전 국세청장과 관련된 일련의 사건들, 이희완 전 국세청 국장이 김영 편입학원으로부터 세무조사 무마 청탁 대가로 3억 원을 받은 사건, 박동열 전 대전지방국세청장의 뇌물수수 의혹 등을 수사했다.

사건 핵심 세무브로커, 해외로 도주

경찰청 특수수사과가 Y 전 청장과 관련된 수사에 착수한 사실이 처음 알려진 건 지난해(2011년) 1월. 검찰과 세무업계에 따르면, 2006~2007년 부동산임대업자 김모 씨는 자녀에게 증여한 부동산임대 수입에 대해 중부지방국세청이 세무조사에 나서자 이를 해결하려고 세무브로커 강모 씨를 고용했다. 그리고 강모 씨는 이 문제를 해결할 수 있는 적임자라며 세무사 이모 씨를 사업가 김씨에게 소개했고, 세무사 이모 씨는 이 사건에 자신의 지인이자 세무공무원 출신인 세무사 오모 씨를 끌어들였다.

이들의 소임은 서로 달랐다. 강씨는 중부지방국세청을 상대로 한 세무조사 무마 로비를 맡았으며, 이씨와 오씨는 2007년 7월경 김씨가 납부한 150억 원가량의 증여세 추징에 불복해 조세심판원에 제기한 심판청구과정에 개입했다.

이 과정에서 강씨가 김씨로부터 로비자금과 자기 몫으로 수십억 원을 받아간 사실이 경찰수사과정에서 확인됐다. 두 세무사는 성공보수 명목으로 김씨에게 10억 원을 받아 4억 원(이씨), 6억 원(오씨)씩 나눠 가졌다.

경찰조사에서 확인된 바에 의하면, 오씨는 조세불복심판에서 유리한 판결을 받으려고 조세심판원 홍모 사무관을 상대로 전방위 로비를 펼쳤다. 조세심판 관련 내부문건을 이메일 등을 통해 건네받는 조건으로 홍 사무관에게 금품과 향응을 제공했다. 김씨는 심판청구를 거쳐 2009년 초 이미 납부한 세금 중 64억 원가량을 돌려받는 데 성공했다. 당시 경찰은 두 세무사가 받은 돈 가운데 일부가 조세심판원 공무원들에게 전해졌을 것으로 판단했다.

검찰 관계자는 "홍모 사무관과 오모 세무사 사이에 금품이 오 갔는지는 확인해주기 어렵다. 골프와 술 접대가 있었던 것은 사실로 보인다. 10억 원은 세무 관련 비용이라고 보기엔 너무 많은 금액"이라고 말했다.

Y 전 청장은 세무브로커 강씨를 통해 37억 원을 받았다는 의혹이 제기된다. 강씨는 지난해 경찰조사에서 Y 전 청장의 금품수수 사실을 진술한 인물이다. 그러나 강씨는 경찰수사가 진행되던 지

난해 초 위조여권을 사용해 해외로 출국했고, 현재 행방이 묘연하다. 1년 가까이 검찰이 이 사건의 수사를 진행하지 못했던 이유도 핵심인물인 강씨의 소재가 파악되지 않았기 때문인 것으로 전해진다. 이 사건을 잘 아는 사정기관 관계자는 "2007년 초 증여세 감면 청탁과 함께 Y 전 청장에게 금품을 건넸다는 의혹이 청와대에 먼저 접수됐다. 이 사건에 관여한 강씨와 두 세무사의 관계가 틀어지면서 의혹이 제기된 것으로 안다"고 말했다.

Y 전 청장은 한때 이현동 청장과 국세청장 자리를 놓고 경합을 벌였던 인물이다. 전북 남원이 고향이며 9급 공무원 출신인 그는 소외지역(호남) 배려 차원에서 국세청장에 오를 가능성이 제기되며 한동안 세간의 관심을 모았다. 김씨가 세무브로커 등을 통해 로비를 벌이던 2007년에는 중부지방국세청 국장으로 재직 중이었다.

경찰수사가 시작된 지난해 초 Y 전 청장은 명예퇴직을 준비하고 있었다. 그러나 경찰수사가 진행되고 있어 사표 수리가 몇 달 동안 보류됐다. 그는 지난해 초 국세청에 "부동산임대업자인 김씨의 증여세 탈루에 관여하지 않았고 뇌물도 받지 않았다"며 억울함을 호소했던 것으로 전해진다.

경찰수사가 끝나가던 지난해 2월 국세청은 이례적으로 Y 전 청장의 실명까지 거론하면서 "관내 부동산임대업의 세무조사와 관련해 37억 원의 금품수수 혐의를 받았던 Y 전 중부청장이 경찰로부터 지난주에 최종 무혐의 처분을 받았다"고 밝히기도 했다. 이후 Y 전 청장은 미뤄졌던 명예퇴직을 할 수 있었고, 이 사건은 세간의 기억에서 사라졌다. Y 전 청장은 현재 한 세무회계사무소의 회장을 맡고 있다.

오 세무사의 행적을 주목하라

이 사건에 눈길이 쏠리는 또 다른 이유는 이 사건에서 국세청과 조세심판원을 상대로 세무로비를 벌였다는 의혹을 받는 세무사 오씨 때문이다. 국세청과 검찰 주변에서는 오래전부터 오씨와 관련된 의혹과 제보가 끊이지 않았다.

세무공무원 출신으로 1994년부터 세무사 생활을 한 그는 세무업계에서 마당발로 통한다. 그를 잘 아는 세무업계 관계자는 "정상적인 방법으로 세무사 업무를 하기보다 인맥을 통해 문제를 해결하는 것으로 유명한 인물이다. 세무사보다 세무브로커에 가깝다"고 평가했다. 오씨는 지난해 초 권혁 시도상선 회장의 탈세 의혹이 불거졌을 때도 이름이 오르내렸다. 권 회장이 거대 로펌이나 세무법인을 마다하고 자신의 세금탈루 문제를 오씨와 상의한다는 소문이었다.

오씨가 국세청 인사 관련 부서의 직원들에게 금품을 제공하고 그 대가로 국세청 직원들과 관련된 내부 정보를 받아왔다는 얘기도 구체적으로 나온다. 검찰 주변에서는 오씨와 가깝게 지낸 전·현직 국세청 간부들의 명단이 나돈다.

지난해 가을 검찰 인사 당시 한 검찰 간부는 후배들에게 "국세청의 고질적인 비리를 파헤칠 좋은 기회다. 세무사 오씨를 철저히 수사하라"는 부탁을 남겼던 것으로 전해진다.

검찰이 1년 가까이 지나 수사에 착수한 배경도 관심을 끈다. 검찰 관계자는 "Y 전 청장이 이 사건과 관련해 아무런 혐의도 없다는 국세청 측 주장은 사실과 다르다. 여전히 의혹이 있고, 수사할 부분도 많다"고 말했다. 이 관계자는 또 "세무사 오씨, 이씨와 관련해 (별도로) 수사할 내용이 많다"고 말하면서 이번 수사가 Y 전 청장 혐의에 국한된 것이 아님을 시사했다.

한편에서는 수사가 순조롭지 않으리라는 관측도 조심스레 제기된다. Y 전 청장에 대한 로비 의혹의 핵심인물인 강씨에 대한 수사가 이뤄지지 않았기 때문이다. 최근 검찰 조사에서 대질심문까지 받은 두 세무사는 혐의를 완강히 부인한 것으로 전해진다.

Y 전 청장은 3월 29일 기자와의 통화에서 "그 사건은 나와 아무런 관련이 없다. 검찰에서 연락을 받은 바도 없다. 그 사건에 대해서는 노코멘트 하겠다"라고 말했다. 역삼동에서 세무사무소를 운영하는 오씨는 "그런 것은 왜 묻느냐"며 전화를 끊었다. 이씨는 "조사를 받은 것은 사실이다. 하지만 지금은 그 사건에 대해 무슨 말도 하기 곤란하다"는 뜻을 전했다.

—《주간동아》, 제831호, 2012년 4월 10월.

06 이주성 전 국세청장의 남다른 딸 사랑

:: 세무조사 직후 받은 백화점 커피숍

2009년 9월경, 자신을 전직 롯데그룹 임원이라고 밝힌 한 제보자가 필자를 찾아왔다. 그는 롯데그룹의 한 고위급 임원의 비리를 고발하겠다고 말했다. 제보자는 일목요연하게 정리한 일종의 비리백서를 필자에게 건넸다.

A4 용지 10여 장에 일일이 손으로 쓴 문서로 내용이 아주 꼼꼼했다. 문서에는 고위급 임원의 문란한 사생활, 인사 전횡, 배임과 횡령 의혹 등이 적혀 있었다. 그러나 무엇보다 눈에 띄는 건 이주성 전 국세청장과 관련된 부분이었다.

제보자에 따르면, 이주성 전 국세청장은 롯데그룹의 핵심계열사인 롯데쇼핑에 대한 세무조사가 끝난 뒤인 2006년 가을 롯데백화점 측에 세무조사과정에서 편의를 제공한 것과 관련해 이권을 요구했다. "딸에게 커피숍을 하나 차려주고 싶으니 좋은 커피숍 자리를 하나 내달라"는 것이었다. 이 전 청장은 특별히 영등포점을 요구했다고 한다. 이 전 청장 자택에서 가깝다는 이유였다.

이 전 청장의 요구를 받은 뒤 롯데백화점은 계약기간도 끝나지 않은 기존 사업자를 내보내고 이 전 청장의 딸에게 커피숍 자리를 내줬다. 영등포점 8층의 가장 좋은 자리였다. 8층에서는 이 커피숍의 규모가 가장 컸다. 2009년 10월 필자는 그곳을 찾아가 이 전 청장의 딸이 실제로 커피숍을 운영하고 있다는 사실을 확인했다.

취재·보도과정에서 롯데그룹 측은 강하게 저항했다. 제보자의 제보 내용, 필자의 취재 내용 모두 사실이 아니라고 주장했다. 그러나 기사가 보도되자, 롯데그룹의 입장은 180도 바뀌었다. 기사에서 제기된 의혹을 대부분 시인해 오히려 필자가 당황했을 정도였다.

롯데그룹 측 관계자는 '권력기관의 압력에 취약할 수밖에 없는 나약한 기업의 입장'을 필자에게 열심히 설명했다. 롯데그룹의 핵심 관계자는 "세무조사과정에서 이 전 청장으로부터 약간의 편의를 받은 것은 사실이다. 그러나 세무조사과정에서 대가를 주기로 약속을 한 것은 절대 아니었다. 세무조사가 끝난 후 부탁을 받았는데, 국세청장을 지낸 인사의 부탁을 거절하기가 어려웠다. 계약과정에서 특혜를 준 것은 없다. 다른 업체들과 같은 조건으로 계약했다"고 해명했다. 그러나 이 관계자도 수의계약으로 백화점 커피숍 운영권을 준 것 자체가 특혜 아니냐는 지적에는 아무런 대답을 하지 못했다. 기사가 보도될 당시인 2009년 10월 이 전 청장은 프라임그룹으로부터 거액의 뇌물을 받은 혐의로 구속·수감되어 있었다.

新東亞 「이주성 전 국세청장 딸, 롯데 세무조사 이후 백화점 커피숍 운영」

국내 최대 규모의 백화점인 롯데백화점을 운영하는 롯데쇼핑이 2005년 말~2006년 초 국세청 세무조사 당시 편의를 받은 대가로 이주성 당시 국세청장에게 60~70평 규모의 롯데백화점 커피숍 운영권을 넘겨줬다는 의혹이 제기됐다. 최근 롯데그룹의 전직 임원은 《신동아》에 이 같은 내용을 담은 진정서를 전달했다. 그는 진정서에서 당시 이 결정이 "롯데쇼핑 고위 인사의 결정에 의해 이뤄진 것"이라고 주장했다. 과연 진정서의 내용은 사실일까?

롯데백화점은 2005년 가을 국세청으로부터 정기 세무조사를 받았다. 그러나 세무조사과정에서 많은 문제가 발생했다. 조사기간도 석 달가량 연장됐다. 그해 11월에 끝났어야 할 세무조사는 해를 넘겨 2006년 2월이 되어서야 마무리됐고 추징세액이 결정됐다. 롯데가 납부한 추납액은 113억 원 정도였다.

세무조사과정에서 롯데백화점과 국세청이 갈등을 빚었다는 점에 대해서는 롯데백화점 측이나 국세청 모두 수긍하고 있다. 최근 롯데백화점 측은 《신동아》의 취재와 관련해 당시 상황을 이렇게 설명했다.

"문제가 많은 세무조사였다. 외환위기 당시 어려움에 처한 협력업체들을 돕기 위해 각종 대금을 선지급하면서 세액공제를 받은 것이 문제가 됐다. 중소기업과 소상공인에 대한 대기업의 대금 선지급은 당시 정부에서도 권장하던 일이었다. 논란의 핵심은 대금선지급과정에서 발생한 세금 감면혜택이 정당하냐는 것이었다. 세법 적용의 문제였다. 당시 우리 주장대로라면 100억 원대의 세금이 추징될 상황이었고 국세청의 해석대로 세액이 결정된다면 추징액은 400억 원이 넘게 되는 상황이었다. 이런 내용은 당시 세무조사과정을 잘 아는 롯데백화점 재무팀의 설명이다."

롯데백화점과 국세청 측에 따르면, 당시 이 문제는 국세청 차원에서 결정을 내리지 못했고 재정경제부(현 기획재정부)에 유권해석을 의뢰하는 과정을 거쳤다. 유권해석을 의뢰한 곳은 국세청이다. 그러한 과정을 거친 뒤 롯데백화점 측의 주장대로 세액이 결정되는 것으로 세무조사는 마무리됐다.

의혹을 제기한 전직 임원은 롯데백화점 측의 설명에 대해 "당시 국세청이 재정경제부에 유권해석을 의뢰하는 과정에서 국세청장이 직접 나서 롯데 측에 편의를 제공했다고 들었다. 국세청장이 세금을 직접 깎아준 것은 아니지만 편의를 제공한 대가로 커피숍 운영권을 받은 것은 분명한 사실이다"라고 주장했다.

취재과정에서 만난, 당시 사정을 잘 아는 한 현직 롯데 직원도 이 문제와 관련해 "당시 백화점 관계자들 사이에서는 공공연한 비밀이었다. 조용히 진행하던 것이었지만 눈치를 채서 대충은 알고 있었다. 이 전 청장의 딸인 A씨가 영업을 시작할 때에는 특별히 편의를 봐주라는 지시도 있었다"고 말했다.

이 전 청장이 롯데백화점의 커피숍 매장 영업권을 확보한 것은 세무조사가 끝난 해인 2006년 12월경이다. 커피숍은 이 전 청장의 딸인 A씨 명의로 사업자등록이 됐고 지금까지(2009년) 3년째 A씨가 운영하고 있다. 이 커피숍은 롯데백화점 영등포점 8층에 있는데 같은 층의 식음료 매장 중 규모가 가장 큰 축에 속한다.

A씨에게 영업권이 넘어가는 과정에서도 기존의 임차업자와 롯데백화점 사이에 갈등이 많았다. 그 자리에서 커피숍을 운영했던 B씨는 "계약기간이 남았는데도 일방적으로 계약해지를 통보받았다. (2006년) 11월경에 철수했다"고 말했다. B씨가 밝히는 당시 상황과 주장은 다음과 같다.

"2006년 가을쯤인가, 갑자기 백화점 측에서 리모델링을 한다면서 가게를 철수하라고 일방적으로 통보해왔다. 사실 리모델링 계획은 이전부터 있었지만 결정과정이 너무나 갑작스러웠다. 게다가 계약기간이 남았는데도 계약이 끝났으니 매장을 비우라는 통보였다. 통보를 받은 직후 너무 당황스럽고 화가 나서 백화점의 한 간부를 찾아가 항의를 했는데 그 사람 얘기가 '회사에 특별한 사정이 생겨 어쩔 수 없게 됐다. 이해해달라'는 거였다. 본사의 더 높은 중역을 찾아가도 같은 얘기만 들을 뿐이었다. 그 사람도 '어쩔 수 없는 일이 생겼으니 이해해달라'고만 할 뿐 정확한 이유는 얘기해주지 않았다."

B씨는 이 매장을 운영할 당시 보증금 1억 원 정도에 매달 1200만 원가량의 임차료를 냈다고 했다. 한 달 평균 700만~1200만 원의 순이익을 올렸으며 영업이 잘될 때는 순이익이 2천만 원에 달하기도 했다고 밝혔다.

그러나 롯데백화점은 《신동아》의 의혹 제기에 강하게 반발했다. 롯데백화점 홍보팀의 한 관계자는 《신동아》의 취재 내용과 관련해, "추측일 뿐이다. 백화점 내 식음료 매장(운영권)의 경우 모두 일반적인 수의계약으로 정해진다. 당시 상황에 대해 좀 더 면밀히 확인할 필요는 있지만 로비의 대가로 매장 운영권을 줬다는 것은 절대 사실이 아니다. A씨가 백화점에서 커피숍을 운영하게 된 것과 세무조사는 아무 관련이 없다는 게 롯데의 공식적인 입장이다"라고 밝혔다.

롯데 측은 "A씨가 어떤 경로를 통해 커피숍 운영권을 갖게 됐는지 알려 달라"는 취재요청에 "누구 소개로 A씨가 (백화점에) 들어왔는지 현재 확인이 불가능하다. 청탁이나 로비가 있었는지 확인해줄 사람도 없다. 솔직히 백화점에는 수없이 많은 청탁이 들어온다. 이런저런 '설'이 나올 수는 있지만 사실과 다르다고 판단한다"라고 답했다.

《신동아》는 커피숍 운영권 로비 의혹과 관련해, 이 전 청장 측의 입장을 듣기 위해 연락을 여러 번 했으나 연락이 닿지 않아 정확한 답변을 들을 수는 없었다. 다만 이 전 청장의 사위(A씨 남편)

로부터 "(이 전 청장의 딸인) A씨를 (기자와) 연결해줄 수는 없다"는 답변만 받았다.

롯데백화점에 대한 세무조사가 끝난 직후인 2006년 국세청장에서 물러난 이 전 청장은 지난해(2008년) 서울서부지방검찰청이 대대적으로 수사에 나섰던 프라임그룹 비자금 조성의혹 사건 당시 프라임그룹으로부터 거액의 뇌물을 받은 사실이 확인돼 지난해(2008년) 11월 구속됐다.

당시 검찰은 이 전 청장이 대우건설 인수를 추진하던 프라임그룹으로부터 거액의 금품을 받은 사실을 확인했다고 밝혔다. 이 전 청장은 지난 4월 진행된 1심 재판에서 징역 3년의 실형과 960만원의 추징금을 선고받았다. 최근 검찰은 2심 재판 과정에서 이 전 청장에게 7년을 구형했다.

최근 소식에 따르면 국세청은 지난달 롯데그룹의 핵심 계열사에 대한 전방위 세무조사에 착수했다. 롯데그룹의 주력 계열사인 롯데쇼핑과 롯데제과 등이 세무조사 대상이다. 국세청은 이와 함께 롯데그룹 대주주인 신격호 회장 일가의 주식과 관련한 조사도 벌이고 있는 것으로 알려졌다. 정기 세무조사로 알려진 이번 조사는 11월 중순까지 이어질 예정이다. —《신동아》, 2009년 11월호.

:: **차명계좌**

참여정부 때인 2005년 3월부터 이듬해 6월까지 국세청장을 지낸 이주성 전 청장은 프라임그룹이 대우건설 인수를 시도하던 2005년 11월에 국세청장으로 재직하면서 백종헌 당시 프라임그룹 회장으로부터 인수에 힘을 써달라는 청탁과 함께 20억 원 상당의 아파트를 받은 혐의로 2008년 11월 구속기소됐다. 또한 아파트를 차명으로 받아 소유하면서 부동산실명제와 관련된 법을 위반했으며 건설업자 대표로부터 고급 가구와 오디오 세트 등을 받고 명절 선물을 대납시키기도 했다. 대법원은 2010년 2월 이 청장에게 징역 2년 6월을 선고한 원심을 확정, 판결했다.

서부지검에서 수사를 받기 전인 2008년 초, 이 전 청장은 서울 중앙지검 특수2부의 신성해운 국세청 로비 사건 조사 중에 차명계좌를 통해 수십억 원대의 자금을 관리한 의혹이 불거져 검찰조사를 받기도 했다. 당시 검찰이 찾아낸 이 전 청장의 차명계좌에서 입출금된 돈의 규모는 50~60억 원에 달했다. 이 전 청장은 자신의 여비서, 모 그룹 임원 등의 이름으로 계좌를 개설해 사용한 것으로 확인됐다. 신성해운 사건 당시 이 전 청장은 정상문 비서관 등의 부탁을 받고 신성해운의 세무조사 무마에 도움을 준 대가로 금품을 받았다는 의혹으로 수사 대상에 올랐다.

이 전 청장은 당시 검찰조사과정에서 신성해운과 관련된 의혹을 전면 부인했다. 그러나 차명계좌를 이용해 자금을 관리한 사실 등은 부인하지 못했다. 당시 검찰은 이 전 청장이 이 돈을 누구에게 받아서 어떻게 썼는지를 확인하려고 노력했지만 끝내 밝히지 못했다. 돈세탁 과정이 너무나 치밀하고 복잡해서 확인이 불가능했다는 것이다.

당시 검찰수사팀의 핵심 관계자는 "전액 현금으로 들어와 현금으로 나갔다. 평생 공무원 생활을 한 사람이 만질 수 있는 수준의 돈이 아니었지만 돈의 출처 등을 확인할 방법이 없었다. 국세청 공무원답게 돈세탁 과정이 놀라울 정도로 치밀했다"고 말했다.

신성해운의 국세청 로비 사건 수사기록에는 차명계좌 운영과 관련된 이 전 청장의 진술조서가 들어 있다. 다음은 진술조서 중 일부다. 차명계좌를 통해 거액의 자금을 운영했던 전직 국세청장이 차명계좌 운영 등 납세의무자들이 벌이는 흔한 범법사실에 대해 나름의 소견을 밝히는 대목은 한번쯤 읽어볼 만하다(문: 검찰 관계자, 답: 이주성 전 청장).

문: 진술인이 국세청장직을 그만둔 이유는 무엇인가요?

답: 제 후배들에게 길을 열어주기 위해 그만뒀습니다.

문: 진술인이 사표를 제출할 당시 언론 보도를 보면 여러 가지 추측기사(청와대와의 알력설, 투서 관련 내사설, 부동산 투기설 등)가 나오던데 후배들을 위하여 용퇴했다는 진술인의 자발적인 의사 이외에 다른 원인은 없었다는 말인가요?

답: 예, 그렇습니다. 다른 원인은 없었습니다.

문: 진술인의 처인 ○○○의 진술에 의하면, 2006년 봄쯤 진술인이 미국 출장을 가서 출장 용무를 마친 후 골프를 친 사실이 있었는데 그때 한국 여자 가이드를 캐디 취급했다는 이유

로 그 가이드가 꼬투리를 잡아서 청와대에 투서를 한 것도 일부 원인으로 작용한 것 같다고 하던데 어떤가요?

답: 투서를 받은 사실이 전혀 없습니다.

(중략)

문: 진술인은 2001년경 서울지방국세청 조사국장 시절에 당시 같은 청 총무과장인 이○○ 및 부산건재업자와 함께 룸살롱에서 술을 마시고 고스톱을 친 사실로 국무조정실 암행점검반에 적발된 사실이 있지요?

답: 적발이라고 하기는 그렇지만 국무조정실에서 점검을 받았던 사실은 있습니다.

문: 위 사건은 어떻게 처리되었나요?

답: 아무 내용도 아니어서 그냥 종결된 것으로 알고 있습니다.

(중략)

문: 진술인은 허○○, 김○○, 정○○, 하○○, 강○○을 아는가요?

답: 허○○은 저와 동향 사람(마산)이고 해서 알게 되었는데 1990년대 중반 허○○의 아는 선배와 제가 알게 되어 그러다 보니 알게 되었습니다. 제가 처음 허○○을 알게 될 당시 허○○이 △△△(그룹)에 입사하기 전인지 어떤지는 잘 모르겠습니다. 김○○는 1990년대 중반 업무와 관련해 세무서 간담회 자리에서 알게 된 것 같은데 당시 공인회계사였습니다. 정○○은 제가 서울지방국세청장 조사2국장을 할 때 2국 1과 서

무보조 여직원으로 알고 있습니다.

(중략)

문: 위 사람들로부터 명의를 대여받아 위 사람들 명의로 은행 계좌를 개설하여 사용한 사실이 있는가요?

답: 예, 있습니다.

문: 위 계좌는 누가 개설하여 사용한 것인가요?

답: 저의 집사람이 처남인 최○○의 부탁을 받고 계좌를 개설했다는 말을 이번 조사와 관련해 들어서 알게 되었습니다.

문: 그렇다면 진술인이 직접 위 사람들 명의로 계좌를 개설하였던 사실은 있는가요?

답: 전혀 없습니다.

문: 진술인이 위 사람들 명의로 계좌를 개설해달라고 부탁하였던 사실도 없는가요?

답: 예, 그런 사실도 없습니다.

문: 국세청장을 지냈던 진술인의 입장에서 보면 사람들이 차명계좌를 이용하는 이유는 무엇이라고 생각하나요?

답: 차명계좌를 사용하는 이유야 여러 가지가 있겠지만 주로 일반적인 경우는 종합과세 때문에 그런 것 같습니다.

문: 만약 공무원이 차명계좌를 사용한다면 왜 그런 것일까요?

답: 여러 가지 개인적인 이유가 있을 것입니다. 예를 들면, 이혼을 대비하거나 자식에 대한 상속 문제 등을 위해 차명계좌를 이용하는 경우가 있을 것입니다.

문: 그 밖에 다른 어떤 이유가 있을까요?

답: 개개인 차이가 있겠지만 돈 얻어먹은 것을 숨기기 위해서도 그럴 수 있겠지요.

문: 진술인이 국세청 업무처리 시 차명계좌를 운용하는 납세대상자들을 접하게 되면 어떤 느낌이 들던가요?

답: 사실은 차명계좌를 사용하면 안 되지요.

문: 진술인의 주장대로 처남인 최○○가 차명계좌가 필요하다면 국세청 고위 공무원인 진술인 또는 진술인 부인인 ○○○에게 차명계좌를 개설해달라고 요청할 것이 아니라 민간인인 최○○가 차명계좌 명의인을 구해서 차명계좌를 관리하는 것이 더 의심을 받지 않는 것이 아닌가요?

답: 처남 입장에서는 누나가 소개해주는 사람을 믿을 수 있다고 생각하여 부탁을 한 것 같습니다.

문: 위 사람들 명의로 개설된 차명계좌를 보면, (신성해운 사건의 고발인) 이재철이 진술한 (신성해운 간부) 김○○이 권○○를 통해 진술인에게 2004년 6월경 두 차례에 걸쳐 8천만 원을 주었다고 하는 비슷한 시기에 거액의 현금이 몇 차례 입금된 것으로 확인되는데 진술인이 김○○으로부터 받은 돈을 분할하여 입금한 것이지요?

답: 아닙니다. 저도 이 사건으로 피해를 입은 피해자입니다.

문: 진술인은 금융실명제를 시행하고 있는 이 나라에서 금융실명제에 대해 누구보다 더 법을 철저히 지켜야 하는 국세청

수장을 지냈던 사람으로서 진술인의 친인척이 금융실명제 법을 위반한데 대해서 어떻게 생각하는가요?

답: 할 말이 별로 없습니다.

문: 이상의 진술이 사실인가요?

답: 예, 사실대로 말씀드렸습니다.

⁰⁷ 세상에 나온 국세청 문건

:: EBS 이사의 정·관계 로비 의혹

국세청을 좋아하는 사람과 기업은 없다. 할 수만 있다면 피하고 싶은 게 국세청이고 세무조사다. 그래서 더더욱 국세청 세무조사에선 '보안'이 중시된다. '은밀함'이 지켜졌을 때, 세무조사가 빛을 발하기 때문이다. 국세청, 특히 조사국의 움직임은 언론에도 잘 포착되지 않는다. 보안을 강조하는 이런 문화는 국세청을 폐쇄적인 조직으로 만드는 데도 일조한다.

필자는《신동아》2012년 2월호에 쓴 기사를 통해 국세청 내부 문건을 공개했다. 당시 김학인 EBS 이사(한국방송예술진흥원 이사장)의 비자금 조성 의혹, 정·관계 로비 의혹에 대한 기사였다. 당시 김 이사장은 이명박 대통령의 친형인 이상득 전 의원에게 EBS

이사 선임, 국회의원 공천 등의 대가로 수억 원대의 금품을 제공했다는 의혹을 받고 있었다. 2010년 3~4월경 작성된 국세청 문건을 필자가 입수한 것은 2010년 8월경이었다.

문건을 입수한 후 필자는 김 이사장, 김 이사장과 내연관계였던 것으로 알려진 여의사 Y 씨, 김씨가 이사장을 맡고 있던 한국방송예술진흥원(이하 '한예진') 등을 상대로 폭넓은 취재를 진행했다. 관련자들 사이에 수상한 돈거래가 있었음을 확인했고, 한예진에서 경리를 담당하던 30대의 한 여성이 김 이사장을 협박해 파주에 위치한 10억 원대의 한정식집을 받아냈다는 것, 김 이사장이 2011년 8월 EBS 방송센터를 개인 이름으로 낙찰받은 사실 등을 확인했다. 그러나 필자의 기사보다 검찰수사가 한발 더 빨랐다.

국세청은 내부조사문건이 언론을 통해 공개된 것에 상당한 충격을 받았다. 한 국세청 관계자는 보도 직후 필자에게 "국세청 창사 이래 국세청 내부문건이 고스란히 기사화된 것은 이번이 처음이다"라고 말했다. 보안을 생명으로 하는 조직에서 문건유출은 받아들이기 힘든 일이었을 것이다.

기사가 나간 뒤 국세청은 내부적으로 감찰조사를 벌였다. 필자를 아는 국세청 직원들이 줄줄이 조사를 받았다. 문건 유출의 책임이 있는 것으로 추정되는 한 간부는 아예 인사 조치됐다. 지금에 와서 고백하지만, 필자가 이 문건을 입수한 경로는 국세청의 추측과는 전혀 다르다. 물론 취재원은 공개할 수 없다. 필자를 알고 있다는 이유로 아무 이유 없이 고생하고 강도 높은 조사와 오

해를 받은 국세청 직원들에게 미안한 마음을 전한다. 이 기사는
《신동아》 2012년 2월호에 보도됐다.

新東亞 「김학인, 방통위·정관계 로비 조사한 국세청 문건」

교육방송(EBS) 이사인 김학인 한국방송예술진흥원(이하 '한예
진') 이사장은 1월 3일 회사자금 횡령 및 탈세 혐의로 구속됐다.
검찰은 김 이사장이 개인사업자로 등록해 운영하는 학원인 한예
진의 부설기관 한국방송아카데미(세상을바꾸는교육)의 법인자금
240억여 원을 횡령하고 50억 원가량을 탈세했다고 밝혔다. 또한
김 이사장의 구속에 앞서 비리를 폭로한다고 김 이사장을 협박해
김 이사장에게서 경기도 파주시에 위치한 16억 3000만 원 상당의
한정식집을 받아낸 혐의로 한예진에서 재무를 담당했던 직원 최
○○ 씨를 구속했다.

검찰에 따르면 김 이사장은 횡령한 자금으로 서울 서대문구, 강
남 일대의 부동산을 사들였으며 10억 원 이상의 자금을 환치기 수
법으로 중국으로 빼돌려 부동산을 구입했다. 김 이사장은 지난해
(2011년) 8월에는 EBS 방송센터가 입주해 있는 한국교육개발원
소유의 부동산을 개인 자격으로 낙찰받았다. 낙찰 금액은 732억
여 원이었다. 김 이사장이 현재 보유한 자산은 대부분 부동산인
데, 장부상 가치로만 230여억 원, 실거래가 기준으로는 400억 원
이상인 것으로 전해진다.

이번 사건은 지난해(2011년) 12월 15일 서울중앙지검 금융조세

조사3부가 한예진을 압수수색하면서 시작됐다. 처음부터 검사 3명을 투입하는 총력전이 전개돼 검찰 주변에서는 대형사건의 시작이란 소문이 파다했다. 검찰이 수사착수단계에서부터 김 이사장의 개인비리 수사라는 점을 여러 번 강조했지만, 이미 검찰 주변에서는 이번 수사의 종착점이 지난 수년간 김 이사장이 벌인 각종 정·관계 로비 의혹이란 얘기가 공공연히 제기돼왔다. 김 이사장이 2009년 EBS 이사에 선임되는 과정과 2008년 총선 출마를 준비하는 과정에서 정치권, 특히 한나라당과 현 정부 실세 정치인들에게 전방위 로비를 벌였다는 게 의혹의 핵심이었다.

1월 3일 《한국일보》가 김 이사장을 잘 안다는 한 인사의 입을 빌려 '김씨가 최시중 방송통신위원장의 도움으로 2009년 EBS 이사로 선임됐으며 그 과정에서 최 위원장 측근인 정모 씨에게 수억 원을 건넸다'고 보도하면서 이러한 의혹들이 한꺼번에 수면 위로 떠올랐다. 당시 기사에서 언급된 '정모 씨'가 최 위원장의 양아들로 불리는 정용욱 전 방송통신위원회(이하 '방통위') 보좌관이라고 알려지면서 사건은 더욱 커졌다. 최 위원장의 보좌관 출신인 정씨는 지난해 10월 방통위에 사표를 낸 뒤 동남아로 출국했고 현재 태국을 거쳐 말레이시아에 머물고 있는 것으로 알려져 있다.

느닷없이 시작된 수사처럼 보이지만, 사실 김 이사장을 둘러싼 정·관계 로비 의혹은 2010년 초부터 정치권과 사정기관 주변에서 꾸준히 제기돼왔다. 《신동아》는 2010년 7~8월경 국세청에서 만들어진 김 이사장의 정·관계 로비 의혹 관련 문건을 입수해 이런 사실을 확인한 바 있다.

당시 《신동아》가 입수했던 국세청 문건의 제목은 '김학인 EBS 이사 선임 관련 정치권에 비자금 제공 의혹'인데, 2010년 3월경 작성된 것으로 확인됐다. 이 문건은 사정기관이 김 이사장에 대해 정밀 내사를 진행해 작성한 최초의 문건으로 판단된다. 당시만 해도 김 이사장은 사정기관 주변에서 이름이 알려지지 않은 인물이었다. 국세청 문건에는 김 이사장이 다음과 같이 소개되어 있다.

'17대 총선에 출마하는 등 정치에 관심이 많은 인물로 유력 정치인(J 의원, 한나라당)과 친분이 있으며, 2009년 9월 EBS 이사로 선임되었음. 한국방송예술진흥원에 자신의 내연녀를 경리이사로 두고 장부 조작을 통해 교비를 횡령하는 등 비자금을 조성하였으며, EBS 이사로 선임될 당시 유력 정치인(한나라당 J 의원)을 통해 방송통신이사회 등에 금품 로비한 혐의.'

우선 이 문건은 김 이사장이 EBS 이사 선임과정에서 최근 의혹이 제기된 정용욱 전 보좌관이 아닌, 한나라당 J 의원을 로비 창구로 활용했다고 적고 있음이 눈에 띈다. 문건에는 김 이사장을 협박해 돈을 뜯어낸 최씨를 포함한 김 이사장의 주변 여성들에 대해서도 자세히 적혀 있다. 김 이사장이 최씨로 하여금 장부를 조작해 한예진의 교비를 횡령했고, 또 다른 여성 Y씨로 하여금 비자금을 세탁하게 하는 등 변칙적인 방법으로 비자금을 조성해 유력 정치인 등에게 불법 정치자금을 제공했다는 것 등이다.

문건에 등장하는 여의사 Y씨는 김 이사장이 정 전 보좌관 등 방통위 최고위 인사에게 로비하는 과정에서 징검다리 역할을 한 여성으로 언론에 의해 알려진 인물. 현재 검찰도 이 여의사와 관련된 수사를 진행하는 것으로 알려져 있다. 이 여의사에 대해서는 최근 이런 보도도 나온 적이 있다.

서울 강남에서 성형외과를 운영하고 있는 여의사 Y씨도 김씨의 로비 의혹을 풀어줄 키맨으로 부상했다. 김씨와 같이 K대 학원 최고위과정에 다니며 친분을 쌓은 Y씨는 김씨가 정 전 보좌역 등과 어울린 자리에 자주 동석했던 것으로 알려졌다. 또 최 위원장 부부가 Y씨 병원을 찾아 몇 차례 시술을 받았다는 설도 나돌고 있어, 김씨와 방통위 실세를 연결해준 고리 역할을 한 것 아니냐는 의심을 받고 있다.

최근에는 Y씨가 김씨 로비의 창구 역할도 했다는 제보가 검찰에 전달돼 수사팀이 진위 여부를 확인하고 있는 것으로 알려졌다. 김씨가 한예진 상임고문을 맡은 자신의 측근을 통해 최 위원장 측에 억대의 돈을 전달했다는 내용인데, 그 다리 역할을 Y씨가 했다는 것이다. 하지만 검찰은 '아직 수사에서 확인된 것이 없다'는 입장이다. Y씨 역시 언론과의 접촉을 끊은 채 사건 연루 의혹을 강하게 부인하고 있는 것으로 알려졌다. 그러나 검찰 주변에서는 수사팀이 Y씨를 조만간 소환해 로비 의혹의 실타래를 풀기 시작할 것이라는 관측이 나오고 있다.

—《한국일보》, 2012년 1월 10일.

정체불명의 수억 원대 차용증

Y씨에 대한 논란은 국회에서도 제기되었다. 민주통합당 주승용 정책위의장은 최근 "Y씨는 특별한 학력이 없는데도 국내에서 한 보건대학원을 졸업한 뒤 울산대 연구교수로 재직 중이다. Y씨가 강남에 미용병원을 설립할 때 소요된 수십억 원의 자금 출처도 의문"이라고 주장했다.

A4 용지 18장에 달하는 국세청 문건에는 김 이사장이 여러 여성과 작성한 정체불명의 차용증, 부동산 거래계약서들도 포함돼 있다. 그러나 무엇보다 눈길을 끄는 건 국세청 직원과 김 이사장의 비리를 제보했던 한 제보자의 대화 내용이다. 두 사람의 대화 내용은 녹취록 형태로 문건에 실려 있다. 문건에는 이 대화가 2010년 1월 6일 광화문 인근에서 진행됐다고 적혀 있다. 문건에 첨부된 각종 차용증과 부동산 계약서도 제보자 측이 '목숨을 걸고' 몰래 촬영한 것이라고 적혀 있다.

당시 제보자는 국세청 측에 "김학인 이사장으로 인해 개인적인 피해를 입은 한 국회의원 부인의 대리인"이라고 자신을 소개한다. 그런데 그 제보자가 주장한 내용들은 최근 수사과정에서 사실로 드러난 의혹들과 거의 대부분 일치해 눈길을 끈다.

문건에 따르면, 김 이사장은 한예진 전 직원 최씨를 통해 공금을 빼돌리고 그 돈으로 다수의 부동산을 매입한 것으로 되어 있다. 그중에는 최씨 명의로 구입한 부동산도 있었다. 문건에는 최씨 명의로 작성된 부동산 계약서가 여러 장 첨부되어 있다. 문건에서 제보자는 "김 이사장이 비자금으로 부동산을 구입하고 문제가 될 경우를 대비해 최씨와 차용증을 작성한 것"이라고 밝혔다.

문건에는 김 이사장이 최씨와 작성한 차용증 1장 외에도 여의사 Y씨와 맺은 차용증 2장의 사진이 포함되어 있다. 주로 2006년 3월에서 2007년 초 사이에 작성된 것이다. 총 3장의 차용증 중 금액을 알 수 있는 것은 2장인데 각각 2억 3천만 원(최씨), 2억 원(Y씨)이었다. 여기서 눈여겨볼 대목은 김 이사장이 여의사와 맺은 차용증의 성격이다. 문건에는 이런 내용이 담겨 있다.

국세청 조사관: (여의사 Y씨와 김 이사장이 작성한 차용증을 보며) Y씨는 누구죠?

제보자: Y씨는 서초동에서 병원을 운영하고 있는 병원장입니다. … Y씨가 ○○대 최고위 과정을 수료했고 정치권 인맥이 많은 점을 이용해….

국세청 조사관: 그럼 김 이사장과 (여의사) Y씨 간의 차용증서는 무엇인가요?

제보자: Y씨가 워낙 인맥이 넓으니까 그쪽을 통해서 비자금을 전달한 것이라고 말합니다.

문건에 등장하는 제보자의 주장대로라면, 김 이사장은 Y씨에게 정·관계 로비자금을 건네고 문제가 됐을 경우를 대비해 차용증을 작성했다. 횡령한 공금으로 비자금을 조성하기 위해 한예진 전 재무담당 최씨와 차용증을 작성하고 돈을 빼돌린 것과는 용도가 다르다는 설명이다. 당시 이 문건을 작성한 국세청 조사관은 이 보고서를 작성한 직후인 2010년 5~6월경 기자를 만나 이 부분에 대해 다음과 같이 말했다.

"제보자는 현 정부 실세들과 두루 친한 관계를 맺고 있는 Y씨가 김 이사장과 내연의 관계라고 주장했습니다. 그래서 Y씨가 김 이사장을 위해 정·관계에 로비를 해준다는 설명이었습니다. 나중에 문제가 됐을 때를 대비해 차용증을 만들어놓은 것이라는 게 제보자의 설명이었습니다."

제보자의 주장이 사실이라면 김 이사장이 여의사 Y씨와 여러 장의 차용증을 작성한 시기도 들여다볼 필요가 있다. 국세청 문건에 첨부된 차용증이 작성된 2006년 말에서 2007년 초가 김 이사장이 정치권에 발을 들여놓기 시작한 시기와 공교롭게 겹치기 때문이다.

알려진 바에 따르면, 김 이사장은 2007년 5월 한나라당이 운영한 2개월 과정의 정치대학원을 수료했고 학생회 수석부회장도 맡았다. 또 같은 해 8월에는 한나라당 신세대육성특별위원회 위원장을 맡았다. 모두 2008년 총선 출마를 염두에 둔 활동이었다.

김 이사장은 2008년 총선 때 고향인 충북 청주가 아닌 서울 강북에서 한나라당 후보로 출마하기 위해 노력했던 것으로 전해진다. 제보자의 주장이 사실이라면 김 이사장이 Y씨를 통해 뿌린 로비자금은 공천을 받기 위한 용도였다는 추론이 가능하다. 이와 관련해, 김 이사장이 2004년 충북 청주에서 출마했을 당시 선거를 도왔던 전 한예진 직원 H씨는 "김 이사장이 2004년 총선에 무소속으로 출마해 떨어진 이후 정당 공천이 중요하다는 걸 깨달았다. 선거에서 떨어진 이후부터 한나라당 쪽 정치인들과 친분을 넓히기 위해 노력했다. 한나라당 J 의원도 그즈음 알게 됐다고 들었다"고 말했다.

앞에서 언급했듯이, 국세청에 김 이사장의 비위사실을 제보한 제보자는 김 이사장이 한나라당 J 의원을 통해 정·관계 로비를 해왔다고 주장한다. 이와 관련해 문건에는 다음과 같은 대화 내용이 실려 있다.

국세청 조사관: (김 이사장의) 구체적인 죄목이 뭔가요?

제보자: 일단 김학인은 한예진의 공금 수십억 원을 경리인 최○○로 하여금 횡령하게 하고 빼돌린 공금을 (여의사 Y씨 등을 통해) 정치권 등에 제공하고 있습니다. 또한 J 의원과는 호형호제하는 사이라 횡령한 공금으로 J 의원에게도 지속적으로 불법 정치자금을 제공하는 것으로 알고 있습니다.

국세청 조사관: J 의원에게 제공한 구체적인 내용은 있나요?

제보자: J 의원과 김학인의 관계는 알 만한 사람은 다 아는 관계이지요. 또한 J 의원에게 돈뿐만 아니라 여자까지도 제공한 적이 있지요. 그분(제보자의 의뢰인)께서 자세히 알고 계십니다. 또한 ○○○라고 ○○연합회 부회장과도 (김 이사장이) 친

하더군요. 아마 ○○○를 통해서도 (정·관계에) 로비했을 가능성도 있을 겁니다.

《신동아》는 국세청 문건을 입수한 직후인 2010년 8월경 의혹에 대한 입장을 듣기 위해 김 이사장, 여의사 Y씨에게 연락을 취했다. 당시 기자는 이들에게 차용증의 용도와 목적에 대해 집중적으로 물었다. 그러나 이들은 모두 "개인적인 채무, 채권 관계일 뿐이다. 왜 언론이 개인의 사생활에 간여하나"라며 불쾌해했고 정식 취재에는 응하지 않았다. 한예진 재무담당 최씨는 이미 한예진을 떠난 뒤여서 연락이 닿지 않았다.

《신동아》는 당시 김 이사장의 EBS 이사 선임과정 의혹, 공천 로비 의혹을 취재하던 중 방통위 측에서 최근 불거진 의혹과 관련된 중요한 단서를 확인할 수 있었다. 김 이사장이 EBS 이사에 선임되는 과정에서 한 정치인이 김 이사장을 추천했다는 증언이었다.

당시 한 방통위 관계자는 "한 정치권 인사가 김 이사장을 EBS 이사로 추천했다"고 말했다. 그러나 이 관계자는 "김 이사장을 EBS 이사로 추천한 정치인이 누구냐? 혹시 J 의원 아니냐?"는 질문에는 "말할 수 없다. J의원은 아닌 것으로 알고 있다"고 말했다.

방통위에 따르면, EBS 이사 선임권한을 가진 방통위는 2009년 9월 EBS 이사 선임 당시 자천 혹은 타천으로 후보를 추천받았는데 김 이사장은 자천이 아닌 누군가의 추천을 받아 후보가 됐다는 것이다. 당시 EBS 후보로 추천된 인물은 모두 80여 명이었고 그 중 9명이 EBS 이사로 선임됐다. EBS 이사를 선임하는 결정 권한은 최시중 방통위원장이 갖고 있었다.

김 이사장을 누가 EBS 이사로 추천했는지는 아직 알려지지 않고 있다. 검찰수사를 전하는 각종 언론도 이 부분에 대해서는 관심을 두지 않는 눈치다. 그러나 만약 당시 방통위 관계자의 설명이 사실이라면 이 정치인을 밝혀내는 문제는 김 이사장의 정·관계 로비 사건에 결정적인 단서가 될 수 있다. 이와 관련해 검찰의 고위 관계자는 "그 부분도 수사대상에 올려놓고 확인 중이다"라고 말했다.

김 이사장 관련 수사가 개인 비리에서 정·관계 로비 의혹으로 방향을 틀었지만 수사는 쉽지 않아 보인다. 언론 등을 통해 이런저런 의혹이 불거지고 있지만 당사자들이 입을 열지 않고 있어 수사는 속도를 내지 못하고 있다. 김 이사장이 지인인 여의사 Y씨를 통해 방통위 고위 인사에게 2억 원가량을 전달했다는 의혹이 나와 있지만 검찰은 아직 여의사 Y씨에 대한 수사 계획을 세우지 않고 있다.

검찰 고위 관계자는 "아직은 김 이사장의 개인비리를 수사하는 단계다. 시간이 걸릴 것 같다. 여의사의 경우 범죄혐의가 확인되면 조사를 진행할 예정이다. 그러나 아직 그런 단계는 아니다"라고 말했다.

2011년 작성된 검찰 첩보

《신동아》는 국세청 문건과는 별도로 지난해 8월경 김 이사장의 각종 비위 의혹을 담고 있는 검찰의 첩보문건도 입수했다. 대검찰청 범죄정보담당관실이 작성한 A4 용지 3장 분량의 비교적 짧은 문건이었다. 문건에는 현재 검찰이 들여다보고 있는 김 이사장 관련 핵심 의혹들이 고스란히 담겨 있다.

여의사 Y씨의 병원에서 최 위원장이 무료로 피부 관련 시술을 받았다는 내용, 한예진 재무담당이던 최씨가 김 이사장을 협박해 파주시에 있는 한정식집을 받아냈다는 내용, 김 이사장이 거액을 중국으로 빼돌려 부동산 등을 매입했다는 내용 등이 들어 있다. 이 중 상당 부분은 이미 검찰수사에서 사실로 확인된 내용들이다. 이와 관련해, 최 위원장의 한 측근 인사는 최근 기자를 만난 자리에서 "최 위원장이 부부 동반, 혹은 혼자서 Y씨 병원을 찾아 피부 관련 치료를 받았던 것은 사실이다"라고 밝혀 문제의 여의사와 최 위원장이 친분이 있음을 사실상 시인했다. 이 보고서의 내용 중 일부는 최근 검찰수사과정에서 언론에 흘러나와 보도되기도 했었다.

결론부터 말하면, 검찰 첩보는 김 이사장이 여의사 Y씨를 통해 방통위 측에 거액의 뇌물을 전달했다고 적고 있다. 2010년 작성된 국세청 문건과 마찬가지로, 최근 의혹의 중심에 서 있는 정용욱 전 방통위 보좌관의 이름은 전혀 등장하지 않는다. 2010년 작성된 국세청 문건에는 J 의원이, 2011년 작성된 검찰 첩보에는 최 위원장 본인이 김 이사장의 로비를 받았다고 되어 있다. 다만 두 보고서 모두 김 이사장이 여의사 Y씨를 통해 정치권에 로비했다는 점을 밝히고 있다. 흥미로운 대목이 아닐 수 없다.

2010년 보고서를 작성한 한 사정기관 관계자는 "김학인 이사장의 비리를 추적할 당시 김 이사장이 정용욱 전 보좌관을 통해서 로비를 했다거나 정용욱 전 보좌관에게 로비를 했다는 얘기는 단 한 번도 듣지 못했다"고 밝혔다.

한편 김 이사장으로부터 EBS 이사 선임과정에서 로비를 받았다는 언론보도에 대해 최시중 위원장 측은 "전혀 사실이 아니다"라는 입장을 밝혔다.

— 《신동아》, 2012년 2월호.

08 여의도 꽃뱀 사건

원인과는 전혀 관계없는 결과가 나올 때가 있다. 원한 것과 얻은 것 사이에 상관관계가 없는 경우다. 2008년 여름, 정치권을 강타했던 '여의도 꽃뱀 사건'이 필자에게 그랬다.

유력 정치인들을 후리고 다닌다는 꽃뱀을 찾기 위해 취재를 시작했는데, 엉뚱하게도 골프장 회장이 된 전직 국세청 국장의 비위 사실에 다가갔다. 당시 정가를 달궜던 소문은 다음과 같았다.

'경기 일산에서 사업(일식집)을 하던 김○○(40대 후반)이라는 미모의 여성이 최고위직 정치인들과 부적절한 관계를 맺고 이를 미끼로 돈을 요구하는 행각을 벌이고 있다. 피해자만 20여 명에 달하는데 여권 실세들도 이 '꽃뱀 여성'에게 피해를 당했고, 국세청 고위직을 지낸 뒤 지방에서 골프장 사업을 하고 있는 H씨는

무려 500억 원을 뜯길 처지에 놓였다. 김씨의 남자 리스트가 최근 정치권과 몇몇 언론사에 돌고 있다.'

소문에 불과했지만 '여의도 꽃뱀 사건'의 파장은 심각했다. 아무런 증거가 없는데 이름이 거론된 거물 정치인들이 공식적으로 해명을 하는 촌극이 벌어졌다. 몇몇 언론은 소문뿐인 이 사건을 보도해 소문을 사실의 영역으로 끄집어냈다.

당시 필자는 이 소문의 실체를 한 달 이상 추적했다. 그리고 이 소문이 국세청 전직 간부가 회장을 맡고 있는 골프장의 정·관계 로비 의혹에서 시작된 것을 확인했다. 필자는 이 사건을 취재하는 과정에서 '꽃뱀' 의혹을 받고 있던 E산업개발 대표 김○○ 씨를 찾아냈고, 강남에서 두 번 만나 인터뷰를 진행했다.

강남에 있는 김씨 사무실은 대단히 크고 웅장했다. 족히 100평 정도는 될 것처럼 보이는 김씨의 집무실은 정원처럼 갖춰져 있었다. 김씨가 입고 있는, 패션 디자이너 고故 앙드레 김의 옷이 인상적이었다.

김씨의 차는 삼성그룹 이건희 회장이 타고 다니던 마이바흐였는데, 방탄 장치가 완벽하게 되어 있는 차라고 김씨는 설명했다. 김씨는 자신을 베트남 등에서 도시개발 사업을 하는 부동산 전문가라고 소개했다. 김씨의 휴대전화에는 이름만 대면 알 수 있는 정·관계 인사들, 기업인들의 연락처가 수두룩했다.

김씨는 필자에게 H 전 국세청 국장(E골프장 회장)의 비위사실을 고발한다며 본인이 직접 작성한 진정서를 공개했다. 이 진정서는 이후 청와대, 검찰 등에 접수됐다.

진정서에는 H 전 국장이 국세청 재직시절부터 세무조사와 관련된 기업과 기업인들에게 수천만 원에서 수억 원대의 뇌물을 받아왔다는 내용과 함께 H씨가 자신의 대학 후배이자 국세청 후배인 현직 국세청 국장으로부터 자신의 동업자인 정○○ 회장과 관련된 비리 내용을 받았으며, 이것으로 정 회장을 협박해 정 회장이 갖고 있던 골프장 지분을 강탈했다는 충격적인 내용이 들어 있었다. 심지어 H 전 국장이 후배 집무실로 정 회장을 불러 협박했다는 내용도 담겨 있었다.

김씨는 진정서에 '그런 식으로 H 전 국장을 도와준 대가로 대학 후배인 국세청 국장은 퇴임 이후 골프장의 지분 일부와 부사장 자리를 받기로 한 걸로 안다. 내가 보는 자리에서 H 전 국장과 현직 국세청 국장이 통화하면서 정 회장과 관련된 내용을 상의하는 것을 여러 번 들었다'고 적었다.

이 사건은 국세청의 도덕불감증을 단적으로 보여준다. 검찰수사 결과 골프장 회장이 된 국세청 간부는 현직 국세청 국장 시절부터 세무조사 무마 등의 대가로 기업들로부터 돈을 받았다. 자신의 집무실에서 직접 돈을 받았을 정도로 대담한 범행이었다.

골프장 사업을 하면서 수많은 사람을 끌어들여 피해를 입힌 의혹도 검찰수사대상이 됐다. 그야말로 비리백화점이라 해도 과언이 아닌 정도였다. 현직 국세청 국장이 세무조사 관련 정보를 전직 국세청 간부에게 유출해 범죄에 활용됐다는 진정서 내용도 만약 사실이라면 충격이 아닐 수 없다.

김씨가 수사기관에 냈다는 진정서는 이후 어떻게 처리됐는지는 모르지만, 필자는 그에게 받은 진정서를 2008년 9월~10월경 국무총리실 공직윤리지원관실에 넘겼다. 공직윤리지원관실은 이 진정서 등을 단서로 현직 국세청 국장에 대한 암행감찰에 나섰다. 엉뚱한 곳으로 불똥이 튄 셈이었다.

주간동아 「여의도 강타 '꽃뱀 괴담' 골프장 조성 구린 내에서 와전?」

'여의도 꽃뱀 사건'은 모든 흥행요소를 갖추고 있다. 성性을 이용한 사기라는 점이 그렇고 등장인물이 모두 최고위직 인사들이라 더욱 그렇다. 최근 이 소문은 정치권의 각종 찌라시(정보지) 등에도 오르내리며 급속도로 확산되고 있다. 기자는 '믿거나 말거나' 식인 이 소문의 진상을 좇았다. 왜 이런 소문이 나오는 것인지, 소문의 실체는 있는 것인지가 궁금했다.

결론부터 말하면, 소문 속 인물들은 실제로 '있었다'. 꽃뱀 여성으로 지목된 김모 씨는 현재 E산업개발 회장을 맡고 있는 사업가다. 전직 국세청 고위 인사라고 되어 있는 사람은 2006년 12월 국세청 국장을 끝으로 공직에서 물러난 H씨였다.

이상한 괴담이 정치권 정보지 통해 급속 확산

하지만 소문 속 '꽃뱀 사건'은 확인할 수 없었다. 대신 소문 속

인물들 사이에 개인적인 시비가 벌어지고 있음이 드러났다. 충북 청원군에 자리한 한 골프장의 인허가, 분양을 두고 소란이 일고 있었던 것. 이러한 사실은 소문 속 '꽃뱀 여성'인 김씨와 전직 국세청 고위 간부 H씨를 차례로 접촉하는 과정에서 확인됐다.

꽃뱀 소문에 대해 김씨는 황당하다고 말했다. 자신을 베트남에서 부동산 개발사업을 하는 사업가로 소개한 김씨는 "왜 그런 소문이 나오는지 모르겠다"며 자신의 수첩을 보여줬다. 김씨는 소문 속 남자인 H씨와는 "공동으로 골프장 분양 사업을 한 동업자였지만 지금은 갈등을 빚고 있다"고 설명했다.

확인 결과, 김씨와 H씨가 갈등을 빚고 있는 골프장은 충북 청원군에 건설 중인 E골프장이었다. 현재 50퍼센트가량 공사가 진행된 이 골프장은 호우에 대한 안전대책 미흡을 사유로 최근 공사가 중단됐다. H씨는 골프장 건설을 시행하고 있는 K실업의 대표이사다.

그런데 이 골프장과 관련된 의혹은 두 사람간의 공방에서 그치지 않아 눈길을 끈다. 골프장 인허가 과정에서 정·관계 로비가 있었다는 의혹이 일고 있는가 하면, 골프장 사업에 참여하거나 했던 인사들이 "자신의 지분을 빼앗겼다"는 등의 고소로 H씨와 각종 소송을 진행한 것이다. 꽃뱀 소문도 그중 하나다.

기자는 이 사건이 비록 개인 간 채무채권 관계에서 비롯된 것이지만 상당수 등장인물이 공인이라 할 수 있고 정·관계 로비 의혹이 일고 있는 점, 각종 의혹에 대해 검찰이 수사에 나선 점 등을 감안해 보도를 결정했다. 대체 이 골프장에는 어떤 사연이 숨어있는 것일까?

국세청, 감사원, 검찰…, 고위 공무원 출신 인사들 등장

E골프장과 관련해 먼저 눈에 띄는 점은 이 골프장과 관련한 인물들의 면면이다. 이름이 꽤 알려진 사업가와 전직 감사원 고위 간부, 부장검사 출신 변호사, 전 충북도청 간부 등이 대거 관련돼 있어 눈길을 끈다. 꽃뱀으로 지목된 김씨도 올해 4월 26일 이 골프장의 이사로 취임했다가 3개월만인 7월에 해임됐다.

골프장 시행사인 K실업의 이사진 중에는 제피로스골프장 탈세 의혹 사건으로 구속된 정○○ 회장 형제의 이름도 발견돼 관심을 끈다. 정 회장은 자신이 대주주로 있는 제피로스골프장 대표이사로 지난해 노무현 전 대통령의 부산상고 동기이자 오랜 친구인 정화삼 씨를 영입해 논란을 불러온 인물이다. 정씨는 최근 탈세 혐의로 구속됐다.

등기부등본에 따르면, K실업은 2004년 설립 당시 정씨 친형 소유의 빌딩(청주시 북문로 2가 소재)에 본사를 두고 있었다. 설립 당시 정씨 형제는 K실업 지분의 50퍼센트를 소유했던 것으로 확인됐다. 충청북도 기획관리실장 출신인 김○○ 씨는 감사를, 전 감사원 국장 출신으로 퇴직 후 공기업 감사까지 역임한 임○○ 씨는 설립 당시 대표이사를, 부장검사 출신의 변호사 신○○ 씨는 감사를 맡았다.

E골프장을 둘러싸고 정·관계 의혹이 처음 불거진 것은 올해 4월이다. 충북지역 주간지 《충청리뷰》가 골프장 인허가 과정에서의 금품 로비 의혹을 제기한 것이 시발점이 됐다.

당시 이 주간지는 'K실업이 골프장 허가를 추진하던 2007년 1월에서 4월 사이에 공직사회를 대상으로 무차별 금품 로비를 벌인 의혹이 제기돼 파문이 예상된다'라고 보도했다. 일부 공무원은 금품 로비가 있었음을 시인한 것으로 되어 있다.

이와 관련해 대표이사를 지낸 임○○ 씨는 "골프장 인허가를 위한 로비가 있었던 것은 사실이다. 청원군 등 관계기관 인사들에게 금품이 전달됐고 이 작업은 내가 주도했다"고 밝혔다. 임씨는 김○○ 청원군수에 대한 로비 의혹도 제기하면서 "H씨와 7천만 원을 만들어 김 군수를 상대로 로비를 벌였다. 전달된 돈은 모두 2억 원가량으로 알고 있다"고 털어놨다. 그러나 청원군과 K실업 측은 이러한 의혹에 대해 사실무근이라고 주장한다. 현재 이 문제에 대해서는 검찰조사가 진행 중이다.

회원권 분양과정에서 이 골프장 사업에 뛰어든 것으로 알려진 김모 씨는 최근 H씨를 상대로 소송을 준비 중이다. '회원권 분양을 성공시키는 대가로 받기로 한 K실업 지분 50퍼센트 혹은 현금 100억 원을 달라'는 게 이유다.

김씨가 작성한 진정서 '전 국세청 국장 ○○○의 사기행각 및 비리제보'에 따르면, H씨는 K실업 지분 50퍼센트를 본인(김씨)에게 (분양 성공 대가로) 주기로 구두로 약속하고 본인(김씨)은 회원권 모집책임을 지되 만일 모집이 부진하면 6월까지 회사에 긴요한 자금(30억 원)은 본인(김씨)이 제공하기로 약속했다고 돼 있다.

이 문제와 관련해, 김씨는 최근 기자에게 "분양에 성공하자 H씨가 지분 제공 약속이 없었다며 약속을 이행하지 않고 있다. 분양을 위해 만든 책자에도 나는 E컨트리클럽 회장으로 소개돼 있다. 사실상 회사 지분을 나누기로 한 동업관계인데도 H씨는 이를 인정하지 않는다. 분양을 성공시킨 대행사는 H씨에게 잔금을 받지 못해 어려운 처지에 놓여 있다"고 주장했다.

최근 E골프장을 둘러싼 각종 의혹에 대해 서울과 청주 두 곳에서 동시에 수사가 진행되고 있다. 수사의 핵심은 골프장 인허가와 관련한 각종 로비 의혹과 H씨의 사기행위 여부다. 이 밖에도 검찰은 H씨가 공직 재직시절부터 여러 개의 차명계좌를 운영해온 점, 공직에 있을 당시 차명으로 부동산 개발에 나섰던 점, 복수의 진정인이 "H씨가 국세청 재직 당시 자신의 직위를 이용해 정○○ 씨를 압박했고 정씨 소유 기업에 대한 세무조사에도 직간접적으로 간여했다"고 주장하는 점(국가공무원법, 공직자윤리법 위반 여부)에도 관심을 두고 있는 것으로 전해진다.

한편 H씨는 10월 1일 기자와의 전화통화에서 자신을 둘러싼 모든 의혹을 완강히 부인했다. 먼저 정·관계 로비 의혹에 대해 그는 "로비를 한 일이 전혀 없다. (감사원 고위직 출신인) 임씨가 인허가 관련 업무를 맡았는데 혹시 그가 로비를 했는지는 모르지만 나는 로비에 간여한 사실이 없다"고 주장했다. 김씨와의 갈등에 대해서도 "김씨는 분양에 기여한 것이 전혀 없다. 지분의 50퍼센트를 주겠다고 약속한 적도 없다. (김씨는) 분양 과정에서 아무런 역할도 하지 않았는데도 돈을 내놓으라고 나를 협박하고 있다. 나는 전과자인 김씨의 협박에 시달리는 피해자다"라고 주장했다.

—《주간동아》, 제656호, 2008년 10월 14일.

4장
국세청과 충돌한 사람들

절대 권력은 절대 부패한다. 검찰 수뇌부에 맞서가며 국세청의 비리를 파헤치려 했던 검사, 국세청 고위 간부의 비리를 조사하며 국세청과 갈등을 빚은 감사원, 혼자 몸으로 국세청에 맞선 안원구 전 국장 등은 견제받지 않는 권력이 된 국세청의 현주소를 여실히 보여줬다. 탈세범이 되어 법정에 선 선박왕 권혁 회장의 항변을 들으며 국세청이 가진 문제를 다시 생각했다.

01 국세청에 맞선 '선박왕'

:: 국세청이 두렵지 않은 권혁 회장

이현동 국세청장은 청장에 취임하기 전부터 역외탈세 잡는 일에 노력을 많이 들였다. 국세청이 야심차게 조사한 '완구왕' 박종완, '구리왕' 차용규, '선박왕' 권혁의 탈세 사건은 이런 노력의 성과였다.

국세청은 역외탈세를 근절해 1조 원 이상의 세수를 추가로 확보할 계획이라고 자신 있게 밝히기도 했다. 역외탈세란, 국내 법인이나 개인이 조세피난처 국가에 유령회사를 만든 뒤 그 회사가 수출입 거래를 하거나 수익을 이룬 것처럼 조작해 세금을 내지 않거나 축소하는 것을 말한다.

탈세범을 잡는 일에 이견이 있을 수는 없다. 국가적으로나 국민정서상 올바르고 좋은 일이다. 그러나 충분히 준비되지 않은 상태에서 진행되는 조사라면, 실효성이 없다면, 게다가 국세청이 성과는 없이 홍보에만 열을 올린다면, 그것은 문제가 아닐 수 없다. 사회정의를 세우는 문제가 특정인의 정치적 목적을 달성하려는 수단으로 쓰여서도 안 될 일이다.

큰소리는 쳤지만, 국세청의 1조 세수 확보 약속은 쉬워 보이지 않는다. 역외탈세와 관련된 일련의 재판결과가 이를 잘 보여준다.

2011년 11월, 국세청은 차용규 카작무스 대표에게 1600억 원의 세금 추징을 결정했다. 그러나 그가 국세청의 세금부과방침에 반발해 신청한 '과세전적부심사'에서 국세청은 패했다. '차용규 씨를 국내 거주자로 볼 수 없어 세금추징이 부당하다'는 이유였다. '과세전적부심사'는 국세청이 세무조사를 마친 뒤 세금을 고지하기 전에 납세자에게 과세 내용을 미리 알리고, 납세자가 억울하다고 판단하면 이의를 제기하도록 하는 납세자 구제절차다. 납세자는 세금이 고지된 후에도 조세심판원에 '세금불복청구'를 할 수 있다.

'완구왕' 박종완 대표 관련 사건에서도 국세청은 망신을 당했다. 2012년 2월 법원은 세금 437억 원을 포탈하고 947억 원 상당의 재산을 해외에 은닉한 혐의로 기소된 박종완 에드벤트엔터프라이즈 대표에 대해 무죄를 선고했다. 재판부는 '1997년부터 2000년까지 미국 영주권자였던 그가 해외에서 벌어들인 원천소득에 대해 종합소득세를 낼 의무는 없다'고 밝혔다. 2012년 12월 현재 '완구왕' 탈세사건은 항소심이 진행 중이다.

국세청이 그간 벌인 역외탈세 사건의 백미는 역시 시도상선 권혁 회장 관련 사건이다. 추징액만 4100억 원에 달해 큰 관심을 모았다. 모든 역외탈세 사건과 마찬가지로, 권혁 회장 사건의 핵심 쟁점도 '권 회장이 한국 거주자냐, 아니냐'에 있다. 만약 그가 한국 거주자가 아니라면 국세청은 권 회장에게 세금을 물릴 명분이 없어진다.

필자는 권 회장에 대한 1심 재판이 시작되기 직전인 2012년 4월 권 회장의 시도상선 한국사무소에서 권 회장과 세 번에 걸쳐 인터뷰를 가졌다. 인터뷰 내내 "나는 한국 거주자가 아니기 때문에 대한민국 국세청에 세금을 낼 이유가 없다"고 주장한 권 회장은 "세무조사과정에서 국세청 직원들이 부적절한 언행을 했다. 세무조사 책임자에게 '인사 좀 하라'고 종용했다"고 폭로했다.

번번이 깨지고 있지만, 국세청은 여전히 역외탈세 잡는 일을 포기하지 않고 있다. 국세청은 2012년 상반기에도 총 105건의 역외탈세사건을 조사해 모두 4897억 원을 추징했다고 밝혔다.

주간동아 「인터뷰_탈세 재판 앞둔 시도상선 권혁 회장」

권혁 시도상선 회장의 탈세 사건에 대한 첫 재판이 (2012년) 5월 17일 열린다. 원래 4월 19일 예정이었지만, 검찰 측 증인인 국세청 관계자들이 출석하지 않아 한 달간 미뤄진 것.

역외탈세 사건은 국세청이 사활을 걸고 추적하는 분야다. 특히 이현동 국세청장의 의지가 대단하다. 이 청장은 차장 시절이던

2009년 11월 국세청에 역외탈세추적전담센터를 신설하고 스스로 센터장이 됐다. 국세청은 지난해 초 역외탈세담당관실을 상설조직으로 만들었다.

권 회장 사건은 역외탈세조사에 본격 착수한 뒤 국세청이 내놓은 대표적인 성과 가운데 하나로 꼽혀 왔다. 일단 탈세규모가 크다. 국세청은 권 회장이 2006년부터 4100억 원 넘는 종합소득세 등을 탈루했다고 밝혔다.

지난해(2011년) 초 국세청은 권 회장을 검찰에 고발했다. 검찰은 지난해 8월 31일 권 회장에 대해 구속영장을 청구하면서, 그가 4100억 원의 탈루금액 가운데 소득세 1600억 원, 법인세 600억 원 등 2200억 원은 탈세했고 900억 원가량의 비자금을 조성했다고 밝혔다. 그러나 법원은 검찰이 청구한 두 번의 구속영장을 모두 기각했다. 이때까지가 검찰·국세청 대 권 회장의 1라운드 전쟁이었다면 이제 시작하는 재판은 2라운드인 셈이다.

권 회장은 1990년까지 현대자동차에 다녔는데, 주로 자동차 수송을 담당했다. 1993년 일본인 사업가들의 도움으로 중고자동차 전용선을 사서 빌려주는 사업을 시작한 그는 이후 승승장구했다. 한때 250척이 넘는 선박을 보유했지만, 2008년 글로벌 금융위기를 거치면서 100척이 넘는 배를 정리해 지금은 128척만 운영한다.

이미 알려진 사실이지만, 이 재판의 쟁점은 '권 회장이 국내 거주자냐, 아니냐'는 것이다. 만약 권 회장이 국내 거주자가 아니라는 법원 판단이 나오면, 그동안 국세청과 검찰이 제시한 증거 및 판단은 물거품이 된다. 국세청과 검찰은 권 회장이 사실상 국내에 거주하며 기업을 운영했고, 선박발주과정에서 조성한 커미션을 외국에 설립한 페이퍼컴퍼니를 통해 은닉했으며, 국내 기업을 해외 기업의 대리점인 것처럼 속여 개인 소득세와 법인세를 탈루했다고 주장한다.

권 회장에 대한 재판은 국세청이 지금까지 해온 역외탈세 조사의 분수령이 될 전망이다. 국세청은 권 회장 사건과 비슷한 시기에 조사했던 '완구왕' 박종완, '구리왕' 차용규 사건에서 이미 고배를 마셨기 때문이다. 재계에서는 "이번에도 성과를 내지 못하면 국세청은 앞으로 역외탈세조사를 더는 진행할 수 없을 것"이라는 전망도 나온다.

《주간동아》는 재판을 앞둔 권 회장과 최근 세 번 만나 재판의 쟁점에 대한 그의 주장을 들었다. 국세청과 검찰이 작성한 고발서, 공소장도 꼼꼼히 살폈다. 그는 국세청 세무조사과정에 대해서도 강도 높은 비판을 인터뷰에서 쏟아냈다. 조사과정에서 세무공무원들이 부적절한 처신을 보였다는 것이다. 특히 그는 "세무조사의 핵심 관계자가 법무법인을 통해 '왜 인사를 하지 않느냐'며 은밀한 만남을 제의하기도 했다"고 주장했다.

권 회장은 국내 거주자가 아닌가?

"아니다. 거주자 여부를 판단하려면 내가 한국에서 얼마나 생활했느냐가 중요하다. 또 내가 어디서 사업하는지, 해운업을 하면서 내가 선박 금융을 어디서 일으켰는지, 배를 소유하는 특수목적

법인(SPC)을 어디에 뒀는지도 중요하다. 그런데 그런 건 제대로 조사하지도 않았다. 그런 부분을 조사해달라고 국세청과 검찰에 얘기하면 '그런 건 나중에 하자'고 했다. 나는 홍콩에 거주하면서 사업하는 사람이다. 내가 국내 거주자로 인정받으려면 1년 중 최소 절반 이상을 국내에 거주하면서 2년에 걸쳐 1년 이상 머물러야 한다. 그런데 내가 한국에 거주한 기간은 그렇게 안 된다."

검찰 측 자료에 따르면, 권 회장의 국내 체류일수는 2004년 150일, 2005년 139일, 2006년 135일, 2007년 194일, 2008년 104일, 2009년 128일이다.

권 회장 가족은 국내에 오래 거주하지 않았나?

"장모가 혈액암에 걸려 집사람이 오랫동안 간병했다. 그렇다고 내가 한국 거주자가 되는 건가. 한국에 오래 머물렀지만, 집사람은 일본 거류증이 있는 일본 거주자다."

권 회장은 2006년 4월 오랫동안 사업 기반을 다졌던 일본을 떠나 홍콩으로 거주지를 옮겼다. 그는 "일본을 떠날 때 외국인 등록증도 반납했다"고 말했다. 권 회장은 2006년 6월 홍콩에서 취업허가서를 받고 본격적인 사업을 시작했다. 일본 국세청은 그가 일본을 떠난 뒤인 2007년 개인소득세 20억 엔 등을 부과하기도 했다. 우리나라 국세청은 그가 일본을 떠나 홍콩으로 간 시기부터 사실상 한국에 거주하며 사업을 했다고 주장한다.

세금을 회피하려고 일본에서 홍콩으로 이주한 것 아닌가?

"일본에서 세금을 낸 건 2007년이고, 홍콩에 간 건 2006년이다.

내가 점쟁이도 아니고, 미래에 닥칠 세무조사에 대비해 홍콩으로 갔다는 게 말이 되나. 그리고 국세청은 내가 일본에 거주하던 시기에 대해서는 전혀 문제 삼지 않는다. 내가 홍콩으로 본사를 옮긴 뒤부터 갑자기 한국 거주자가 됐다는 주장이다. 이해할 수 없다."

그럼 홍콩으로 본사와 거주지를 옮긴 이유는 뭔가?

"중국 시장에 진출하기 위해서였다. 홍콩에서 3년 이상 사업하면 중국 본토 진출이 가능해진다. 그래서 홍콩으로 옮겼다."

국세청과 검찰은 권 회장이 선박 발주, 윤활유 구매과정에서 받은 어드레스 커미션을 문제 삼는다(검찰 자료에 따르면, 조선사가 선박을 발주하는 선주의 요구에 따라 선박건조 대금 가운데 일부를 선주에게 리베이트로 돌려주는 것을 선박중개 브로커에게 지급하는 커미션과 구별해 일명 '어드레스 커미션'이라고 부른다).

"해운업을 하다 보면 커미션은 당연히 발생한다. 국제적 관례다. 배 발주 시 발생하는 커미션은 배를 발주해서 건조할 때까지 2~3년간 배 건조 과정을 감리하고 관리하는 데 쓴다. 나는 커미션을 관리하는 회사(뉴 브릿지 에이전시)를 따로 만들어 운영했다. 그 돈으로 홍콩에 있는 직원들을 위한 아파트도 샀다. 필요하면 배 계약금으로도 썼다. 국세청은 내가 이 돈을 개인적으로 착복했다고 하는데, 절대 아니다."

어드레스 커미션은 조선업계의 관행이 아니라고 국세청과 검찰은 판단한다.

"아니다. 국세청과 검찰이 조선소 직원들을 불러 그렇게 진술하라고 강요했다고 들었다. 만일 관행이 아니라면 조선소들이 왜 나에게 어드레스 커미션을 줬겠는가."

어드레스 커미션을 개인적으로 쓴 적은 없나?

"2007년 일본에 세금을 낼 때 이 돈으로 낸 게 있다. 그러나 빌려서 냈고 현재 갚고 있다. 차용증이 있다. 아들 영주권 취득 자금도 내가 회사에서 빌려서 썼고, 지금 갚는 중이다. 이것도 차용증이 있다. 그리고 국세청과 검찰이 내게 횡령·배임을 했다고 하는데, 배임죄가 성립하려면 피해자가 있어야 한다. 그런데 배를 발주하는 시도홀딩과 시도탱커홀딩의 지분은 내가 100퍼센트 갖고 있다. 피해자가 없는데 어떻게 배임이 성립하나."

권 회장의 주장과 달리, 지분을 100퍼센트 소유한 경우에도 배임죄가 성립한다고 보는 게 현재의 판례다. 엄연히 법인격이 있는데다 채권자나 거래인 등 회사의 이해관계자가 피해를 볼 수 있기 때문이다.

국내에 재산은 없나?

"골프장 회원권 2장을 갖고 있었는데, 국세청이 압류했다. 국내 재산은 2007년 모두 처분했다."

국내 거주자라는 사실을 숨기려고 국내 재산을 처분한 건 아닌가?

"부동산을 매각한 이유는 절을 짓기 위해서였다. 그것은 장모의 평생소원이었다. 그래서 2002~2003년 일본에서 돈을 조금씩 송금했고, 2007년쯤 건물을 지으려고 부동산을 모두 처분하기로 한 것이다. 여기저기 흩어진 부동산을 팔기 힘들어서 삼일회계법인의 평가를 받아 홍콩의 법인(멜보 인터내셔널)에 넘겼다. 세금도 다 냈고 절도 지었다."

절은 어디에 있나?

"구기동에 있다. 문수원이라고."

국세청과 검찰은 권 회장이 지속적으로 의료보험 혜택을 받았다는 사실을 근거로 권 회장을 국내 거주자로 판단한다.

"의료보험 혜택 문제는 거주자, 비거주자 문제와 관련 없다. 외국인도 3개월 이상 국내에 체류하면 의료보험 혜택을 받을 수 있다. 그리고 내가 받은 혜택보다 의료보험료를 더 많이 냈다."

권 회장 개인 외에 시도카캐리어서비스(이하 'CCCS')라는 이름의 법인에 대해 국세청과 검찰은 법인세 추징을 결정했다. CCCS는 어떤 회사인가?

"CCCS는 자동차 전용선을 운영하는 홍콩 회사다. 한국에 있는 유도해운에 포괄적 대리점 계약을 맺어 운영한다. CCCS는 페이퍼컴퍼니가 아니라 실제 존재하는 회사다. 해운업에서 가장 중요한 것은 배를 마련하는 것이다. 이 일을 하는 곳이 본사다. CCCS가 바로 배를 마련하는 회사다. 유도해운이 하는 것은 그 외의 일이다. 국세청은 홍콩 법인인 CCCS에 세금을 매기려고 강제로 CCCS를 국내 법인으로 등록시켰다. 결국 자기들이 유도해운은 본사고 CCCS는 페이퍼컴퍼니라고 해놓고선 세금은 페이퍼컴퍼니에 매겼다. 그리고 나는 CCCS를 국내에 법인 등록하는 데 동의한 적이 없다."

세무조사과정에 대해서도 불만이 많았던 것으로 안다.

"먼저 18개월 넘게 출국금지를 풀어주지 않는다. 사업에 막대한 지장이 생겼다. 국세청은 세무조사 당시 120박스가 넘는 서류를 갖고 가서 돌려주지 않았다. 세무조사가 끝난 뒤에도 여러 차례 공문을 넣었는데 안 돌려줬다. 그리고 검찰에 우리 서류를 그대로 보냈다. 기업의 정상적인 경영을 심각하게 방해하는 행위다."

또 다른 문제는?

"작년 4월 12일자 국세청 보도자료에는 내가 스위스 은행 등에 수천억 원의 자금을 은닉했다고 돼 있다. 그러나 사실이 아닌 것으로 밝혀졌다. 검찰 자료 어디에도 그런 것은 없다. 한 국세청 직원은 조사 과정에서 우리 직원 가운데 하나가 회사 돈을 횡령한 것이 드러나자 나에게 '회장님, 저도 돈 좀 주십시오. 하하하' 그러더라. 어이가 없었다. 또 다른 직원은 '한국에서 사업하려면 검찰, 국세청, 국회의원, 시민단체 같은 힘 있는 곳을 관리해야 한다'라고 했다. 그게 세무공무원이 할 소리인가."

국세청 측이 권 회장 측에 협상을 제안했다는 보도도 있었다.

"국세청 관계자가 나를 두 번이나 불러서 '국내 거주자라는 걸 인정하면 세금을 500억 원 정도 깎아주고, 10년에 걸쳐 분납할 수 있게 해주겠다'라고 제안했다. 세무조사가 끝나가던 지난해 3~4월경의 일이다. 한 국세청 고위 간부는 우리 측 법무법인 소속 세무사를 통해 '왜 인사를 오지 않느냐'는 얘기를 전해왔다. 나는 '조용히 한번 만나자는 얘기'라고 생각했다. 그래서 내가 법무법인을 통해 만날 의향이 있다는 뜻을 전했더니 그때는 또 '오지 마라'고 연락이 왔다. 2010년 10월 세무조사를 시작한 이후 잠시 출국금지를 해제해줘 홍콩에 갔다 온 일이 있는데, 가기 전 국세청 직원이 나에게 여러 차례 '국세청 간부 ○○○에게 잘 갔다 온다고 전화하라'고 종용했다. 기분이 안 좋았지만 전화했다. 그 국세청 간부는 나에게 '사업 잘 하셔야죠'라고 말했다."

국세청 직원들의 언행에 문제가 있다고 생각하나?

"그렇다. 하여간 보도자료 문제부터 국세청 직원들의 언행까지 모두 이번 재판이 끝나는 대로 책임을 물을 생각이다. 한국 기업이야 국세청 눈치 보느라 할 소리를 제대로 못 하지만 나는 한국에서 사업하는 사람도 아니다. 무서울 게 없다."

이제 재판이 시작되는데….

"20년 가까이 해운업을 하면서 한국에 많은 기여를 했다고 생각한다. 그동안 한국 조선소에서 70척 정도 건조했다. 금액으로는 3조 5000억 원 정도 된다. 일본이 보험료가 싼데도 한국에서 매년 100억 원 정도의 보험료를 낸다. 그런 부분이 국세청 세무조사와 검찰수사에서는 전혀 감안이 되지 않아 아쉽다. 재판에 성실히 임하겠다. 그리고 재판이 끝나면 세무조사과정의 문제점에 대해 반드시 책임을 물을 생각이다."

세무조사과정에 문제가 있었다는 권혁 회장의 주장에 대해 국세청 측은 사실이 아니라고 반박했다. 역외탈세담당관실 관계자는 "이런 주장이 나올 수 있다고 충분히 예측했다. 워낙 민감한 사안이라 우리 직원들을 충분히 교육했다. 정말 공손하고 예의 바르게 세무조사를 진행했다. 그러나 재판을 앞둔 상황에서 권 회장의 주장에 대해 구체적으로 답변하기는 곤란하다"고 말했다.

국세청 측은 예치조사 후 압수한 서류를 돌려주지 않고 검찰로 보낸 이유에 대해 "검찰이 압수수색 영장을 받아 적법하게 가져간 것이다. 국세청이 내준 게 아니다"라고 밝혔다. 지난해 4월 12일자 보도자료에서 밝힌, '권 회장이 스위스 계좌 등에 수천억 원의 은닉자금을 보유했다'는 내용에 대해 국세청 측은 "굳이 그렇게 스위스 계좌를 강조할 필요는 없었고 재판 과정에서 구체적으로 확인될 것"이라고 말했다. 스위스 계좌가 확인됐는지에 대해선 "확인해주기 어렵다. 자세히 살펴보지 않으면 알 수 없는 부분이다. 재판 과정에서 다 얘기가 될 부분"이라며 즉답을 회피했다.

국세청 고위 간부가 권 회장 측에 은밀한 만남을 제의해왔다는 권 회장의 주장에 대해 국세청 측은 "그런 일은 없었던 것으로 안다"고 말했다. 은밀한 만남을 제의했다는 의혹을 받는 국세청 간부는《주간동아》의 취재에 응하지 않았다.

—《주간동아》, 제837호, 2012년 5월 22일.

:: 이상한 소송

국세청이 역외탈세 의혹을 받는 시도상선 권혁 회장을 상대로 제기한 '소송비용담보제공명령신청'에서 패소했다. '소송비용담보제공명령신청'은 소송을 제기한 원고(권혁)가 패소할 경우 피고(국세청)가 원고로부터 상환받을 소송비용을 미리 담보로 잡아달라고 법원에 신청하는 제도다. 민사소송법은 원고가 대한민국에 주소, 사무소, 영업소를 두지 아니한 때나 소송기록에 의해 청구가 이유 없음이 명백한 때(원고 패소가 거의 확실할 때) 이 소송을 제기할 수 있도록 규정한다.

그러나 2012년 5월 17일 서울행정법원은 국세청을 대신해 서울 반포세무서장이 제기한 이 신청을 기각했다. 권 회장은 지난해 국세청이 3천억 원 넘는 소득세를 부과하자 국세청의 과세처분이 부당하다며 세금부과처분취소청구 소송을 제기했다. 국세청이 낸 '소송비용담보제공명령신청' 소송은 권 회장이 냈던 소송을 본안소송으로 한다.

국세청은 이번 소송을 제기하면서 '원고(권혁)는 주민등록을 대한민국 내에 두기는 하지만, 스스로 대한민국 거주자가 아니라고 주장하며 원고가 대한민국에 주소를 두고 있을 경우에도 소송비용담보제공명령신청을 할 수 있다'고 주장했다. 그러나 법원은 국세청의 주장을 기각하면서 '국세청이 권 회장에게 세금을 부과할 당시와는 상반된 주장을 펴고 있다'라고 지적했다. 권 회장이 대한민국 내에 주소를 둔 거주자임을 전제로 종합소득세 등을 부과해놓고 이와 정반대되는 전제, 즉 '권 회장이 대한민국 내에 주소 등을 두지 않았다'며 이번 소송을 제기한 것은 논리적으로 문제가 있다는 것이다. 법원은 판결문에서 이렇게 밝혔다(괄호는 이해를 위해 기자가 적어 넣은 것이다).

(이 소송은) 신청인인 국세청 스스로 자신의 (권 회장에 대한)
종합소득세 부과처분이 잘못되었음을 자인하는 것이 되므로,
(그렇게 되면) 본안(세금부과처분취소청구) 소송에서 패소할 것
이 명백하게 되어 소송비용의 담보명령요건을 흠결하게 된다.

법원은 또 '권 회장의 소장과 준비 서면, 그 밖의 소송기록에 의
하더라도 청구가 이유 없음이 분명하다'고 덧붙였다. 국세청이 세
금부과처분취소청구 소송에서 반드시 이긴다고 확신하기 어렵다
는 것이다. 실제로 지난해 국세청의 고발로 시작된 검찰수사과정
에서 법원은 검찰이 낸 권 회장에 대한 구속영장을 두 번이나 기
각했다.

국세청이 지난해 3월 검찰에 보낸 권 회장에 대한 고발서와 검
찰의 공소장에 따르면, 국세청과 검찰은 권 회장이 국내에 일정
거주지를 둔 국내인이라고 여러 번 강조했다. 권 회장이 국내 거
주자냐, 아니냐 하는 문제는 시도상선 역외탈세 재판의 핵심 쟁점
이다.

결국 국세청은 이번 소송을 제기하면서 그간 자신과 검찰이 일
관되게 주장해온 논리를 스스로 부인한 셈이 됐다. 이번 결정은
앞으로의 재판에서 두고두고 논란거리가 될 전망이다.

이 소송 결과에 대해 권 회장 측은 "국세청 스스로 권 회장이

국내 거주자가 아니라는 사실을 고백했다고 본다. 사실상 국세청의 세금 부과에 문제가 있다는 것이 이번 판결로 확인됐다"며 목소리를 높였다.

2012년 11월 29일, 검찰은 2200억 원대 세금을 탈루한 혐의로 불구속기소된 시도상선 권혁 회장에 대해 징역 7년, 벌금 2284억 원을 구형했다. 검찰은 '권 회장은 페이퍼컴퍼니와 비국내 거주인 행세를 통해 조세를 포탈했고 선박 발주·윤활유·페인트 등 유관 업종에서 우월한 지위를 이용해 리베이트를 강요했다. 죄질이 불량하고 개선의 여지가 보이지 않아 중형이 불가피하다. 또한 조세 피난처를 통해 재산을 은닉했고 자신에게 불리한 진술을 하는 직원들을 고소하겠다며 입막음을 하기도 했다. 이를 처벌하지 않으면 대다수 건강한 납세자들에게 허탈감을 줄 것이다'라고 덧붙였다. 이에 대해 권 회장 측 변호인은 "권 회장은 탈세를 위해 해외로 나간 것이 아니라 일본에서 사업을 시작해 홍콩과 한국 등으로 사업영역을 확장한 것이다. 해외 해운업의 특수성을 고려해야 하고 경제인의 선택에 대한 과세와 처벌은 구체적 법을 따라야 한다"라고 반박했다. 올해 1월 4일로 예정된 선고기일은 한 달 이상 늦어지고 있다.

02 국세청 수사로 내분을 겪은 검찰

　서울중앙지방검찰청 특별수사2부(이하 '특수2부')는 한때 '국세청 전담 수사팀'이라는 별칭으로 불렸다. 의도한 것인지 우연인지는 몰라도 상당기간 국세청 관련 사건을 도맡아 얻은 별명이었다. 아마도 그 시작은 신성해운의 국세청 로비 의혹 사건(2008년)이었을 것이다.

　2010년 말부터 특수2부에는 국세청 사건이 하나둘 모아졌다. 한상률 전 청장과 관련된 일련의 사건들, 박동열 전 대전지방국세청장의 뇌물수수 의혹, 이희완 전 국장의 수뢰 사건 등이었다. 2011년 2월말 미국으로 도망성 외유를 떠났던 한 전 청장이 2년 만에 귀국하면서 특수2부의 국세청 수사는 절정을 맞았다.

　당시 특수2부 책임자는 최윤수 부장이었다. 그는 검사생활 내내 마약·조폭 수사에서 잔뼈가 굵은 사람이었다. 호남형 얼굴에 부드러운 인상을 지녔지만, 검찰 내에서 독종 검사로 통했다.

특수2부가 한창 국세청 수사에 열을 올리고 있을 때 검찰 주변에서 "특수2부와 검찰 수뇌부 사이가 좋지 않다", "수뇌부가 특수2부 수사를 못마땅해 한다"는 소문이 돌기 시작했다. 최윤수 부장이 한상대 당시 서울중앙지검장에게 박살이 났다는 얘기도 들리기 시작했다. 여러 경로를 통해 알아보니, 소문은 대부분 사실이었고 갈등의 원인은 국세청 관련 수사에 대한 입장 차이 때문인 것 같았다.

필자는 통상적인 수준을 넘어서는 이 갈등과정을 취재했다. 그리고 2011년 9월 초 단행된 검찰인사에서 최 부장이 부산고검(법무연수원 파견)으로 사실상 좌천된 이후 관련 기사를 보도했다. 취재과정에서 최 부장에게 정식으로 인터뷰를 요청했지만, 그는 수뇌부와의 갈등문제에 대해 아무런 입장도 밝히지 않았다.

新東亞 「국세청 수사 둘러싼 검찰 내 갈등설 내막」

한상대 검찰총장이 서울중앙지방검찰청(이하 '중앙지검') 청장으로 재직하던 올해(2011년) 2월부터 중앙지검은 유독 국세청 관련 특수수사를 많이 했다. 올해 2월 전격 귀국한 한상률 전 국세청장과 관련된 일련의 사건들, 이희완 전 국세청 국장이 김영편입학원으로부터 세무조사 무마 청탁 대가로 3억 원을 받은 사건, 박동열 전 대전지방국세청장의 뇌물수수 의혹 등이 모두 특수2부

(당시 부장 최윤수)가 담당한 사건들이었다. 그런데 수사가 진행되는 동안 검찰 주변에서는 이들 사건 수사와 관련한 수사팀과 검찰 수뇌부 간 갈등이 빚어지고 있다는 의혹이 꾸준히 제기되었다. 주로 수사팀의 수사의지와 수뇌부의 신중론이 대립한다는 얘기였다.

《신동아》가 이미 지나간 일들을 다시 끄집어내는 이유는, 상명하복上命下服이 생명인 검찰문화를 생각할 때 수사팀과 수뇌부 간 갈등이 통상적인 수준을 넘었다고 판단했기 때문이다. 유독 국세청 관련 수사에서 잡음이 났다는 점, 논란의 당사자 중 한 사람이 당시 검찰총장이라는 점, 공익과 직결된 중요 사건을 둘러싸고 빚어진 갈등이라는 점에서도 취재와 보도 가치가 충분히 있다고 판단했다. 대체 중앙지검의 국세청 관련 수사 과정에선 그동안 어떤 일들이 벌어졌던 것일까? 시곗바늘을 6개월 전으로 돌려보자.

한상률 수사를 둘러싼 논란

한상률 전 국세청장이 지난 2월 24일 전격 귀국했다. 예고되지 않은 귀국이어서 검찰도 언론도 많이 놀랐다. 한 전 청장 관련 수사를 맡고 있던 특수2부 사정을 잘 아는 관계자들에 따르면, 한 전 청장을 수사하는 과정에서는 처음부터 수사팀과 검찰 수뇌부 간에 갈등이 불거졌다. 기왕에 제기된 직권남용, 인사 청탁, 골프장 인사로비 같은 의혹을 바라보는 시각이 수사팀과 수뇌부 간에 달랐다는 것이다. 수사팀이 한 전 청장 관련 사건에 의욕을 보인 반면 수뇌부에선 신중론에 무게를 실었다.

이와 관련해 당시 서울중앙지검의 한 고위 관계자는 최근 "한 전 청장과 관련된 의혹의 대부분은 처음부터 수사대상이 될 수 없는 것들이었다. 예를 들어, 부산에 본사를 둔 태광실업을 서울지방국세청이 세무조사한 것을 두고 나온 직권남용 논란, 골프장에서 인사 청탁이 있었는가 하는 문제는 수사대상이 안 된다고 봤다"고 말했다. 그러나 당시 특수2부는 검찰에 파견 나온 국세청 직원들을 수사에서 철저히 배제하고 나중에는 아예 철수시키면서까지 수사에 전열을 불태웠다. 국세청 직원들이 수사 정보를 빼간다는 판단 때문이었다. 이 문제로 인해 한때 검찰과 국세청 간에 보이지 않는 신경전도 있었다. 국세청 주변에선 특수2부를 겨냥해 "우리도 한번 (검찰을) 뒤져볼까"하는 소리가 터져 나오기도 했다.

한상대 총장 등 중앙지검 수뇌부는 한 전 청장 관련 수사가 개인비리 문제로 계속 확대되는 것을 원치 않았다고 한다. 기업으로부터 받은 자문료 등으로 수사가 번지는 것도 마뜩치 않게 생각했다는 얘기도 들린다. 그러나 윤갑근 3차장은 이러한 의혹에 대해 "사실이 아니다. 그런 일은 없었다. 자문료 관련 부분은 애초 수사를 시작할 때는 몰랐던 것을 우리가 수사과정에서 새롭게 찾아낸 것이다. 이번 수사의 중요한 성과라 할 수 있다. 수사방향이나 내용에 대해 의견 차이가 있었다는 정도면 몰라도 갈등이 있었다는 건 말이 안 된다. 한상률 관련 수사는 누가 와서 다시 해도 더 잘 할 수는 없다"고 말했다.

수사팀 주변에서는 한상률 수사와 관련해 수사팀과 수뇌부 간에 첨예하게 대립했던 문제 중 하나로 주류업체 D사에 대한 수사를 두고 불거진 갈등이라는 얘기가 나온다. 의혹의 핵심은 탈세 혐의로 주류면허를 박탈당했던 D사가 조기에 주류면허를 회복하고 더 좋은 조건으로 영업을 할 수 있게 되는 과정에 국세청(한상률 전 청장)을 상대로 한 로비가 있었다는 의혹이다. D사와 관련된 의혹은 이미 지난해(2010년)부터 정치권을 중심으로 제기돼 왔고 몇몇 언론이 이 문제를 다루기도 했다(자세한 내용은 《신동아》 2011년 4월호에 실린 「여권 실세 국세청 원저 로비커넥션?」 참고).

당시 수사팀에서는 한 전 청장이 2007~2008년 사이 D사가 주류면허를 재발급받는 과정에서 당시 자신의 최측근이었던 S(현 세무사)를 통해 로비를 받았을 가능성이 높다고 보고 수사를 검토했다. 그러나 수뇌부는 이에 반대했다.

실제 올해 4월경 D사에 대한 수사 여부가 검찰 주변에서 관심사로 떠올랐을 무렵 '수사를 하는지'의 문제를 두고 수사팀과 수뇌부의 입장이 달라 기자들 사이에 혼선이 빚어지기도 했다. 한 검찰 관계자는 "이 문제를 두고 수사팀 주변에서 당시 '검찰 수뇌부가 수사를 방해한다'는 소리까지 나왔었다"라고 말했다.

이 논란과 관련해 윤갑근 3차장은 "수사팀이 수뇌부에 불만을 표시했다거나 수사를 방해했다는 건 전혀 사실이 아니다. 수뇌부에서 수사를 할 것인지의 문제에 대해 판단을 한 것이다. 만약 수사 대상자와 (검찰 수뇌부가) 어떤 커넥션이 있어서 수사를 못하게 한다거나 하는 것이라면 큰 문제겠지만 수사의 실효성 등을 판단해 수사를 조율하는 것이라면 얘기가 다르다. 수사할 가치가 있는가를 판단한 것이다. 이런 문제를 두고 수사방해라고 표현한다면 피라미드 형태로 되어 있는 검찰조직이란 것 자체가 필요 없는 것 아니냐"고 반박했다. 윤 차장은 또 "기업수사라는 게 그렇다. 수사할 부분은 아주 작은데, 단서가 별로 없는 상황에서 검사가 '일단 뒤져보자'는 식으로 나오면 그걸 정리해 주는 역할을 윗사람이 해야 한다. 지난번 ○○○저축은행의 경우 수사한다는 사실이 보도된 것만으로도 하루 500억 원이 빠져 나가는 뱅크런이 벌어졌다. 그런 것은 막아야 한다. 기업을 죽이는 수사는 항상 신중해야 한다. 만약 '수사로 인해 기업이 입을 피해에 전혀 관심이 없다'고 생각하는 검사가 있다면 그런 검사가 더 문제라고 생각한다"고 말했다.

대검 첩보 논란

이희완 전 국세청 국장과 관련된 특수2부의 수사도 논란이 많았다. 현재 이 전 국장은 국내 최대 편입학원인 김영편입학원으로부터 세무조사 무마 대가로 3억 원을 수수한 혐의로 구속·수감돼 있다. 이 전 국장은 2006년 서울지방국세청 조사2국장을 끝으로 국세청을 퇴임한 이후 최근까지 5년간 SK그룹 계열사 여러 곳으로부터 30억 원가량의 자문료를 받은 사실도 확인돼 별도 수사를 받고 있다. 최근 윤갑근 서울중앙지검 3차장은 기자들에게 "(이 전 국세청 국장이 SK그룹에서 30억 원가량의 자문료를 받은 것과 관련) 새로운 패러다임으로 이 문제에 접근해야 할 것 같다"라고 말하기도 했다.

올해(2011년) 3월 말, 대검찰청은 이 전 국장이 김영편입학원에서 3억 원을 받은 것과 관련된 첩보를 서울중앙지검으로 내려 보내 수사를 지시했다. 검찰 직제상 중앙지검 3차장은 대검 중수부의 지휘를 받는다. 이 첩보는 통상적인 절차를 거쳐 수사팀에 배당될 예정이었다.

당시 이 전 국장과 관련된 첩보를 생산하고, 내려 보낸 대검 중수부 라인은 우병우(현 부천지청장) 대검수사기획관과 전현준 대검범죄정보기획관이었다. 검찰 일각에서는 "우병우 기획관, 전현준 기획관, 최윤수 부장이 모두 서울대 법대 동창이다. 대학 때부터 가까운 관계였다. 한상률 수사로 어려움을 겪고 있던 최 부장에게 동창들이 선물로 내려 보낸 것이다"라는 말도 나왔다. 그러나 한 전 청장 수사에 매진하고 있던 특수2부를 염두에 두고 내려 보낸 이 첩보는 배당이 미뤄진 채 한 달 가까이 3차장실 캐비닛에 머물렀다.

당시 첩보에는 이 전 국장이 김영편입학원에서 받은 3억 원이 한상률 전 국세청장과 관련이 있을 가능성이 있다는 내용이 적시되어 있었다고 알려져 있다. 그런 상황을 감안하면 사건 배당이 늦어진 것을 두고 논란이 이는 것은 어쩌면 당연해 보인다. 참고로, 이 전 국장은 오래전부터 국세청, 검찰 주변에서 한 전 청장의 재산관리인이라는 소문이 무성했던 인물이다. 2008년 당시 서울 중앙지검 특수2부장을 맡아 신성해운의 국세청 로비 사건 수사를 담당했던 윤갑근 3차장도 "2008년 당시 수사를 진행할 때부터 이희완 씨와 관련된 소문을 들어서 알고 있었다. 한 전 청장의 재산관리인이란 소문이었는데, 당시에는 아무런 증거도 없고 개인 비리도 발견되지 않아 수사가 이뤄지지 못했었다"라고 설명했다.

이 사건의 배당은 첩보를 보낸 대검 중수부와 이 사실을 알게 된 특수2부 측의 문제제기가 있은 후에야 이뤄졌다고 한다. 복수의 검찰 관계자에 따르면, 첩보를 내려 보낸 뒤 한 달쯤 후 대검은 특수2부에 수사 상황을 문의했다. 우병우 대검수사기획관이 직접 최윤수 부장에게 확인전화를 했다는 것이다. 그러나 당시 특수2부에서는 그런 첩보가 서울중앙지검에 내려와 있는지도 몰랐다. 당시 사정에 정통한 한 검찰 관계자는 "최 부장이 윤 차장에게 항의성 문의를 하고, 대검에서도 이 부분에 대해 문의했다고 들었다. 그리고 나서야 사건이 배당됐다. 사건이 배당된 건 4월 말 정도로 알고 있다. 첩보가 내려간 건 3월이다"라고 말했다.

당시 이 사건은 수사팀과 수뇌부 간 갈등이 표면화된 결정적인 사건이 됐다고 검찰 관계자들은 입을 모은다. 그러나 이러한 논란에 대해 당시 수사팀을 관할하던 검찰 간부의 얘기는 다르다.

"사실이 아닙니다. 일단 수사에 보안이 필요하다고 판단했기 때문에 배당을 늦춘 것입니다. 배당한다고 해도 사건을 바로 진행할 상황이 아닌데, 덜컥 사건을 내려 보냈다가 보안이 새면 사건을 시작하기도 어렵다고 판단했습니다. 수사에 속도조절이 필요하다는 생각도 있었고요. 그리고 결과적으로 속도조절을 한 것이 사건 수사를 성공시키는 데 결정적인 도움이 됐다고 판단합니다. 당시 이 사건의 배당과 관련해 대검 중수부와 갈등은 전혀 없었습니다. 수사팀과도 문제가 없었는데 왜 그런 얘기가 나오는지 모르겠습니다."

"자신 없으면 수사하지 말라."

한 총장은 당시 특수2부의 국세청 관련 수사상황이 언론에 계속 알려지는 것에도 매우 민감하게 반응했다는 후문이다. 이것이 특수2부 수사에 불신을 갖게 된 원인 중 하나라는 얘기도 나온다. 한 검찰 간부는 "한 총장은 특수부에서 수사상황을 일부러 언론에 흘린다는 생각도 하고 있었다"라고 말했다. 그중 가장 큰 사건은 이 전 국세청 국장 사건과 관련해 김영편입학원을 압수수색한 사실이 한 일간지에 보도된 것이었다.

> 검찰이 국내 최대 규모의 편입학원인 김영편입학원(이하 '김영학원')이 세무조사 무마를 위해 한상률 전 국세청장을 비롯한 당시 국세청 조사 라인에 거액을 건넨 단서를 잡고 (5월) 27일 김영학원 본사를 압수수색했다. (중략) 한 전 청장을 비롯한 국세청 관계자들에게 10억 원대 로비자금을 건넨 단서를 포착한 것으로 알려졌다. (중략) —《한국일보》, 2011년 5월 28일.

이 보도가 나간 뒤 한 전 총장은 최윤수 특수2부장을 직접 불러 호통을 쳤다. 기사에 한 전 청장 관련 내용이 적시된 것도 문제였다. 평소 말을 아끼기로 유명한 윤갑근 차장도 이 사건에 대해서는 "그때는 한 총장이 정말 화를 많이 냈다"고 말할 정도다. 윤 차장이 화가 난 한 총장에게 "법원에서 흘러 나간 것 같다"고 했는데 한 총장은 "너희들은 항상 법원 핑계만 대느냐"고 불만을 토로했다고 한다.

당시 특수2부는 법원에 압수수색 영장을 청구하면서 영장에 '이 전 국장이 받은 돈이 한 전 청장에게 건너간 것으로 보인다'라고 밝혔다. 당시 한 총장은 "한 전 청장 관련 내용을 명시하지 않으면 영장이 안 나올 수도 있다고 생각했다"는 수사팀의 설명에 대해 "그렇게 자신이 없으면 수사를 하지 말아야지"라며 화를 냈다고 한다. 이와 관련해 윤갑근 3차장은 "같이 팀워크를 이뤄 일을 하다 보면, 굳이 말로 안 해도 궁합이 딱딱 맞는 관계라는 게 있고 그렇지 않은 관계도 있다. 그건 잘잘못의 문제가 아니다. 최 부장과 한 총장은 서로 기질상 잘 안 맞는 측면이 있었다. 그런 것을 '갈등이 있었다'는 식으로 보면 안 된다"고 말했다.

말 많았던 검찰 인사

지난 (2011년) 9월 5일자로 단행된 검찰 간부 인사를 두고도 검찰 주변에서 말이 많았다. 특히 한 총장과 관계가 좋지 않았던 것으로 알려진 최 부장이 이번 인사에서 어디로 갈 것인가는 최고

관전 포인트 중 하나였다. 인사를 앞두고 검찰 주변에서는 "한 지검장이 총장이 되면 최 부장이 검찰을 떠난다"는 얘기가 나돌 정도였다. 이런 얘기는 검찰기자들 사이에서도 화제가 됐다. 최 전 부장 인사와 관련해 몇몇 검찰기자들이 의견을 수렴하여 최 부장 인사에 대한 건의를 권재진 신임 법무장관에게 했을 정도였다.

한 검찰기자는 "기자들이 최 부장을 법무부 대변인으로 보내달라고 청원을 했다. 인사에서 너무 불이익을 주면 좋지 않은 일이 생길 수 있다는 걱정이 있었다. 어차피 총장하고는 대화가 되지 않을 것으로 생각해 장관에게 건의하기로 했다. 인사권도 법무부에 있으니까"라고 말했다. 인사를 앞둔 지난 8월 중순, 한 검찰 고위 간부도 기자에게 "말은 안 해도 걱정하는 사람이 많다. 너무 표 나게 안 좋은 곳으로 보낼까 봐 걱정이다. 그렇게 되면 오히려 더 안 좋은 일이 벌어질 수도 있다"라고 말하기도 했다.

이런 주변의 우려가 전달된 것인지, 최 부장은 부산고검으로 발령은 났지만 법무연수원 대외교류협력단장을 맡으며 서울에서 출퇴근할 수 있는 처지가 됐다. 특수부장 출신의 다음 보직치고는 한직이라는 평이 많지만 검찰 주변에서는 "그나마 다행"이라는 얘기가 나온다. 한 검찰 관계자는 "총장과 장관이 이 문제로 상의했다는 얘기도 들었다"라고 말했다. 또 다른 검찰 관계자는 "나쁘지 않은 자리다. 수사부서가 아니라는 것만 빼고는 괜찮다. 최 부장도 이번 인사에 큰 불만은 없는 것으로 안다"라고 말했다. 윤갑근 차장도 "본인도 이번 인사에 만족하고 있다. 그리고 기자들의 청원이라는 것도 매번 인사 때처럼 기자들이 '누구를 대변인으로 보내 달라'고 의견을 제시하는 그런 차원이었다"라고 설명했다.

참고로, 이번 검찰 간부 인사에서 서울중앙지검 특수부장들은 모두 비非수사부서로 발령이 났다. 한명숙 전 총리 사건을 담당한 이동열 특수1부장은 서울고검(금융부실책임조사본부 파견)으로, 송삼현 특수3부장은 법무연수원 교수로 나갔다. 최 부장은 법무연수원 대외교류협력단장을 맡게 됐다. 한 총장이 서울중앙지검장으로 재직하면서 유일하게 칭찬했다는 오리온그룹 비자금 사건을 수사한 이중희 금융조세조사3부장이 특수1부장에 기용된 게 눈에 띌 정도다. 반면 공안검사들의 약진이 두드러졌다. 왕재산, 곽노현 수사를 맡은 이진한 공안1부장은 대검 공안기획관으로, 쪼개기 정치후원금을 수사했던 안병익 공안2부장은 대검 감찰과장으로 자리를 옮겼다.

"특수부는 열등생."

한 총장과 특수부의 갈등이 특수수사 방식을 신뢰하지 않는 한 총장의 성격 때문이라고 말하는 검찰 관계자도 많다. 한 총장이 서울고검장으로 재직하던 시절 같이 근무했던 한 검찰간부의 말을 들어보면 이 말이 대략 이해가 된다.

"형사부 출신인 한 총장은 특수통 검사들의 수사 스타일을 별로 신뢰하지 않아요. 한 총장처럼 형사부 수사를 오래한 사람들은 판단력과 직관력이 좋거든요. 그래서 하나부터 열까지 모든 걸 확인하고 뭔가가 나올 때까지 뒤지는 식의 특수수사를 좋아하지 않죠. 스마트하지 않다고 생각하는 거죠. 언젠가 한 청장과 어떤 사안에 대해 의견이 부딪힌 일이 있었는데, 한 총장이 '그게 바로 특수부 출신인 당신과 나의 차이다'라고 딱 잘라 말하더군요."

이번 간부 인사에서도 드러난 것처럼 한 총장은 특수부보다는 공안부에 힘을 싣는 정책을 펴고 있다. 8월 12일 취임식에서도 종북좌파 척결을 선언해 화제가 되었다. 취임 직후엔 대검찰청 범죄정보담당관실에 공안정보 강화를 지시하기도 했다. 한 총장이 검찰총장 내정자 시절이던 7월 29일 터진 일명 '왕재산 사건'이나 취임 직후 불거진 곽노현 서울시 교육감 후보 매수 사건은 모두 중앙지검 공안부의 작품이었다.

한 총장은 내정자 시절 대검찰청 기획관들과의 간담회 자리에서 "공안부는 우등생, 특수부는 열등생"(《매일경제》, 2011년 8월 25일)이라는 발언으로 논란을 빚기도 했는데 이 발언은 한 총장의 성격과 관심사, 한상대 검찰의 미래를 보여주는 하나의 청사진으로 검찰 주변에서 받아들여지고 있다.　　—《신동아》, 2011년 10월호.

03 지방청장의 뇌물수수 의혹을 조사한 감사원

2010년 말, 정치권에서는 감사원이 박동열 당시 대전지방국세청장의 비위사실을 확인하고 조사에 착수했다는 소문이 퍼졌다. 박 청장이 한 건설업자로부터 직무와 관련해 뇌물을 수수했다는 내용이었다. 박 청장은 이현동 국세청장의 오른팔로 불리는 인물이면서 국세청 세원정보과장 등 핵심 요직을 거친 국세청의 실세 중 한 사람이었다.

감사원의 박 청장 내사가 한창 진행 중이던 때, 필자는 정치권 인사로부터 "박 청장도 상당히 억울해한다. 사실관계를 정확히 확인해 기사를 써 달라"는 말을 듣고 본격적인 취재에 나섰다.

의혹의 핵심은 박 청장이 일산 식사지구 재개발사업을 시행한 한 부동산업체 대표에게 뇌물을 받았다는 것이었다. 개발부지 옆의 알짜배기 땅을 가족 명의로 헐값에 불하받아 막대한 시세차익을 거뒀다는 내용이었다. 감사원과 국세청을 상대로 취재를 진행하고 현장조사를 한 결과, 필자는 박 청장이 시행사로부터 뇌물을 받았을 가능성이 상당히 높다고 판단했다. 설명과 해명을 듣기 위해 필자는 박 청장에게 여러 차례에 걸쳐 취재를 요청했지만, 박 청장은 응하지 않았다.

감사원 조사와 검찰수사가 시작되자 박 청장은 국세청에 사표를 제출했다. 그러나 국세청은 검찰수사를 이유로 사표를 반려하고 그를 국세공무원교육원장으로 보냈다.

취재가 막바지에 달했을 때쯤, 박 전 청장에게 뇌물을 줬다는 의혹을 받은 시행사 대표 김○○ 회장으로부터 연락이 왔다. 김 회장은 필자와 개인적인 친분이 있던 사람이었다.

김 회장과 필자는 강남의 한 사무실에서 밤 9시경 만났다. 새벽 2시까지 이어진 만남에서 김 회장은 인터뷰 내내 뇌물공여 사실을 부인했다. 필자는 논란이 충분히 예상되는 이 사건에 대해 양쪽의 입장을 충분히 반영해 기사를 작성했다.

박 전 청장 측은 취재과정에서 줄곧 감사원의 불법적인 조사행태를 문제 삼았다. 감사원법을 어기고 민간인에 대해 불법 조사를 했다거나 규정에도 없는 외부 조사실에서 사실상 수사에 준하는 조사를 했다는 등의 주장이었다. 박 전 청장은 자신에 대한 조사를 영·호남 간의 갈등으로 판단하고 있었다. "호남 출신 감사원 간부가 호남 출신 국세청 직원들과 공모해 영남 출신인 나의 뒤를

캔다"는 식의 주장이었다. 필자는 박 전 청장의 주장도 기사에 충실히 담았다.

新東亞 「감사원의 국세청 간부 뇌물수수 의혹 조사」

감사원 특별조사국은 2010년 가을부터 박동열 당시 대전지방국세청장(현 국세공무원교육원장. 이하 '박 원장')의 뇌물수수 의혹에 대해 조사를 해왔다. 박 원장이 경기 고양시 식사지구 재개발사업 시행사 측으로부터 억대의 뇌물을 받았다는 혐의였다. 지난해(2010년) 12월 초 감사원은 감사결과를 종합해 검찰에 수사를 의뢰했다. 검찰은 현재(2011년 2월) 수사를 진행 중이다. 감사원 측은 박 원장이 친구인 최○○ 세무사를 시행사인 S사에 소개해준 뒤 S사로부터 뇌물과 개발정보를 받아 개발이 예정돼 있던 경기도 고양시 식사지구 인근 땅을 누나 등의 명의로 매입한 것으로 보고 있다.

고위 공직자의 뇌물수수 의혹에 대한 감사원 감사라는 비교적 단순한 사건으로 출발했지만, 이 사건이 지난해(2010년) 11월 언론을 통해 알려진 이후 국세청과 감사원은 논란에 휩싸였다. 한 사람의 고위 공직자를 둘러싼 사건이 아닌, 기관 대 기관의 다툼으로 확대될 조짐마저 보이고 있다. 대체 이 사건의 이면에는 어떤 진실이 숨어 있는 것일까? 먼저 취재를 통해 확인된 사건의 경위는 다음과 같다.

공동구매한 문제의 땅 5천 평

사건의 시작은 2002년으로 거슬러 올라간다. 그해 말 중부지방국세청(이하 '중부청') 조사3국은 건설시행사인 S사에 대한 세무조사에 착수했다. 중부청은 세무조사결과로 2003년경 450억 원에 달하는 국세청 결정세액(추징예상세액)을 S사에 통보했다.

결정세액을 통보받은 S사는 중부청에 이의신청을 하기 위해 세무사를 물색하던 중 당시 중부청 조사1국 조사 3과장으로 있던 박 원장에게서 그의 국세청 입사동기인 세무사 최○○ 씨를 소개받아 고용계약을 맺었다. S사 대표 K는 "박 원장과 잘 아는 사이다. 그 당시 박 원장으로부터 3명의 세무사를 소개받았다. 그중 최 ○○ 씨가 가장 적합하다고 판단했다. 세무사 비용으로 1억 원을 주기로 했고, 세금이 깎일 경우 인센티브도 주기로 했다. 그러나 세금은 깎이지 않았다. 인센티브는 없었다"라고 말했다. 당시 중부청은 S사가 소유한 수원의 한 건물에 입주해 있었다.

2003년 당시 S사는 경기 고양시 식사지구 재개발 사업을 추진 중이었다. 30만 평(99만 제곱미터)에 달하는 부지에 총 9천여 가구의 아파트를 짓는 대규모 사업이다. S사는 이 중 4,600여 가구를 시행했다. 문제는 S사가 사업부지 인근에 있던 1만 6,364제곱미터(약 5천 평)의 땅을 임직원들 명의로 사들이면서 시작됐다. 그 땅은 원래 한센인이 집단 거주하던 곳이었다. 그렇다면 S사는 사업부지도 아닌 이 땅을 대체 왜 매입한 것일까? 이 땅의 매입경위에 대해 S사의 한 관계자는 이렇게 설명했다.

"당시 식사지구 개발지역에서 떠나 파주 쪽으로 이주하기로 했던 한센인들이 갑자기 우리 회사가 짓고 있는 아파트 건설부지 인근에 집단 정착촌을 짓겠다고 했습니다. 그 땅이 바로 그 땅입니다. 우리 입장에서는 난리가 난 거죠. 생각해보세요. 바로 옆에 한센인들이 집단 거주한다고 하면 누가 아파트를 사겠어요. 그래서 부랴부랴 임원들 명의까지 동원해 가면서 그 땅을 사들이게 된 겁니다. 매입계획에도 없던 땅을요. 그것 때문에 돈 많이 썼습니다. 일단 한센인들이 살 아파트를 100채 이상 사서 나눠줬죠. 한 100억 원 이상 추가 비용이 들어갔어요."

당시 S사가 매입한 땅에는 S사 임원들 외에도 여러 명이 지분을 갖고 참여했다. 그중에는 박 원장의 누나(100평)와 앞서 소개한 세무사 최○○ 씨(100평), S사 측 인사들과 친분이 있었고 당시 경찰 간부였던 박○○ 씨(200평)도 포함됐다. 당시 이들은 평당 115만 원가량을 주고 땅을 매입한 것으로 전해진다.

여기까지는 논란의 여지가 없다. 그러나 감사원 측과 박 원장, S사 측은 여기서부터 서로 다른 입장을 보이고 있다. 우선 감사원은 박 원장 누나와 세무사 최씨의 지분이 모두 박 원장의 차명재산이라고 보고 있다. 또 부동산을 헐값에 매입했으며 차명재산을 관리하는 과정에서 차명계좌를 통한 돈세탁도 있었다고 밝힌다. 반면 박 원장과 S사 측은 "전혀 사실무근"이라며 "2005~2006년 경 경찰간부 출신의 박○○ 씨와 관련된 검찰(수원지방검찰청)수사에서 이미 박 원장과 관련된 부분이 무혐의로 처리됐다"고 밝했다. 그러면서 오히려 감사원 조사과정에 문제가 있었다고 주장한다. 이 사건을 둘러싼 각각의 쟁점들을 하나하나 살펴보자.

1. 차명 부동산 소유 의혹

먼저 박 원장 누나 명의의 지분(100평)에 대한 공방을 살펴보자. 박 원장과 S사 측은 박 원장 누나가 서울 종로구 평동에 있던 자신의 다세대주택을 판 돈으로 그 땅의 지분을 사들였다고 주장한다. 다세대주택 매각대금을 투자할 곳을 찾다가 식사동 땅에 지분 참여를 하게 됐다는 것이다. 그러나 감사원은 이 땅의 실소유주는 처음부터 박 원장이었다고 보고 있다.

감사원은 그 근거로, 박 원장 누나가 자신 소유의 부동산(다세대주택)이 어디에 있는지, 규모가 얼마인지를 모르고 있었으며 매도과정에도 관여한 흔적이 전혀 없었다는 점을 든다. 박 원장 누나는 감사원 조사과정에서 모든 권리는 동생인 박 원장이 갖고 있었다며 매도 가격을 정확히 밝히지 못한 것으로 확인됐다. 심지어 다세대주택 구입 시기도 정확히 모르고 있었다. 내용을 잘 아는 사정기관 관계자의 말이다.

"결과적으로 보면, 명의가 박 원장 누나로 돼 있다는 것을 빼면 이 다세대주택이 박 원장 누나 소유의 부동산이라고 할 수 있는 증거는 하나도 없었던 거죠. 그래서 감사원은 그 부동산이 명의만 신탁해놓은 박 원장의 재산이라고 판단한 겁니다. 감사원이 박 원장 누나에게 매입 당시 자금출처에 대한 소명해달라고 요청했는데, '동생과 상의해 알려주겠다'고 했다가 지금은 알려줄 수 없다고 합니다. 우리의 판단이 맞는다면, 일단 박 원장은 공무원법을 위반한 것이 되고요. 그동안 재산신고를 허위로 한 셈이니 그것도 죄가 됩니다. 고위 공직자로서 이미 큰 죄를 지은 셈이죠."

이에 대해 박 원장 측은 이렇게 반박했다.

"고령인 누나의 일을 박 원장이 대신한 겁니다. 박 원장은 종로구의 다세대주택과 자신이 아무런 관련이 없다고 합니다. 그리고 실제로 다세대주택에서 박 원장 누나가 오랫동안 살았다고 하던데요."

다세대주택을 팔아 만든 돈은 어떤 '경로'를 거쳐 식사동 토지 매입비용으로 사용됐을까? 일단 누나를 대신해 부동산을 매매한 박 원장은 다세대주택을 매각하면서 전세금을 빼주고 남은 돈 1억여 원(수표 4장)을 지인이자 식사동 땅의 공동매입자 중 한 사람인 경찰간부 박○○ 씨에게 보냈다. 박씨는 이 수표를 받아 자신의 부인, 모친, 형수 등 친인척들의 계좌를 이용해 현금화했다. 돈 세탁을 한 것이다. 박○○ 씨는 그렇게 해서 만들어진 현금을 S사로 갖고 가서 토지대금으로 냈다. 평당 115만 원꼴이었다.

당시 사정을 잘 아는 S사의 한 관계자는 "박○○ 씨가 토지대금을 1만 원짜리 현금으로 가지고 왔다. 자기가 투자하는 것처럼 애기해서 '돈 많이 벌었네'라고 말했던 기억이 난다. 우리는 당시 그 지분이 박○○ 씨 것으로 알았다. 박 원장 누나 등이 지분을 갖고 있다는 건 몇 년 후에야 알게 됐다"고 말했다.

세무사 최○○ 씨가 식사동 지분을 사들인 과정도 석연치 않다. 이번 조사에 정통한 사정기관 관계자에 따르면, 세무사 최씨는 S 사의 세무조사에 관여하던 2003년 9월경 문제의 땅에 지분참여를 하면서 자신의 토지구입 대금 1억여 원을 S사가 아닌 중부청에 있던 박 원장 사무실로 직접 들고 가서 박 원장에게 건넸다. 박 원장은 최씨에게 받은 돈을 경찰간부인 박○○ 씨에게 보냈고 박○○ 씨는 마찬가지로 자신의 친인척 계좌를 이용해 돈세탁한 후 현금화했다. 돈세탁에 사용된 계좌는 박 원장 누나 때와 마찬가지로 박씨의 부인, 모친, 형수 등의 계좌였다. 이후 박씨는 S사에 현금을 전달했다. 감사원은 조사과정에서 돈세탁을 했던 박○○ 씨로부터 "돈세탁은 모두 박 원장과 상의해서 한 일이다. 모든 결정은 박 원장이 했다"는 진술을 받았다. 경찰간부였던 박씨는 현재 별도의 횡령사건으로 실형을 받고 수감돼 있다.

문제의 식사동 땅은 2002년 11월 토지거래허가구역으로 묶였다. 당연히 2003년 S사 측 인사들과 박 원장 누나 등은 땅을 매입할 때 토지거래허가를 받아야 했다. 그러나 '6개월 이상 거주요건' 등을 채우지 못한 박 원장 누나 등은 허가를 받을 수가 없었다. 실제 박 원장 누나(100평), 세무사 최○○ 씨(100평), 전 경찰간부 출신 박씨(200평) 명의의 지분은 현재 모두 박○○ 씨의 장모인 이○○ 씨 명의로 등기가 돼 있다.

그런데 여기서 이상한 점이 하나 발견된다. 박 원장 누나, 전 경찰간부 박씨와 달리 토지거래허가를 받는 데 아무런 제약이 없는 세무사 최씨와 그의 부인까지 자기 명의로 등기를 하지 않고 있다는 사실이다. 아무런 제약 없이 땅을 살 수 있는 사람이 억대의 자기 돈을 투자하면서 정상적인 매매절차를 거치지 않았다는 것은 쉽게 납득이 가지 않는다. 최씨는 등기자인 전 경찰간부 박씨의 모친 이○○ 씨와 맺은 매매계약서에 자신의 부인을 계약자로 내세웠다.

의문은 그것만이 아니다. 최씨는 감사원 조사 과정에서 자신의 부인 명의로 지분을 사들인 식사동 땅이 어디에 있는지, 지목이 뭔지도 모르고 샀다고 진술한 것으로 확인됐다. 감사원 측은 이런 정황을 근거로 "세무사 최씨의 땅도 박 원장의 차명 재산일 가능성이 높다"고 판단하는 것으로 전해진다. 이 문제와 관련된 입장을 듣기 위해 《신동아》는 세무사인 최씨에게 연락했으나 그는 "나는 (그 사건과) 아무런 관련이 없는 사람이다. 괴롭히지 말라"며 취재를 거부했다.

2. 뇌물수수 및 헐값매입 의혹

감사원 측은 박 원장의 주변 인물이 식사동의 부동산을 사는 시점에서 이미 뇌물을 받았다고 보고 있다. 누나 명의로 땅을 매입하는 과정에서 이미 시세의 절반 가격으로 땅을 구입했다는 것이다. 다음은 내용을 잘 아는 사정기관 관계자와의 일문일답이다.

박 원장과 S사 측은 '정당한 가격에 사고팔았다'고 주장한다.

"이 땅에는 S사 임직원뿐 아니라 이 지역에서 부동산업을 하는 최○○ 씨 등도 같이 들어왔다. 유치원 원장이던 A씨도 같은 시기에 이 땅을 샀다. 최 씨는 원 소유주로부터 그 땅을 평당 250만원에 샀고, 유치원 원장 A씨도 270만 원에 산 것으로 확인됐다. A씨는 이와 관련된 감사원 감사에서 '당시 그 동네 부동산 다섯 군데를 다녔고, 시세가 300만~330만 원임을 확인했다. 그래서 평당 270만 원이 싸다고 생각해 매입했다'고 진술했다. 부동산업자인 최씨도 250만 원이 싸다고 생각해서 산 것이 아닌가. 그러나 S사는 그 땅을 평당 120만 원에 샀다. 땅값으로 115만 원을 쓰고 중간에 이 땅을 중개한 사람(재개발 조합장 최○○ 씨, 현재 구속)에게 평당 5만 원을 줬다."

박 원장 누나, 세무사 최씨는 정확히 얼마에 샀나?

"박 원장 누나의 다세대주택 매매가격, 식사동 땅 매입가격에 대해서는 관련자들의 진술이 조금씩 다르다. 확실한 것은 박 원장누나와 세무사 최씨 소유 지분 200평 몫으로 (전 경찰간부) 박○○씨가 S사에 전달한 금액은 2억 3000만 원이라는 점이다. 그걸 기준으로 보면 이들은 평당 115만 원에 산 셈이 된다. S사가 매입한 비용이 120만 원이니까 이미 여기서도 평당 5만 원씩 1000만 원의 부당이익을 올린 것으로 봐야 한다. 감사원은 그것도 박 원장이 받은 뇌물로 판단한다."

이와 관련해 S사 측 관계자는 "지금도 이 지역은 평당 100만원 수준에 살 수 있다. 감사원이 뭔가를 오해하고 있다"고 밝혔다.

개별 매매 가격이 다 같을 수는 없다. 매매 시점에 차이가 있다면 달라질 수 있다. S사가 일단 부동산을 계약한 뒤 이를 (부동산 업자인) 최씨 등에게 넘기면서 비싸게 팔았을 수도 있다.

"2003년 9월 (부동산 업자) 최씨와 S사 측 인사들이 한꺼번에 계약서를 썼다. 매매시점에 차이가 없어 그 논리는 맞지 않다."

다른 증거도 있나?

"S사 측에 땅을 팔았던 사람들(한센인)을 만나보면 안다. 그들은 '당시 깡패들이 협박을 해서 헐값에 땅을 강탈당했다'고 주장한다. 감사원 감사가 끝나면 소송을 통해 땅을 다시 찾고 싶다고 한다."

현재 녹지보전지역으로 묶여 있는 문제의 식사동 땅이 가지고 있는 값어치에 대해서도 감사원과 박 원장, S사 측의 입장은 갈린다. 먼저 임원들 명의로 이 땅을 사들였던 S사 측은 "자연녹지에다 임야라 사실상 가치가 없는 땅이다. 2005~2006년경 검찰조사를 받은 뒤 논란이 될 수 있겠다고 생각해서 고양시가 이 땅을 녹지보전지역으로 묶는 것에 반대하지 않았다. 이 땅에 지분을 갖고 있는 우리 회사 임원들도 큰 손해를 봤다"고 주장했다. 그러나 감사원 측은 다른 판단을 하고 있다. 주변에 9천 가구가량의 대규모 아파트 단지가 조성됐기 때문에라도 이 땅은 조만간 개발될 수밖에 없다는 것이다. 이와 관련해 식사동 지역의 한 부동산 업자의 설명도 비슷했다.

"고양시에서는 이 땅을 개발하지 않을 수 없을 것이다. 이미 개발된 지역의 땅이 아닌가. 실제 산 ○○○-○○번지에서 떨어져 나간 산 ○○○-○△번지는 이미 개발되지 않았나. 최근에 환지 처분도 받았다."

여기서 주목할 점은 S사가 처음 이 땅을 개발할 당시 고양시에 낸 도시관리계획 제안서에는 이 땅이 개발지역에 포함돼 있었다는 점이다. S사의 한 관계자도 "처음엔 개발예정지였던 게 맞다. 개발지역이 30만 제곱미터를 넘으면 중앙정부의 허가를 받아야 한다. 그럼 행정절차가 복잡해진다. 그래서 이 땅을 개발지역에서 제외했다"고 말했다. 그 결과 사업부지는 29만 6,000여 제곱미터로 줄어들었다.

문제의 땅을 공동매입한 S사 임원들은 2007년 고양시에 토지거래허가신청서를 냈다. 이들은 당시 신청서에 '이 땅을 개발해 환지를 받고 상업용지로 바꾸겠다'고 적었다. 이를 두고 사정기관의 관계자는 "S사가 실제로 이 땅을 개발하기 위해 노력하고 있다는 증거다. 개발되면 엄청난 시세차익이 있다는 것을 S사나 매입자들이 알고 있었다는 정황도 된다"라고 분석했다.

문제의 식사동 땅은 2007년 식사지구 재개발이 결정되면서 지번이 분할된다. 땅의 일부(1,680제곱미터)가 개발지구에 편입된 것이다. 그 대신 식사지구 인근의 총 2필지(1119.3제곱미터)가 환지처분됐다. 환지처분이란 토지소유자의 소유권 및 기타 권리를 가져가는 대신 그와 같은 가치가 있는 땅을 땅 소유자에게 할당하는 것을 말한다.

감사원 측은 이들이 환지처분 과정에서 투자금액의 몇 배에 달하는 금전적인 이익을 취했다고 판단하고 있다. 환지처분을 위해 개발지구에 편입된 부동산의 가치를 평가해보니, 2003년 박 원장 누나, 세무사 최씨 등이 매입했을 당시보다 7~8배가량 가치가 뛰었다는 것이다. 나머지 땅도 개발되면 상당한 시세차익을 거둘 수 있다고 판단하고 있다. 이 문제와 관련, 박 원장과 S사 측은 다음과 같은 입장을 전했다.

"감사원은 최 세무사의 지분까지 박 원장의 것으로 보는 것 같습니다. 오해죠. 최 세무사는 2003년 매매가 이뤄진 이후 자신의 지분을 등기상으로 확인받기 위해 땅 소유주인 이○○(전 경찰간부 박○○ 씨 장모)와 공증서도 작성합니다. 여러 차례 내용증명을 보내서 자기 지분을 공증해달라고 요구합니다. 만약 자기 땅이 아니면 그렇게 하겠습니까. 그리고 감사원은 박 원장이 최 세무사를 통해 S사로부터 뇌물을 받았다고 하는데 S사가 최 세무사에게 준 세무사 비용은 공식적으로 1억 원뿐입니다. 그 외에는 확인된 게 하나도 없습니다. 감사원이 소설을 쓰고 있는 겁니다. 그리고 S사 대표와 박 원장은 서로 뇌물을 주고받는 그런 관계도 아닙니다. 세무조사에 도움을 준 것도 없습니다."

3. 탈법적 강압수사 의혹

박 원장 측은 감사원이 조사과정에서 탈·불법적인 방법을 동원했다고 주장한다. 공무원의 직무감찰을 주 임무로 하는 감사원이 민간인들을 무차별적으로 조사했으며, 그 과정에서 강압적인 조사방식이 동원됐다는 것이다. 또 조사가 이뤄진 장소가 감사원이 아니라는 점 등을 들어 감사원이 아무런 근거 없이 비밀조사실을 운영하고 있다는 주장도 내놓고 있다.

실제 감사원은 지난해(2010년) 가을부터 관련자들에 대한 조사에 착수한 이후 감사원, 기업은행 본점 13층, 대전의 한 공공기관 사무실 등에서 관련자들에 대한 조사를 진행했다. 기업은행 13층 조사실에서 세 번에 걸쳐 조사를 받았다는 S사의 간부 H씨의 얘기다.

"새벽 1시가 넘어서까지 조사를 받기도 했어요. 충실히 임했는데, 감사원 사람들이 상당히 고압적이더라고요. '대외 감사실'이라고 간판이 붙어 있긴 했지만 감사원 사무실이었습니다. 자리 배치를 보니 제일 위에 팀장 자리가 있고 소파가 있고 양옆으로 직원들 자리가 있었습니다. 한 40여 평은 될 것 같고요."

박 원장 측의 또 다른 관계자는 "최근 이 문제가 불거져 각 언론이 취재에 나서자 감사원은 기업은행 13층 사무실에서 철수하고 문을 닫아버렸다. 감사원이 기업은행과 관련 없는 조사를 하면서 기업은행 사무실을 임의로 사용했다면 문제가 아닐 수 없다"라고 주장했다.

이에 대해 감사원 측은 사실과 다르다는 입장을 보였다. 감사원은 이 문제와 관련된 《신동아》의 취재에 대해 "감사원법 제50조는 공직자의 비위사실에 대한 조사과정에서 필요한 경우 민간인에 대해서도 광범위하게 조사할 수도 있다고 규정하고 있다. 그리고 조사가 이뤄진 사무실은 감사원 사무실이 아니다"라는 입장을 밝혔다. 감사원법 50조(감사대상 기관 외의 자에 대한 협조 요구) 내용은 다음과 같다.

① 감사원은 필요한 경우에는 이 법에 따른 감사대상 기관 외의 자에 대하여 자료를 제출하거나 출석하여 답변할 것을 요구할 수 있다.

② ①항의 요구는 감사에 필요한 최소한도에 그쳐야 한다.

③ ①항의 요구를 받은 자는 정당한 사유가 없으면 그 요구에 따라야 한다.

감사원은 박 원장 측이 거론한 조사실 문제에 대해서도 다음과 같은 입장을 전했다.

"기업은행 13층은 감사원을 포함한 여러 국가기관이 공동으로 사용하는 공간입니다. 최 세무사, S사 임원 등이 이곳에서 조사를 받았습니다. 이들은 모두 민간인이지만 고위 공직자의 비위사실과 관련해 조사의 필요성이 있는 사람들입니다. 이 사무실은 대한민국 200여 개 지자체, 공기업 등이 상설감사장, 회의장으로 쓰는 곳입니다. 금융감독원 직원들도 와서 씁니다. 그런 사무실이 공공기관에는 다 있습니다. 한국전력, 서울시, 우리은행, 기업은행 등에 다 있는 사무실입니다. 문제가 되자 문을 닫았다는 주장도 사실이 아닙니다."

그러나 《신동아》가 감사원 측의 설명을 확인하기 위해 취재한 결과는 다소 달랐다. 우선 감사원이 기업은행 13층 사무실을 같이 사용한다고 했던 금융감독원 측은 "금융기관에 감사를 나가면 감사 공간을 제공받는다. 그러나 상설감사장이란 것을 사용한 일은 없다. 정해진 감사기관 외에 기업은행 사무실을 사용한 적은 없다. 기업은행과 관련이 없는 조사를 하면서 기업은행 사무실을 쓸 수는 없는 것 아닌가"라고 밝혔다. 감사원 측이 상설감사장이 마련되어 있다고 밝힌 한국전력 측도 "우리 회사에는 그런 공간이 없다. 국가기관의 공식 감사기간에 감사 공간을 제공하고 있지만, 그런 기관들을 위해 상설감사장을 운영하지는 않는다"라고 밝혔다. 이 문제와 관련해 기업은행 측은 "상설감사장으로 20평가량을 운영하고 있다. 감사원, 금감원 등 기관의 감사가 사실상 1년 내내 이어지다보니 그런 사무실이 필요하다고 판단했다. 감사기관이 요청할 경우 사무실이 비어 있으면 사무실을 빌려주고 있다. 그 사무실에서 기관들이 무슨 일을 하는지는 우리는 모른다"고 밝혔다.

4. 국세청 내 영·호남 세력 간의 갈등

지난해(2010년) 11월 초 박 원장의 뇌물수수 의혹과 관련된 보도가 나간 직후 박 원장의 한 지인은 기자를 만난 자리에서 "박 원장은 이번 사건을 국세청 내 영·호남세력 간의 갈등의 산물로 보고 있다. 자신이 희생자라고 생각한다"고 말했다. 참고로, 박 원장은 경북 경산이 고향이다.

그런 얘기는 국세청 내에서도 들을 수 있었다. 한 국세청 간부는 "박 원장은 이현동 국세청장의 최측근이다. 보도 직후 박 원장이 국세청 간부에게 호남 출신 국세청 직원의 이름까지 거론하며 '그 사람이 이 사건의 제보자다'라고 말했다는 말을 들었다. 그 말을 듣고 깜짝 놀랐다"고 했다.

국세청의 한 국장급 간부도 "이명박 정부가 들어선 이후 인사에서 소외됐다고 느끼는 호남 출신들의 작품이라는 오해를 살 만하다. 박 청장도 여러 차례 이 점을 강조하며 억울함을 호소했다. 자신은 결백하다고 주장하던데…. 박 원장을 조사한 감사원 간부가 호남사람이라서 그런 생각을 더 하는 것 같다"고 전했다. 박 원장의 한 지인도 "이번 사건과 관련된 국세청 내부 제보자, 이 제보를 받은 감사원 직원이 모두 호남 출신"이라며 불만을 토로했다. 그러나 감사원 측은 박 원장 측의 '영·호남 갈등' 주장에 대해 "사건의 본질과 아무런 관련이 없다. 말도 안 되는 억지주장"이라고 일축했다. 감사원 관계자는 "국세청 관계자들의 제보를 받고 이번 조사를 시작했다. 정상적으로 제보를 접수해 문서작업을 거쳐 조사에 착수하게 됐다"고 조사 과정을 설명했다.

사실 국세청 내부에 영·호남 갈등이 심각하다는 것은 공공연한 비밀이다. 지난해 이현동(경북 청도 출신) 청장의 인사청문회에서도 이 문제가 거론됐을 정도다. 당시 민주당 측은 이명박 정부가 들어선 이후 국세청이 인사과정에서 영남 출신들을 우대한다고 문제를 제기했다. 주요 요직으로 불리는 서울지방국세청과 중부지방국세청의 조사국장 전원이 영남 출신이라는 점 등도 문제로 지적됐다. 복수의 국세청 관계자는 "이현동 청장이 취임한 이후 이러한 현상은 더 심해지고 있다"고 전했다.

지난해 초에는 정치권과 일부 언론에 이현동 당시 국세청 차장과 그의 최측근으로 불렸던 박동열 당시 서울청 조사3국장을 음해하는 투서가 여러 건 접수되기도 했다. 주로 인사의 불공정성, 지역 차별, 개인비리 의혹 등을 다룬 것들이었는데 이 문제로 국세청이 한동안 내홍을 겪었다.

한편 감사원은 박 원장의 뇌물수수 의혹과 관련해 검찰에 수사를 의뢰하면서 박 원장의 공금유용 의혹을 포함시킨 것으로 확인돼 관심을 모은다. 충남 아산지역의 한 호텔에서 치른 가족모임 혹은 직원들과의 생일잔치 비용을 공금으로 결제했다는 의혹이다. 이번 사건의 본질과는 관련 없는 사안이지만, 이 사건의 관련자들은 하나같이 "이 문제로 인해 단순한 사건이 감사원과 국세청 간의 기관 대 기관의 싸움으로 번지게 됐다. 감사원의 먼지 털기식 조사에 박 원장이 충격을 받았다"고 입을 모았다. 박 원장 측 한 인사는 "박 원장은 식사동 땅 문제에 대해서는 검찰조사를 받아도 해명할 자신이 있다고 말한다. 오히려 감사원이 사건의 본질이 아닌 사생활 문제까지 감사하는 것에 분노하고 있다. 공금을 유용한 사실이 전혀 없다"고 주장했다.　　　　　—《신동아》, 2011년 2월호.

:: 무혐의 처분받은 박동열 전 대전청장

《신동아》 보도가 나간 뒤 얼마 되지 않아 검찰(서울중앙지검 특수2부)은 박 전 청장과 관련된 사건에 대해 '혐의 없음' 처분을 내렸다. 사표가 반려된 채 수사결과만 지켜보던 박 전 청장은 검찰 결정 직후인 2011년 6월 퇴임했다. 그는 퇴임식 자리에서 눈물까지 보이며 "정든 국세청을 떠나는 이 순간, 할 말은 많지만 다 지우고 이것 하나만을 말하고자 한다. 동료를 사랑하십시오. 근거 없는 비방이나 비난은 절대 말아주십시오"라고 호소했다.

박 전 청장에 대한 무혐의 처분이 내려질 때쯤 필자는 편한 자리에서 수사팀 책임자를 만나 이 사건에 대해 많은 얘기를 나눴다. 그는 감사원이 열심히 조사했다는 사실은 인정했다. 그러나 조사의 방향이 처음부터 잘못됐다고 지적했다. 뇌물을 받았다는 사실을 입증하는 부분에만 집중하다 보니 금품의 성격과 대가 등을 밝히는데 상대적으로 소홀했다는 지적이었다. 그는 "요즘은 공직자들이 지능적으로 금품을 수수하고 있어 금품수수 사실에만 매달리면 사건을 그르치기 일쑤다. 금품의 성격과 대가가 무엇이었는지를 명확히 하는 게 더 중요할 때가 있다"며 아쉬워했다.

수사팀 책임자를 만날 즈음 필자는 여러 경로를 통해 감사원이 검찰에 박 전 청장을 수사 의뢰하면서 보낸 조사기록을 입수했다. 감사원 조사 내용은 《신동아》 보도 내용과 거의 차이가 없었다. 취재가 그만큼 꼼꼼하게 이뤄졌다는 얘기다. 취재 내용이 감사원 조사에서 더 나아가지 못했다는 점은 아쉬운 부분이었다.

기사가 나간 뒤 검찰의 한 고위 관계자는 필자에게 "처음 기사를 봤을 때《신동아》가 감사원 조사기록을 입수해 그 내용을 인용 보도한 줄 알았다. 그만큼 보도 내용이 구체적이고 정확했다"고 말하기도 했다.

04 안원구의 전쟁

2009년 말, 안원구 국세청 국장 관련 의혹이 터진 뒤 필자는 안 국장을 인터뷰하기 위해 노력했다. 그러나 그는 끝내 인터뷰에 응하지 않았다. 대신 필자는 안 국장의 지인들, 국세청 관계자들을 통해 안 국장과 관련된 의혹에 조금씩 다가갈 수 있었다.

기사를 준비하면서 필자는 두 번에 걸쳐 안 국장의 부인과 만나 안 국장 측의 주장을 듣기도 했다. 《신동아》는 당시 구속 상태에 있던 안 전 국장에게 질의서를 보내고 며칠 후 부인을 통해 답변을 받기도 했다.

新東亞 「국세청 국장 검찰수사 내막」

안원구 국세청 국장은 세무조사 대상 기업을 상대로 미술품을 강매했다는 의혹으로 검찰수사를 받고 있다. 안 국장의 부인인 홍 ○○ 씨가 운영 중인 가인갤러리를 통해서라는 게 검찰 측의 설명이다. 서울중앙지검 특수1부는 11월 2일 가인갤러리와 안 국장의 자택, 관련 기업 등 네 곳에 대해 압수수색을 실시했고 안 국장 부부를 출국금지했다. 의혹의 핵심은 '세무조사를 무마해주는 대가로 미술품의 가격을 부풀려 팔았다(뇌물수수)'는 것이다.

가인갤러리는 올(2009년) 1월 한상률 전 국세청장이 전군표 전 청장에게 고가의 그림인 '학동마을'을 상납했다는 의혹과 관련해 주목을 받았던 곳이다. 당시 전 전 청장의 부인은 "남편이 국세청장으로 재임하던 2007년 초 한상률 당시 국세청 차장이 인사 청탁 명목으로 그림을 선물했다"고 주장했다.

6년간 청와대 근무

경북 의성 출신으로 경북대를 나온 안 국장은 대구지방국세청 총무과장으로 있던 1999년 청와대에 들어갔고 2005년까지 만 6년을 일했다. 김대중 정부, 노무현 정부를 거치며 승승장구했다. 행시 26회인 그는 이미 2005년에 대기업 세무조사를 전담하는 서울지방국세청 조사1국장을 맡았고 이듬해 7월에는 대구지방국세청장에 올랐다. 행시 동기들보다 5~6년 빠른 초고속 승진이었다.

그러나 이런 초고속 승진은 결과적으로 그에게 독이 됐다. 우선 적이 많아졌다. 특히 2007년 12월 정권이 바뀌면서 그의 위상은 급격히 추락했다. 정권 교체기에 국세청장을 맡았던 한상률 당시 청장은 안 국장을 위험한 경쟁자로 인식했고 경계했다는 전언이다. 당시 국세청에서는 반^{反}한상률파의 대표주자 중 한 사람으로 안 국장을 꼽는 시각이 많았다.

한 전 청장은 새 정부와 코드를 맞추는 데 안 국장은 도움이 안 된다고 판단했다. 지난해(2008년) 4월 1일 단행된 국세청 인사는 이런 흐름을 그대로 보여준다. 당시 안 국장은 서울청 세원관리국장으로 사실상 강등됐다. 지방청장을 지낸 사람은 보통 본청 국장으로 가는 것이 국세청의 오랜 인사 관행이었다. 당연히 국세청 내에서는 말이 나왔다. 전 정권에서 소위 잘나갔던 인사에 대한 청소가 시작됐다는 시각이 많았다. "조금 쉬었다가 가는 게 안 국장에게도 좋다"는 동정론도 있었다. 여하튼 이 인사를 계기로 안 국장과 한 전 청장은 결정적으로 등을 돌리게 됐다.

지난해(2008년) 12월 터진 그림 로비 사건으로 한 전 청장이 불명예 퇴진할 당시 안 국장이 오해를 받은 것은 어쩌면 당연한 일이었다. 사건이 터진 직후 안 국장은 "나와는 전혀 상관없는 일"이라고 강변했지만 사실 여부와는 무관하게 국세청 내에서는 '안 국장의 기획'으로 보는 시각이 많았다.

사실 한 전 청장과 등을 진다는 것은 당시 국세청 분위기를 생각하면 '고립'을 의미하는 것이기도 했다. 한 전 청장은 조직 장악 능력이 뛰어난 사람이었다. 오랫동안 요직을 거치며 주변에 많은 사람을 거느리고 있었고 한 전 청장의 후광으로 승진한 사람도 여럿이었다. 한 전 청장과 대립할수록 안 국장은 외로워졌다.

국세청 특유의 '패밀리 의식'도 안 국장을 궁지로 몰았다. 올 1월 인사를 앞두고 국세청 내에서는 공공연히 "조직을 흔든 책임을 지고 안 국장이 물러나는 게 좋다"는 말이 나왔다. 결국 안 국장은 한 전 청장의 낙마 직후 단행된 인사에서 미국 국세청IRS 파견 대기발령을 받았다.

최고위층에서 인지하시고…

하지만 면죄부 같았던 당시 인사는 안 국장에게 닥칠 긴 시련의 시작이었다. 물론 미국 파견 근무를 위해 반드시 필요한 영어시험(토익)에 번번이 떨어진 것이 이유가 됐지만, 사실 국세청 안팎에서는 이미 이때부터 안 국장에 대한 사퇴압력이 시작된 것으로 전해진다. 그림 로비 사건도 이유였지만 지난 정권에서 잘나간 것에 대한 일종의 시기심이 국세청 내에 팽배했다는 것이다. "누릴 것 다 누린 사람"이라는 게 국세청 내부의 대체적인 분위기였다.

이와 관련해, 지난 8월 4일 《조세일보》는 '허병익 국세청장 직무대행은 감찰과장을 시켜 시험에 번번이 낙방한 안 국장에게 사표를 낼 것을 종용, 안 국장과 국세청 상층부와의 갈등의 골이 더욱 깊어진 상황이다'라고 보도하기도 했다. 안 국장은 사표 제출을 강력히 거부하며 "명예회복을 위해 반드시 미국 파견을 가겠다"고 주장한 것으로 알려져 있다.

가인갤러리에 대한 검찰수사가 시작되자 안 국장은 적극적인 방어에 나섰다. 안 국장은 11월 6일 KBS와의 인터뷰에서 "국세청이 회유와 협박을 번갈아가며 사퇴를 압박했다"고 주장하며 국세청 감사관과의 통화 내용까지 공개해 파문을 일으켰다.

국세청 감사관: (이번에 명퇴를 하시면) 삼화왕관이라든지 이런 쪽에 자리를 드리는 걸로, 만약에 안 나가시면 지금까지 해오던 조치가 될 가능성이 많거든요. 저희가 듣기에도 최고 위층에서 상당히 다 인지하시고….

안 국장에 대한 국세청 차원의 감찰에 대해서는 이런저런 설이 많다. 일단 백용호 청장이 들어선 이후 안 국장에 대한 감찰이 본격화했다는 게 정설이다. 국세청의 한 관계자는 "백 청장이 안 국장 문제를 이현동 차장에게 일임한 것으로 안다"고도 말했다. 검찰수사가 시작되기 전인 지난 10월 초, 이미 안 국장이 한 언론과 인터뷰를 갖고 국세청에 대한 반격을 준비했다는 얘기도 전해지고 있어 관심을 모은다.

백 청장의 의지가 담긴 감찰이었다는 해석도 있다. 조금이라도 의혹이 있는 사람과는 일을 못하는 성격의 백 청장이 안 국장의 퇴진을 처음부터 원했다는 것이다. 이와 관련해 국세청의 한 관계자는 백 청장과 관련된 다음과 같은 일화를 전해줬다.

"백 청장은 문제 있는 사람, 인사 청탁하는 사람을 싫어합니다. 이런 일도 있었죠. 청장 내정 사실이 알려지기도 전에 어떤 국세청 간부가 소식을 듣고 여권의 고위 인사를 통해서 백 청장에게 인사 청탁을 했답니다. 그런데 백 청장이 청탁을 받은 직후 그 국세청 간부에게 문자메시지를 보냈다는 거예요. '인사 청탁 하지 마라'고. 그 간부 기분이 어땠겠어요. 백 청장 성격이 그렇습니다. 그러니 안 국장같이 의혹이 있는 사람을 좋아할 수 있겠습니까?"

국세청 주변에서는 안 국장에 대한 검찰수사가 '국세청 감사팀의 작품'이라는 분석이 설득력을 얻고 있다. 안 국장이 공개한 감사관의 목소리도 이를 뒷받침한다. 설사 사실이 아니라고 해도 최소한 국세청이 검찰수사에 적극 협조하고 있다는 데는 이견이 없는 분위기다. 청와대나 검찰이 사전에 내용을 알고 국세청에 협조를 요청했다는 얘기도 들린다. 어쨌건 중요한 사실은, 눈엣가시 같은 안 국장 문제를 해결하기 위해 국세청이 검찰수사에 적극 협조하고 있다는 점이다.

전방위 구명운동

《신동아》는 이번 사건에 대한 안 국장의 입장을 듣기 위해 여러 차례에 걸쳐 접촉을 시도했다. 하지만 안 국장은 취재에 응하지 않았다. 대신 《신동아》는 최근 안 국장의 지인이자 백 청장과도 친분이 깊은 A씨를 통해 안 국장의 근황, 이번 사건과 관련된 국세청과 안 국장의 동선을 파악할 수 있었다. 다음은 A씨와의 일문일답이다.

안 국장이 찾아와 여러 차례 어려움을 토로했다고 들었습니다.

"국세청에서는 나가라고 하니까. 어려운 상황이니까. (국세청 측에) 얘기를 잘 해달라는 거였죠."

언제쯤 찾아왔나요?

"대략 한두 달 됐습니다. 저를 찾아왔을 때 안 국장은 '국세청 감사실에서 자기에 대해 전방위로 조사를 하고 있어 힘들다'고 토로했어요."

가인갤러리의 미술품 강매 의혹에 대해서도 얘기를 했나요?

"자세한 얘기는 없었습니다. 다만 부당하게 자기를 내보내려고 한다고만, 억울하다고…."

안 국장이 자신의 거취와 관련해서 백 청장을 만났나요?

"못 만났죠. 안 국장이 저에게 부탁한 게 바로 그겁니다. 백 청장하고 딱 한 번만 독대할 기회를 달라는 게 안 국장의 간절한 요구였어요. 그러면 모든 의혹에 대해 해명할 수 있다고요."

백 청장에게 도움을 청하겠다?

"그래서 내가 백 청장에게 안 국장의 뜻을 전했죠. 그런데 일언지하에 거절하더군요. 백 청장이 '만날 수 없다'고 딱 잘라서 말하더라고요."

왜 만날 수 없다는 거죠?

"이유는 잘 모르죠. 그런데 분위기를 보니까 (백 청장이) 이현동 차장에게 보고받은 내용을 신뢰하는 것 같았습니다. 사실 국세청 실세는 이 차장이잖아요. 국세청 내부 사정을 잘 모르는 백 청장으로서는 이 차장 말을 안 들을 수가 없었겠죠.

필자는 안 국장이 구속(2009년 11월 18일)된 직후 평소 안 국장과 친분이 있던 《신동아》 조성식 기자와 함께 안 국장의 부인인 홍○○ 가인갤러리 대표를 두 번 만났다. 당시 홍 대표는 구속된 안 국장을 대신해 안 국장의 생각과 말을 언론에 전달하는 역할을 하고 있었다. 홍 대표는 당시 필자에게 안 국장이 직접 작성한 문건을 몇 개 건넸다. 그중에는 이미 언론에 보도된 것도 있었고, 아닌 것도 있었다. 당시 받은 문건 중 하나에는 이런 내용이 담겨 있었다.

'백용호 국세청장이 취임 후 본인(안원구 국장)이 서너 차례 면담을 요청했으나 백 청장은 면담을 거부했고, 국세청 총무과장을 통해 이현동 차장에게 본인 문제 일체를 위임하였다는 답변을 보냈다. 백 청장 취임 후에도 국세청 감찰팀이 (내가 미술품을 강매했다는) 민간 기업에 대해 세무조사(를 하겠다고) 협박하고 기업인들을 통해 (나에 대한) 사퇴 압박이 지속적으로 강화되었다.'

— '필자는~강화되었다' 부분은 《신동아》(2009년 12월호)에 없다. 책을 통해 처음 밝힌다.

한 전 청장과 관련된 그림 로비 사건에 대해서는 안 국장이 뭐라고 하던가요?

"억울하다고 하죠. 우연히 언론에 노출된 사건으로 여자들끼리 얘기하다가 나온 문제인데 자기와는 전혀 상관이 없다고 합디다. 백 청장을 만나서 그 문제도 꼭 해명하고 싶다고요. 계속 억울하다고…. 그 문제 때문에 국세청에서 계속 자기를 조사하는 거라고 하더군요."

안 국장은 어떻게 지내고 있나요?

"많은 곳에 본인의 구명을 위한 부탁을 하고 다닌 것 같아요. 자신의 억울함을 해소하기 위해서, 누굴 만나 부탁을 했는지는 정확히 모르지만 일이 잘 안 됐다고 하더라고요. 안 국장은 이번 일을 모두 이 차장이 주도한다고 믿고 있어요. 얘기를 들어보니 안 국장이 좀 억울한 상황인 것 같았습니다."

이 대목과 관련해 국세청의 한 고위 관계자는 최근 기자에게 이런 말을 전했다.

"안 국장은 전 정부에서 잘나갔던 사람이고 이 차장은 현재 실세니 사이가 좋을 수가 없죠. 동향에다 경쟁관계에 있었던 것도 사실이고…."

안 국장의 부인도 최근 언론과의 인터뷰에서 "국세청이 부당한 방법으로 남편을 압박하고 있다"고 주장했다.

"강매 확인서를 써주지 않으면 특별세무조사를 하겠다는 국세청의 협박과 회유가 있었다는 하소연을 거래처로부터 들었다. … 제 거래처를 압박해서 (내 남편의) 사표를 받아오라는 등(의 말을) 저는 믿을 수가 없어요."

늦어지는 검찰수사

의욕적으로 시작됐지만, 현재 검찰수사는 답보상태인 것으로 전해진다. 가인갤러리에서 미술품을 사들인 중소건설사 네 곳에 대한 수사에서 검찰은 미술품을 강매 당했다는 진술을 받아내지 못한 것으로 전해진다. 특히 건축법상 8억 원어치 미술품만 설치해도 되는 상황에서 굳이 27억 5000만 원을 미술품 구입에 사용한 모 건설사에 대해 강도 높은 수사를 벌였지만 건설사 측은 계속 "수준 높은 조형물을 설치하기 위해 예전부터 미술비를 아끼지 않았다"라며 반박한 것으로 전해졌다. 건설사의 혐의를 입증한 뒤 가인갤러리에서 미술품을 사들인 2~3개 대기업에 대해 수사를 확대할 방침이었던 검찰의 계획도 자연히 늦어지고 있다.

—《신동아》, 2009년 12월호.

대한민국 국세청을 위하여

국세청을 비판적으로 다루는 책을 낸다고 했을 때, 주변의 반응은 그리 좋지 않았다. 어떤 내용인지 묻기도 전에 그런 책을 내고도 괜찮겠냐며 필자를 걱정하는 사람이 많았다. 우리가 흔히 만나는 사람들은 이렇게 국세청에 대해 막연한 두려움을 가지고 있다.

국세청 관련 기사를 쓸 때마다 필자는 비슷한 질문과 걱정을 들어야 했다. 취재와 기사 작성에 들인 시간과 노력만큼이나 국세청을 두려워하는 사람들과 싸우고 부대꼈다. 마치 그것은 21세기 대한민국 언론이 가진 일종의 숙명과도 같았다.

시간이 갈수록 우리 사회에서 국세청이 갖는 위치와 힘이 커짐을 느낀다. 경제규모가 커질수록, 경제 활동이 다양하고 복잡해질수록 국세청의 역할은 중요해진다. 인신구속 권한이 있는 검찰이

나 경찰보다 국세청이 더 무서운 시대가 된 느낌마저 든다. 돈이 갖고 있는 힘은 그렇게 무섭고 또 무겁다.

이 책이 다룬, '이명박 국세청'에서 벌어진 각종 사건·사고는 하나같이 부끄러운 자화상이다. 뇌물수수 의혹, 인사청탁 의혹, 부적절한 사생활…, 어느 곳보다 청렴하고 투명해야 할 국세청에서 벌어진 일이라고는 믿기지 않는 것들이다. 묵묵히 제 일에 매진하는 대다수 국세청 직원들이 느꼈을 상실감도 매우 컸을 것이다.

국세청에서 벌어졌던 많은 문제와 의혹은, 따지고 보면 폐쇄적인 조직문화에 원인이 있다고 할 수 있다. 외부와의 공유가 차단된 조직은 반드시 안에서 썩는다. 문제가 발견될 때쯤엔 이미 치유가 불가능한 상태에 빠진 경우가 많았다. 언제나 사람이 문제였다는 점도 눈여겨 볼 부분이다. 특정인과 특정 세력의 욕심이 조직을 망친 경우가 많았다. '이명박 국세청'의 꼬리표처럼 되어 버린 한상률 전 국세청장과 관련된 의혹, 안원구 전 국세청 국장이 제기한 각종 의혹이 모두 그렇다. 필자가 이 책에서 말하고 싶었던 궁극적인 생각도, 따지고 보면 국세청 인사의 실패, 폐쇄적인 조직문화의 문제점으로 정리될 수 있다.

그래서 국세청은 더 많은 감시와 견제를 받아야 한다. 그렇게라도 해서 투명하고 믿을 수 있는 조직으로 거듭나야 한다. 국세청의 세무활동에 대해서도 한 점 의혹이 나와선 안 되며 그 어느 기관보다 높은 권위와 위상을 인정받을 수 있어야 한다. 필자는 그렇게 믿고 있다.

그렇다면 국세청이 국민의 사랑을 받기 위해선 어떻게 변화해야 할까?

가장 필요한 건 '탈정치화'다. 정치권력과 결별하지 않는 한 이명박 국세청에서 벌어진 것 같은 문제는 언제라도 반복될 수 있다. 국세청을 사유화하고픈 욕망을 드러낸 정치권력, 정치권력을 이용해 입신양명하고 싶은 세무공무원이 만났을 때 벌어질 일은 불을 보듯 뻔하다. 기능적으로만 본다면 국세청장 임명과정을 공개하거나 국세청장의 임기를 보장하는 것, 주요 직책을 외부에 개방하는 것, 외부인이 참여하는 인사위원회가 주요 보직에 대한 인사과정에 참여하는 것 등이 하나의 방법이 될 수 있겠다.

세무조사의 기준도 명확해야 한다. 일반조사든 특별조사든 마찬가지다. 세무조사 대상을 선정하는 과정에서부터 투명성이 확보되어야 한다. 특별세무조사의 경우에는 외부인사가 참여해 세무조사 실시 여부를 심사토록 하는 제도의 마련도 검토해볼 만하다. 정치적 목적의 세무조사를 일부라도 막을 수 있는 길이다.

조직개편도 생각해볼 부분이다. 특히 특명조사국으로 불리는, 검찰로 치면 대검 중수부와도 같은 기능을 하는 서울지방국세청 조사4국의 존폐를 고민할 때가 됐다고 생각한다. 필자의 눈에는 득보다 실이 많은 조직이었다. 특별한 업무일수록, 권한을 나눠야 견제와 감시가 가능하다.

국세청이 잘 했던 일은 더 잘할 수 있게 제도적으로 지원해야 한다. 국세청이 2009년부터 역점사업으로 추진한 '역외탈세와의 전쟁'은 대표적인 경우다. 국세청만의 노력으로 가능해진 것은 아니지만 스위스 같은 조세피난처에 숨겨진 기업과 개인의 재산까지 찾아내 세금을 추징할 수 있게 된 것은 사실 혁명적인 일이 아닐 수 없다. 쉽지 않은 일이고 박수받을 일이다.

2012년까지 국세청은 2조 원가량의 역외탈세를 적발, 추징했다고 밝혔다. 2011년 역외탈세조사에서 총 9637억 원을 추징한데 이어 2012년 상반기에만 역외탈세 105건에 대해 세무조사를 실시해 총 4897억 원의 탈루세금을 추징하는 성과를 거뒀다. 물론 추징금액 모두가 징세되는 건 아니지만, 충분히 우리 경제 발전에 기여했다고 평가할 수 있다. 국세청이 역외탈세와의 전쟁을 벌이고 있다는 사실만으로도 충분한 경고효과가 생겨날 것이기 때문이다. 이 모든 노력은 결국 우리 경제의 체질개선으로 돌아올 것이다. 노력의 성과가 특정인의 업적을 홍보하는 수단으로만 전락하지 않는다면, 이보다 더 좋을 수 없을 것 같다.

국세청이 단순히 세금을 거두는 기관에 머물지 않고 우리 경제를 튼튼하게 지켜주는 중심 기관이 되기를 바라는 건 필자만의 바람은 아닐 것이다. 조세정의가 바로 서지 않은 국가에서 사회정의는 무의미하기 때문이다.

2만 명이 넘는 전국의 국세청 공무원은 지금 이 시간에도 묵묵히 우리 사회 발전의 근간이 되는 국세행정에 매진하고 있다. 이들이 존경받는 세리稅吏가 될 수 있기를, 몇몇 사람의 잘못으로 인해 그들의 숭고한 노력과 수고가 폄훼되는 일이 더는 없기를, 그

래서 대한민국이 정의가 살아있는 나라가 될 수 있기를, 필자는
진심으로 바란다.

부록

1. '한상률 전 국세청장에 대한 검찰 공소장' 전문

피고인은 1978년경 행정고시 21회로 임용되어, 2006년 7월경부터 국세청 차장, 2007년 11월경부터 국세청장 권한대행, 2007년 11월 30일경부터 2009년 1월 19일경까지 제17대 국세청장으로 각 근무하였다

1. '학동마을' 뇌물공여의 점

국세청장은 국세청 본청 및 6개 지방국세청의 세정업무를 통할하고, 국세청 차장을 포함한 소속 공무원에 대한 인사권을 행사하며, 소속 공무원의 업무수행을 지휘·감독하는 등 국세청 업무 전반을 총괄하고, 국세청 차장은 고위 공무원단에 속하는 별정직 공무원으로 국세청장을 보좌하고 세정업무에 관한 소관 사무를 처리하며 국세청 소속 공무원을 지휘·감독한다.

아울러 국세청과 그 소속기관 직제에 따르면, 국세청 차장은 고위 공무원단에 속하는 별정직 공무원 '가'등급이고 서울지방국세청장과 중부지방국세청장은 고위 공무원단에 속하는 일반직 공무원 '가'등급으로, 위 국세청 차장, 서울지방국세청장 및 중부지방국세청장이 국세청에 배정된 직무등급이 가장 높은 직원에 임용된 고위 공무원단에 속하는 공무원이어서 특별한 경우를 제외하고는 통상 관례적으로 이들 중에서 국세청장에 임명되어 왔다.

피고인은 2006년 3월경 서울지방국세청장으로, 2006년 7월경 국세청 차장으로 각 발령을 받았고, 피고인의 행시 21회 동기인 김○○이 2006년 6월경 중부지방국세청장으로, 9급 공채 출신인 박○○이 2006년 7월경 서울지방국세청장으로 각 발령받아 차기 국세청장 후보군을 형성하였다.

피고인은 2007년 봄경 당시 국세청장이던 전군표(행정고시 20회로 임용되어 2006년 7월경부터 2007년 11월경까지 제16대 국세청장으로 재직)가 피고인의 국세청 차장 임명 이후 피고인이 원만하게 국세청 차장업무를 수행할 수 있도록 도와주고 일부 국세청장 후보자에 대해 사직서를 받는 등 향후 국세청장 인사구도와 관련하여 피고인에게 사실상 도움을 준 것에 대한 감사의 표시 및 앞으로도 국세청 차장의 업무수행에 있어서 잘 봐주고, 피고인의 인사에 있어서도 잘 봐달라는 취지로 시중 유명작가의 그림을 구입하여 선물하기로 처인 김○○과 공모하였다.

그리하여 피고인은 2007년 5월경 국세청 대변인실에 근무하는 사무관 장○○을 시켜 서울 종로구 가회동 129-1에 있는 서미갤러리에서 고故 최욱경 화가의 작품인 '학동마을'을 구입하여 경기 고양시 일산동구 정발산동에 있는 자신의 집으로 가져온 다음, 위 김○○에게 위 '학동마을'을 전군표의 처 이○○을 통해 전군표에게 전달하도록 하였다.

위 김○○는 피고인의 위와 같은 뜻에 따라 그 무렵 서울 강남구에 있는 상호를 알 수 없는 식당에서 위 이○○을 만나 위 전군표가 피고인의 국세청 차장에 임명 이후 동인이 원만하게 국세청 차장업무를 수행할 수 있도록 도와주고, 일부 국세청장 후보자에 대해 사직서를 받는 등 향후 국세청장 인사구도와 관련하여 피고인에게 사실상 도움을 준 것에 대한 감사의 표시 및 앞으로도 국세청 차장의 업무수생에 있어서 잘 봐주고, 피고인의 인사에 있어서도 잘 봐달라는 뜻에서 위 '학동마을'을 이○○에게 교부하여 위 전군표에게 전달되도록 하였다. 이로서 피고인은 국세청장인 위 전군표의 직무에 관하여 뇌물을 공여하였다

2. 고문료 명목 특정범죄가중처벌 등에 관한 법률위반(뇌물), 뇌물수수의 점.

'국세청 사무분장 규정'에 따르면 주세법에 따른 주류(주정 포함) 제조 및 판매면허와 면허업체의 관리 감독, 주조원료의 지정 및 관리, 주류 가격 및 거래 관련 자료의 관리 등이 국세청 소비세과장의 직무로 분류되어 있고, 특히 '주세사무처리규정'에 따르면 주정업체별 연간 주정 생산량 지정, 주정업체의 주정제조에 사용되는 원료 수급계획 수립 및 관리, 주정의 출고판매가격의 지정, 주정업체의 주정제조에 사용되는 원료 수급계획 수립 및 관리, 주정의 출고판매가격의 지정 및 판매처 선정 등이 국세청 소비세과장의 직무로 규정되어 있는 등 국세청 소비세과장은 사실상 주류산업 전반에 관한 관리감독을 총괄하는 자이다.

구○○는 1976년 1월 15일경 국세청 공무원에 임용된 이래 당시 국세청장이던 피고인에 의해 2008년 4월 10일경 국세청 소비세과장으로 임명되어 그때부터 2009년 7월 26일까지 국세청 소비세과장으로 재직한 사람이다.

피고인은 2009년 1월경 전군표 전 국세청장에 대한 그림 로비 등 여러 가지 의혹으로 수사를 받게 될 상황에 이르자 2009년 1월 19일경 국세청장을 사퇴하고 같은 해 3월 15일경 미국으로 출국하게 됨에 따라 미국 체류비 및 향후 가족 생계비 등의 마련을 위해 평소 국세청에서 근무하면서 알게 된 기업들과 고문계약을 체결하기로 마음먹었다.

이에 따라 피고인은 2009년 2월경 자신의 국세청장 시절 비서관인 위 장○○에게 피고인이 받을 고문료를 대신 받아줄 회계 법인을 물색하도록 지시하고, 위 장○○은 피고인의 지시에 따라 평소 자신과 절친한 ○○회계법인의 사무장 신○○에게 피고인이 기업들로부터 고문료 명목으로 금품을 수수할 수 있도록 피고인 대신 ○○회계법인 명의로 고문계약을 체결하고 금품을 수수해 달라고 부탁하여 위 신○○으로부터 승낙을 받고 그 무렵부터 ○○ 발효 등 수개의 업체로부터 위 ○○회계법인 명의로 고문료 명목의 금품을 받기 시작했다.

피고인은 위와 같이 기업들로부터 고문료 명목으로 금품을 수수하던 중 2009년 4월경 피고인의 측근인 위 구○○가 국세청 소비세과장으로 근무하고 있음을 기회로 동인의 직위를 이용하여 국세청 소비세과의 관리·감독을 받는 등 주정 제조업체들로부터 고문료 명목으로 금품을 수수하기로 위 구○○와 공모하였다.

위 구○○는 2009년 4월경 서울 중구 북창동에 있는 ○○○일식당에서 ○○발효 사장 김○○, ○○주정 회장 김○○ 등을 만나 식사를 하면서 피고인과 고문계약을 체결하여 줄 것을 요구하여 위 김○○, 김○○로부터 승낙을 받았고 ○○발효의 사장 김○○은 ○○주정공업주식회사 사장 이○○에게 위 구○○의 요구 내용을 전달하였다.

이후 피고인 등은 구○○의 요구로 고문계약을 체결하여 주기로 한 ○○발효 등 주정업체의 명단과 연락처를 위 장○○에게 전달하였고, 위 장○○은 피고인 등으로부터 받은 기업체 명단과 연락처를 ○○회계법인의 신○○에게 전달하여 위 신○○으로 하여금 ○○회계법인의 이름을 빌려 위 주정업체들과 고문계약을 체결하도록 하였다.

이에 따라 ○○회계법인 신○○은 2009년 4월 일자불상경(일자 미상) ○○주정, 같은 해 5월 일자불상경 ○○발효, 같은 해 7월 일자불상경 ○○주정과 고문료 월 150만 원의 세무자문계약을 각 체결하고 별지 '범죄일람표' 기재와 같이 ○○주정부터 2009년 5월 8일경부터 2010년 5월 10일경까지 총 12회에 걸쳐 합계 1800만 원, ○○발효로부터 2009년 6월 15일경부터 2011년 3월 2일경까지 총 22회에 걸쳐 합계 3300만 원, ○○주정공업으로부터 2009년 7월 31일경부터 2010년 6월 30일경까지 총 12회에 걸쳐 합계 1800만 원 등 총합계 6900만 원을 ○○회계법인 명의의 예금 계좌로 입금받았다.

이로서 피고인은 위 구○○와 공모하여 국세청 소비세 과장인 구○○의 직무에 관하여 뇌물을 수수하였다.

2. 국무총리실 서면 답변서 전문 I

국회의원 요구자료 제출

2009. 5. 12.

수신: 국회의원 이성남

발신: 국무총리실 공직윤리지원관실

제목: 이성남 의원 요구자료 제출

2009. 5. 8자 자료제출 요청 건에 다음과 같이 회신하여 드립니다.

―다　음―

1. 공직윤리지원관실에서 지난해 11월부터 12월 말까지 서울지방국세청 조사 4국장 조홍희를 암행감찰한 사실이 있는 것으로 알려졌는데?

⇒ 공직윤리지원관실에서 조홍희를 암행감찰한 사실이 없습니다.

2. 조홍희를 상대로 암행감찰을 실시한 이유가 무엇인지?

⇒ 앞서 말씀드린 대로 조홍희를 암행감찰한 사실이 없습니다.

3. 당시 공직윤리지원관실이 암행감찰을 실시한 결과 조홍희가 서울 역삼동 소재 고급 룸살롱을 수시로 부적절하게 드나든 것으로 알려졌는데, 사실인지?

⇒ '09. 5. 7 기 회신하여 드린 바와 같이 국세청 모 간부가 룸살롱을 자주 출입한다는 여론이 있었습니다.

4. 이에 따라 공직윤리지원관실에선 조홍희를 불러 주의조치 했다는데 언제, 누가, 어떻게 주의조치를 줬는지?

⇒ '09.1월경 공직윤리지원관이 국세청 모 간부의 부적절한 처신 여론에 대해 구두주의를 준 바 있습니다.

5. 그동안 공직윤리지원관실의 암행감찰(현장점검) 실시 결과 보통 이 정도 수준이면, 피조사자의 소속기관에 이러한 사실을 통보하고 조치를 요구했는데 조홍희와 관련해 국세청에 이러한 사실을 알리고 조치를 요구했는지?

⇒ 질의하신 사항과 관련하여 국세청에 별도 통보한 사실이 없습니다.

6. 조홍희와 관련해 국세청에 이러한 사실을 알리지 않았다면, 그 이유는?

⇒ 고위 공무원의 부정적 여론에 대해서까지 관계기관에 통보하지는 않습니다.

※ 연락처: 02-○○○○-○○○○(담당자: ○○○ 사무관)

국무총리실 공직윤리지원관

3. 국무총리실 서면 답변서 전문 II

국회의원 요구자료 제출

2009. 5. 15.

수신: 국회의원 이성남

발신: 국무총리실 공직윤리지원관실

제목: 이성남 의원 요구자료 제출

2009. 5. 14자 자료제출 요청 건에 다음과 같이 회신하여 드립니다.

─ 다 음 ─

1. 서울지방국세청 모 간부가 룸살롱을 자주 출입한다는 여론이 있어 고위 공직
자로서 부적절하게 처신하지 않도록 구두주의를 준 시기가 구체적으로 1월 며
칠이었는지, 그리고 그 장소는 어디였는지?

⇒ 정확한 날짜는 기억하지 못하며, 장소는 공직윤리지원관 사무실입니다.

2. 제출 자료에서 밝힌 구두주의를 준 공직윤리지원관이 이인규 지원관이고, 국세청 모 간부는 조 국장이 맞는지?

⇒ 질의내용은 사실과 같습니다.

3. 제출 자료에서 밝힌 '국세청 모 간부의 부적절한 처신 여론'이란 게 구체적으로 무엇입니까? 투서나 진정서인지 아니면 시중의 풍문인지 구체적으로 밝혀주시기 바랍니다.

⇒ 여기서 말하는 '여론'이라는 것은 '들려오는 소리' 정도로 이해해 주시기 바랍니다.

4. 공직윤리지원관실에서 부정적 여론만을 갖고, 고위 공직자에게 주의를 준 사례가 있었는지 구체적으로 밝혀주시기 바랍니다.

⇒ 지적하신 건이 처음입니다만 향후 유사사례가 발생할 경우에는 사안에 따라 예방차원에서 주의조치를 취할 것입니다.

※ 연락처: 02-○○○○-○○○○ (담당자: ○○○ 사무관)

국무총리실 공직윤리지원관

4. '참여연대 고발장' 전문

고발장

고발인   참여연대 ○○○ 간사

주민번호: 7○○○○○-○○○○○○○

주소: 서울시 종로구 통인동 132번지

전화: 02-○○○-○○○○, 010-○○○-○○○○

전송: 02-○○○○-○○○○

피고발인 1. 조홍희 서울지방국세청장

2. 성명불상의 삼성 직원

3. 이인규 국무총리실 공직윤리지원관

피고발인들은 다음과 같이 수뢰와 뇌물공여죄, 직무유기에 해당하는 범죄행위를 저질렀기에 이를 고발하오니 엄중히 조사하시어 벌해주시기 바랍니다.

—다 음—

1. 고발인과 피고발인들의 지위

고발인은 시민에 의한 참여민주주의 창달과 국가기관의 투명성과 책임성 강화를 목적으로 하는 시민단체 참여연대에서 권력 감시 관련 업무를 담당하고 있는 사람입니다.

피고발인 조홍희는 국세청 소속으로 현재 서울지방국세청장으로 근무하고 있는 자입니다. 서울지방국세청 조사4국 국장이던 2008년 11월부터 한 달 동안 삼성화재, 삼성생명 법인 카드로 10여 회 룸살롱을 출입하는 수법으로 뇌물을 수수한 것으로 알려졌습니다.

피고발인 중 성명불상자는 삼성화재, 삼성생명의 법인카드를 제공하여 뇌물을 공여한 자입니다.

피고발인 중 이인규는 국무총리실 공직윤리지원관으로 조홍희의 비위사실을 확인하고도 이를 덮어둔 채 구두경고하여 직무유기한 자입니다.

2. 사실 관계

피고발인들의 뇌물수수와 뇌물공여는 지난 2009년 5월, 7월 《신동아》 기사와 2009년 10월 5일 정무위원회 국정감사(국무총리실)를 통해 알려졌습니다.

그리고 2010년 7월 15일 민주당 '영포게이트 특별조사위원회' 조영택 의원이 "조홍희 신임 서울지방국세청장이 2008년 11월부터 한 달 동안 삼성화재, 삼성생명 법인카드로 10여 회 룸살롱을 출입했음을 확인하고 당시 이인규 국무총리실 공직윤리지원관이 구두로 주의를 주는 선에서 무마했다"고 밝힘으로 다시 한 번 알려졌습니다. 또, 조 의원은 "조 청장은 박연차 전 태광실업 회장에 대한 세무조사를 주도한 사람"이라며 "사정당국이 조 국장의 비위 무마 의혹을 덮으려 한다면 전 정권의 기획성 세무조사에 대한 보은 차원이 아니냐는 의혹을 면키 어려울 것"이라고 말한 바 있습니다.

또한, 《신동아》는 2009년 5월 보도에서 조홍희 청장(당시 《신동아》는 태광실업 세무조사 책임자 J 국장으로 기술)의 국무총리실 공직윤리실 소환을 '사건의 전말' 이라는 표현과 함께 구체적으로 보도하고 있습니다. 보도에 따르면, 이인규 공직윤리지원관이 조홍희 청장을 2008년 12월 하순 소환해 구두경고 했다는 것입니다.

공직윤리지원관실이 2008년 11월 하순경부터 12월 말까지 암행감찰을 진행했으며 감찰기간 중 근무일을 기준으로 10여 일간 역삼동 V룸살롱에 마치 출근하듯 여러 차례 드나들었고 《신동아》는 공직윤리실 한 관계자의 말을 통해 "매일 미행을 한 건 아니었다. 그런데 미행하는 날마다 같은 업소에 드나들었다"고 보도하기도 했습니다.

또한 조 청장이 몇몇 기업 대표와 술자리를 하는 장면이 암행감찰 기간 중 여러 차례 목격됐으며, 그중에는 지난 정권 5년간 각종 M&A를 성공시켜 국세청의 조사 대상에 올랐던 Y그룹 관계자와 술자리를 가졌고, 인수 합병 등으로 수년간 시끄러웠던 대기업 계열사 L기업의 대표와는 서울 강남의 또 다른 술집에서 술을 마신 사실도 확인했다고 보도된 바 있습니다. 비슷한 시기 국세청 주변에선 대기업 S사와 부적절한 관계를 맺고 있다는 의혹도 불거졌다고 합니다.

《신동아》 2009년 7월호에 따르면 당시 공직윤리지원관실이 이 내용을 정리한 보고서를 고위 공무원에 대한 인사검증을 담당하는 청와대 해당부서에 통보하면서 '인사부적격' 통보를 냈으나 조 청장(당시 국장)은 공직윤리지원관실의 소환 직후 인사에서 승진했습니다. 이를 두고 국세청 주변에서는 "한 전 청장이 조 국장을 마지막까지 챙긴 결과다"라는 말이 돌았다고 합니다. 그러나 또 다른 쪽에선 "조 국장이 내심 기대하던 국세청 조사국장에 가지 못한 뒤 한 전 청장에게 서운한 마음을 가졌다"는 정반대의 얘기가 있는 것으로 알려졌습니다.

위와 같은 내용은 2009년 10월 5일 국회정무위원회의 국무총리실에 대한 국정감사 질의에서 일부 확인되기도 했습니다.

당시 이인규 국무총리실 공직윤리지원관은 '국세청 조모 국장을 소환'했으며 그 이유로 '국세청 조모 국장이 강남 역삼동 소재 고급 룸살롱을 자주 출입한다는 여론이 있어 구두주의를 주기 위해서'라고 밝혔습니다.

이 지원관은 조 청장의 룸살롱 출입 등에 대해 암행감찰을 하지 않았으며 예방 차원에서 단순 경고했다고 밝혔습니다. 홍영표 의원은 이 지원관에게 조 청장이 룸살롱에 가서 삼성화재의 카드로 결재한 사실을 인정했냐고 질문했고 이 지원 관은 확인하지 못했다고 밝혔습니다.

그러나 당시 이 지원관과 조 청장(당시 국장)의 직급이 고위 공무원단 '나'급으로 같고 단순 확인 등을 위해 타 기관의 동급 고위 공무원을 소환하기 어려움에도 직접 소환한 점, 감찰기관의 특성상 내사를 통해 불법행위를 확인하지 않았다고 보기 어려운 점, 그리고 최근 드러난 공직윤리지원관실의 불법수색, 소환 등과 한국노총 지부장(국민연금 국장)의 사찰 등을 볼 때 암행감찰을 하지 않았다는 당시 이인규 공직윤리지원관의 증언은 신뢰하기 어렵습니다.

3. 법률위반 관계

사건 당시를 전후하여 조 청장은 서울지방국세청 조사4국 국장과 국세청 법인 납세국 국장을 맡고 있었습니다. 서울지방국세청 조사4국은 국세청장의 특명사건을 전담하는 것으로 알려져 있고, 박연차 태광실업 회장의 탈세사건 조사를 주도한 것으로 알려져 있습니다. 이후 보직인 법인납세국장도 법인세 및 법인에 대한 부당이득세의 부과·감면업무의 기획 및 조사대상자 선정기준을 마련하거나 법인의 재산재평가를 담당하는 등, 업무형태 방식 등에 따라 기업 특히 재벌 등 대기업의 이익에 크게 영향을 끼칠 수 있는 자리입니다.

조 청장과 삼성화재·삼성카드의 직무 관련성은 충분하다고 할 수 있습니다. 또한 조 청장은 스스로 밝힐 만큼 당시 한상률 국세청장과의 친분이 두터운 관계였습니다. 조 청장이 국세청의 실세로 여겨져 로비의 대상이 되었을 수 있습니다. 조 청장이 삼성화재·삼성카드의 법인카드를 받아 룸살롱의 술값을 결제했다면 형법상 수뢰에 해당합니다. 만약 수뢰액이 3천만 원을 넘는다면 특정범죄 가중처벌 등에 관한 법률의 가중처벌 대상에 해당될 것입니다. 또한 카드를 제공한 삼성화재·생명 측도 뇌물공여에 해당합니다.

이인규는 국무총리실 공직윤리지원관으로 사실상 공직자 감찰팀을 맡고 있었으며 부조리 취약 분야 점검 및 제도개선에 관한 사항을 담당하고 있습니다. 범죄 및 비리사실을 확인하고도 아무런 조치 없이 구두경고 하였다면 직무유기에 해당합니다.

(중략)

4. 결론

이상과 같이 조홍희 서울지방국세청장과 조 청장에게 삼성생명·삼성화재의 법무카드를 제공하는 수법으로 뇌물을 공여한 삼성 직원으로 추측되는 성명불상의 직원, 비리사실을 적발하고도 직무유기한 이인규 국무총리실 공직윤리지원관의 범죄행위를 고발하오니, 엄중히 조사하여 처벌하여 주시기 바랍니다.

국세청 파일

초판 1쇄 발행 2013년 2월 5일

지은이 한상진
펴낸이 전용준
펴낸곳 보아스

주소 서울시 마포구 성산1동 629-14번지
전화 02-332-1238
팩스 02-335-1238
이메일 boazbook@naver.com

ISBN 978-89-98406-00-4 03300

* 이 책은 관훈클럽신영연구기금의 도움을 받아 저술·출판되었습니다.
* 책값은 뒤표지에 있습니다.
* 잘못된 책은 구입처에서 교환하여 드립니다.
* 이 책은 저작권자와 계약에 따라 발행한 것이므로 본사의 허락 없이는
  어떠한 형태나 수단으로도 이 책의 내용을 이용하지 못합니다.